DÉLINQUANCE JUVÉNILE ET FAMILLE

Collection ***Sciences criminelles***
dirigée par Robert Cario

La collection ***Sciences criminelles*** se destine à la publication de travaux consacrés à l'analyse complexe du phénomène criminel. Multidisciplinaire par définition, elle a vocation à promouvoir les réflexions critiques portées par les disciplines impliquées, dont l'angle d'approche spécifique enrichit la connaissance globale du crime, tant en ce qui concerne les protagonistes (infracteur, victime, société) que les stratégies d'intervention sociale (prévention, répression, traitement). En France comme à l'étranger.
Les contributions, émanant de chercheurs, de praticiens de la justice ou du travail social, empruntent la forme d'ouvrages de doctrine, de recherches collectives ou d'actes de rencontres scientifiques.
La Collection s'enrichit par la publication d'un « Traité de sciences criminelles », multi-auteurs, qui présente sous la forme de manuels les principales disciplines qui composent les sciences criminelles : philosophie criminelle, criminologie, politique criminelle, droit criminel, procédure pénale, criminalistique, médecine légale et victimologie.

Ouvrages parus

R. Cario, Les femmes résistent au crime
J.P. Céré, Le contentieux disciplinaire dans les prisons françaises et le droit européen
R. Cario (Dir.), La médiation pénale : entre répression et réparation
R. Nérac-Croisier (Dir.), Le mineur et le droit pénal
R. Cario, Jeunes délinquants. A la recherche de la socialisation perdue
M. Vaillant, A. Vulbeau, Action éducative spécialisée en placement familial
R. Cario, J.C. Héraut (Dir.), Les abuseurs sexuels : quel(s) traitement(s) ?
P. Mbanzoulou, La réinsertion sociale des détenus
L. Ouvrard, La prostitution
C. Cardet, Le contrôle judiciaire socio-éducatif
R. Nérac, J. Castaignède (Dir.), La protection judiciaire du mineur en danger
M. Vaillant, J.P. Leblanc (Di.r.), Nouvelles problématiques adolescentes

« Traité de sciences criminelles »

1. C. Lazerges, Introduction à la politique criminelle
2. R. Cario, Victimologie
3. J. Pinatel, Histoire des sciences de l'homme et de la criminologie
4. R. Cario, Introduction aux sciences criminelles, *à paraître*
5. J.P. Allinne, Histoire des politiques pénales, *à paraître*

Sous la direction de

Michel BORN *et* Pierre THYS

DÉLINQUANCE JUVÉNILE ET FAMILLE

L'Harmattan
5-7, rue de l'Ecole Polytechnique
75005 Paris
FRANCE

L'Harmattan Inc.
55, rue Saint-Jacques
Montréal (Qc)
CANADA H2Y 1K9

L'Harmattan Hongrie
Hargita u. 3
1026 Budapest
HONGRIE

L'Harmattan Italia
Via Bava, 37
10214 Torino
ITALIE

Des mêmes auteurs

Born M., *Jeunes déviants ou délinquants juvéniles,* Bruxelles, Mardaga, 1987.

Born M., Delville J., Mercier M., Sand E.A., Beeckmans M. (Dir.), *Les abus sexuels d'enfants*, Bruxelles, Mardaga, 1996.

Born M., Lionti A.M., *Familles pauvres et intervention en réseau*, Paris, L'Harmattan, Coll. Technologie de l'action sociale, 1996.

Thys P., *La pratique de la liberté surveillée*, Paris, L'Harmattan, Coll. Technologie de l'action sociale, 1998.

ISBN : 2-7475-0691-6

Avant-Propos : familles sources de délinquance et sources d'espérance ?

Michel Born [1] et Pierre Thys [2]

« Qui vole, ment, trahit, viole, tue ou abuse son prochain d'une façon ou d'une autre ne cesse pas pour autant d'être un humain. Et le langage est trompeur, car en opposant le titre infamant (« c'est un voleur », « c'est une menteuse », « c'est un criminel ») nous risquons d'oublier que nous sommes en présence d'êtres qui restent humains, même s'ils se comportent d'une façon peu recommandable. Et celui qui a pu se rendre détestable peut encore redevenir en tant qu'humain, une personne que nous trouverons charmante.... »

Fernando Savater (Ethique à l'usage de mon fils, Paris, Seuil, 1993)

La délinquance juvénile est indéniablement un sujet actuel. L'état de la famille comme structure sociale et comme lieu de transmission des valeurs de vie ne l'est pas moins. Les études que les sciences humaines ont consacrées à l'une et à l'autre ont

---

1. Professeur ordinaire à l'Université de Liège, Service de psychologie de la délinquance et du développement psychosocial, Belgique.

2. Docteur en psychologie, Professeur aux Universités de Liège et de Mons-Hainaut, Belgique.

constamment mis en lumière les relations complexes pouvant unir le jeune délinquant à son milieu familial ; elles n'ont pas cessé d'être au centre des préoccupations des chercheurs, des praticiens, des politiques.

Mais ces trois catégories d'acteurs sociaux ne sont pas toujours sur la même longueur d'ondes. C'est que le sort à réserver aux jeunes délinquants, s'il est la « bouteille à encre » de la politique à l'égard de la jeunesse en difficulté, en est aussi fréquemment la pomme de discorde.

Les chercheurs, souvent attachés à l'étude des phénomènes sociaux et criminologiques dans leur ensemble, sont tentés de diluer les individus dans les statistiques et formulent parfois des recommandations fondées par des idéaux qui ne rencontrent pas toujours la pratique quotidienne. Les chercheurs ont tantôt défini la famille comme le lieu primaire de la socialisation mais aussi de la révolte contre la société, comme l'objet des refus d'identification qui pouvaient pousser l'adolescent(e) à déplacer contre des tiers l'agressivité éprouvée envers les parents ; d'autres ont montré que les carences affectives intrafamiliales, les ruptures, les discontinuités relationnelles, contribuent à déstabiliser l'enfant, à faire dériver l'adolescent. D'autres encore font valoir les insuffisances du contrôle parental, les discours parentaux antagonistes ou paradoxaux, voire des « sous-cultures » familiales poussant à la délinquance par imitation. Bref, les chercheurs en sciences humaines tournent et retournent la famille en tous sens, fréquemment pour y chercher des déficits et des défaillances et plus rarement des aptitudes, en cherchant de la sorte des explications multi-variées aux comportements délinquants des jeunes. Entre trop de sévérité et pas assez de sévérité, entre trop d'affection ou pas assez d'affection, d'explication en explication, entre ruptures et attachements, on peut se demander si les chercheurs en sciences humaines n'accumulent pas des connaissances importantes, en restant trop généraux dans leurs conclusions et pas assez utiles dans le concret quotidien.

Les praticiens de l'éducation, de la prévention, de la rééducation, voire de la thérapie, pour leur part, sont moins portés vers les activités de congrès et la recherche empirique ; ils voient essentiellement les problématiques individuelles et familiales sous l'angle des moyens dont ils disposent, de ceux dont ils voudraient ou devraient disposer, ou encore sous l'angle des méthodes qui devraient découler des travaux de recherche accumulés en sciences humaines. C'est parfois avec une certaine ironie qu'ils prennent connaissance des résultats de travaux scientifiques : tantôt l'approche globale reste insatisfaisante pour aborder les situations concrètes ; tantôt encore les résultats de recherches nord-américaines – fréquemment en anglais – représentent un obstacle linguistique ou une source de découragement au vu des moyens considérables dont peuvent à l'évidence disposer le Canada et les Etats-Unis ; tantôt enfin, les résistances que l'être humain peut opposer au souhait de changement ne produisent pas les effets positifs escomptés et suscitent chez les travailleurs sociaux un sentiment d'impuissance. La réalité ne rejoint pas souvent l'idéal.

Les politiques oscillent depuis la nuit des temps entre une éducation – voire une rééducation – en « bon père de famille » et la tentation sécuritaire. Entre les pédagogues, les psychologues, les médecins, les travailleurs sociaux qui évoquent les avatars de l'adolescence, aux comportements parfois spectaculaires ou problématiques mais fréquemment transitoires, et l'intérêt public qui commande de sécuriser l'ensemble des citoyens, le monde politique ne peut éluder des problèmes de conscience quant aux attitudes les plus pertinentes à avoir et fait se succéder des réformes ou des orientations de politique criminelle dont l'ambition et l'idéal sont souvent généreux mais mal proportionnés par rapport aux moyens disponibles ou mis en œuvre.

Les premières politiques à l'égard de l'enfance « en danger » remontent à la loi de 1912. C'était une politique inspirée à la fois par la logique industrielle et botanique : être efficace et avoir des résultats, mais aussi redresser la jeune pousse déviante, au besoin en la changeant de terreau : placement, éloignement des familles à risques, dictaient alors une politique certes novatrice, évitant autant que possible le recours à la seule répression, mais fondée par la conviction de l'existence de classes dangereuses, parfois confondues avec le prolétariat. La bourgeoisie bien pensante se hasardait à des formulations ambiguës par la voix de Prins : « (...) on voit surgir les refuges pour l'enfance malheureuse et abandonnée. On y recueille les déchets de notre civilisation, les enfants dégénérés, les petits défectueux. On les arrache à la tristesse et à la contamination de leurs taudis... On tâche de les immuniser contre les tentations qui les guettent, de leur inoculer l'habitude de la résistance, de fortifier leurs centres nerveux, leur caractère, leur volonté ; l'on n'en fait pas toujours des citoyens utiles, mais on en fait des êtres moins misérables, moins imparfaits, et par conséquent moins redoutables » [3]. Cette politique, fondée sur l'identification des risques que la délinquance fait courir à la société, et axée sur les déficiences des familles, devrait avoir disparu...

Après la seconde guerre mondiale en effet, et principalement dans les années soixante, l'influence dominante des sciences humaines dans les domaines de l'éducation et du traitement des délinquants a largement promu un idéal de réhabilitation sociale du délinquant. En matière de délinquance juvénile, ces courants de politique criminelle ont donné lieu à cette fameuse loi de 1965 relative à la protection de la Jeunesse, que de nombreux pays ont enviée à la Belgique. Alliant subtilement – dans le texte à tout le moins – la protection et la punition, la possibilité de soigner ou d'éduquer, la possibilité de sanctionner le mineur d'âge ou sa famille, de l'en éloigner ou de poser des conditions à l'y maintenir, cette loi est longtemps apparue comme un modèle du genre...

Dans les années soixante-dix, sous l'influence des résultats parfois durement exprimés de chercheurs nord-américains évoquant le fait que le traitement des délinquants ne produirait pas les résultats attendus (« Nothing works »), on s'est surtout attaché à mieux percevoir les relations des individus avec leurs environnements, en abandonnant progressivement des concepts insatisfaisants comme la « dangerosité » ou les « classes à risques ». Un renouveau était devenu nécessaire dans les modèles

3. A. Prins, Les difficultés actuelles du problème répressif, *In* Fr. Tulkens, *Généalogie de la défense sociale en Belgique*, Bruxelles, Story Scientia, p. 26.

de prise en charge sociale et thérapeutique, mais aussi dans les politiques qui les organisent.

La loi de 1965 est-elle en faillite ? Il est bien difficile de le dire preuves à l'appui. Le discours serait avant tout idéologique et n'aurait donc guère sa place dans un tel ouvrage. Mais la régionalisation poussée de l'Etat belge, la crise économique de longue durée, l'évolution des connaissances et notamment l'influence croissante des théories interactionnistes, l'évolution de la délinquance juvénile elle-même, notamment, ont peu à peu montré les limites du système essentiellement protectionnel instauré par la loi de 1965 : coûteux, mal calibré pour répondre en profondeur à la délinquance juvénile contemporaine, devenu inadapté au regard des droits accrus et plus précoces que les évolutions sociales ont peu à peu accordé aux adolescents (abaissement de la majorité pénale, accroissement du statut socio-économique de consommateur de biens que sont devenus très clairement les adolescents).

A la suite de la régionalisation de l'Etat, la Communauté française de Belgique a eu la charge de l'aide à apporter à la jeunesse, sans toutefois que la justice des mineurs sorte définitivement des compétences fédérales, notamment en matière répressive. Le Décret de 1991 relatif à l'aide à la jeunesse a consacré ce système désormais hybride et bicéphale : compétence de la Communauté française dans la priorité à l'aide, de préférence en potentialisant les ressources du milieu familial ; compétence des Tribunaux de la jeunesse en cas d'échec des accords pris par les conseillers de l'aide à la jeunesse et dans les cas de délinquance juvénile, avec toutefois un retour en seconde main à la Communauté française dans la mise en œuvre des décisions prises par les Tribunaux de la jeunesse.

Deux instances (aide à la jeunesse, tribunal de la jeunesse), deux structures étatiques (communautaire, fédérale), entourent désormais le jeune délinquant et sa famille d'une sollicitude parfois ambiguë et pas toujours coordonnée. Aux exigences des besoins judiciaires répondent les prudences de la Communauté française qui a toujours hésité à emballer la machine (et n'en a d'ailleurs pas les moyens budgétaires), de sorte que d'aucuns, nostalgiques du privilège de punir, prônent un retour à la compétence de la justice sur les mineurs délinquants et se prennent à rêver d'un « vrai » droit pénal destiné aux mineurs d'âge ; d'autres demeurent persuadés de la pertinence d'un projet social éducatif et se refusent à le laisser régresser. Il subsiste aujourd'hui encore des avant-projets ambitieux, prometteurs de beaux jours, qui refont surface à l'occasion comme le monstre du Loch Ness...

Entre les deux positions qui ne sont pas toujours simples à concilier, il y a la réalité d'une délinquance juvénile difficile à juguler : faute de moyens disent certains, faute de structures adaptées disent d'autres, faute aussi de formation plus spécifique des personnes qui en ont la charge.

Ces débats masquent également d'autres réalités plus gênantes : la crise des valeurs de la société de consommation, l'émergence de formes variantes de délinquance juvénile ou non (violence, drogue, délinquance sexuelle), l'inadéquation des tentatives de formation professionnelle proposées aux jeunes dans un contexte socio-économique où, comme le déclarait Jacques Delors, « il y a du travail mais pas d'emploi ».

Dans un tel contexte indéniablement difficile, la publication d'un recueil traitant des relations entre délinquance juvénile et famille tient de la gageure et serait vouée à l'ironie si quelques réserves n'étaient pas d'emblée posées quant aux ambitions de ceux qui ont voulu élaborer cet ouvrage et proposer à leurs collègues de réunir ces différentes contributions.

Nous avons voulu allier – voire délibérément mélanger – les aspects des problématiques sociétales, familiales, individuelles, qui font la complexité de la délinquance juvénile actuelle. Sans vouloir « faire des théories », nous avons réuni des travaux empiriques réalisés avec rigueur intellectuelle et méthodologique par des praticiens.

Nous avons voulu inciter à l'ouverture de la réflexion et au jugement critique plutôt que de favoriser des schémas réducteurs porteurs de solutions simplistes, et il nous a paru de loin préférable de montrer la complexité du psychisme humain et

C'est un acte de foi aussi dans la capacité des êtres humains, même délinquants à un moment de leur vie, à évoluer plus positivement, à ne pas se résumer aux seuls déficits comportementaux ou cognitifs ou affectifs qui, à une période de leur vie, semblent prendre le devant de la scène.

Au-delà des facteurs d'accroissement de la probabilité d'émergence d'un problème de comportement, il y a lieu de chercher les facteurs de protection à la fois environnementaux ou personnels qui l'empêcheraient de développer des comportements d'inadaptation sociale. L'action protectrice de ces facteurs se marque dans ce qui est appelé « résilience ».

La relation avec une personne-ressource est un facteur de protection sociale essentielle. La différence la plus claire entre les groupes (résiliants et non-résiliants) se marque au niveau de la relation avec un adulte étranger. Les adolescents résiliants présentent plus souvent une relation stable avec au moins un parent et une personne venant de l'extérieur du noyau familial (un éducateur, un membre de la famille éloignée...).

Ces mêmes caractéristiques favorisent la restauration ou la protection de l'image de soi pour ce qui concerne les traumatismes résultant de victimisations (sexuelles, physiques, morales).

Dans la famille, l'élément protecteur essentiel est la qualité des relations entre parents et enfants qui permet d'éviter négligence grave ou maltraitance, mais ce terrain positif ne suffit pas à protéger de la délinquance.

Il y a plusieurs conditions pour réaliser cet objectif : que les parents soient attentifs aux faits et gestes de l'enfant, que les actes répréhensibles soient reconnus comme tels par eux et enfin qu'ils punissent avec justice ces actes répréhensibles. Ceci évoque le *reintegrative shaming*" (corriger en faisant honte) de Braithwaite pour qui l'éducation sera réussie si les parents punissent de façon logique et dans un contexte d'amour, de respect et d'acceptation. On se trouve ici dans la perspective d'une transmission des normes comportementales de la société par un l'entrelacement des interactions avec l'environnement, plut que de laisser croire que des politiques sécuritaires et répress ves vont apporter autre chose que des solutions mythiques.

Nous n'avons évidemment pas eu la prétention d'être e haustifs ; mais nous avons couvert diverses formes que pre nent, aujourd'hui, la délinquance et les dispositifs dont peuve bénéficier les jeunes et leurs familles.

En entrée de jeu, nous avons voulu susciter une réflexi très large sur l'évolution sociologique des familles qui cont tualise clairement la délinquance juvénile dans notre époc (chapitre 1).

Viennent alors plusieurs contributions qui permettent de crire les populations de jeunes dans leurs premières confror tions aux dispositifs sociaux qui voudraient les prémunir cor les dérives auxquelles ils s'exposent. Qui sont les jeunes d s'occupent les actions préventives et que penser de leur effi cité ? Des approches méthodologiques rigoureuses sont à p mouvoir largement (chapitres 2 à 4).

Dans un second temps, les chapitres 5 à 7 permet d'approcher des modes actuels de comportements délictueu leurs relations avec les organisations familiales des jeunes criminés. Ils posent en particulier la question du re d'expertise tant sur les familles que sur les mineurs délinqua

Dans un troisième temps, les chapitres 8 à 11 font évo des perspectives de travail à caractère thérapeutique ou comportemental, dans des cadres institutionnels ou en far de substitution.

La conclusion, délibérément, évoque les questions éthi essentielles qui accompagnent toute pratique.

Ce recueil d'expériences est en quelque sorte un acte d dans les capacités des sciences humaines à chercher et tro des solutions souples aux problèmes mouvants qui se p aux praticiens.

contrôle interne à la famille qui sera progressivement intériorisé par l'enfant.

La fonction d'attachement apparaît donc encore toujours comme l'élément central de la vie relationnelle en famille qui peut provoquer une résilience même si les autres aspects du milieu social et familial sont sources de risques. L'enfant sera protégé si les parents, ou au moins un des deux parents, s'investissent dans la relation à l'enfant et dans la transmission d'un système de valeur socialement acceptable.

Tant dans la prévention que dans le traitement des jeunes délinquants, on pourra s'appuyer sur des éléments relationnels en ayant des stratégies d'action plus construites et professionnelles.

Se poser les questions de l'adéquation des mesures et des prises en charge, c'est d'abord chercher à bien connaître à la fois quantitativement et qualitativement les populations auxquelles on s'adresse. C'est avoir une démarche respectueuse d'autrui, de ceux, familles ou jeunes, qui sont aux prises avec des difficultés et avec des institutions qui leur veulent du bien. Certains disent « au secours, on veut m'aider ! », mais la plupart attendent, voire cherchent désespérément de l'aide qui les sortira d'une ornière qui parfois est devenue faille profonde.

Dans les pages qui suivent, c'est une image d'autrui en termes de capacités plutôt qu'une image pessimiste et déficitaire que nous souhaitons présenter, malgré les difficultés réelles des situations ou des prises en charge, mais avec la conviction qu'on assure mieux le bien-être des citoyens et la sécurité de tous en (re)liant le jeune délinquant à des personnes de référence sthéniques, professionnelles, plutôt qu'en se réfugiant dans des logiques sécuritaires et stigmatisantes.

Liège, septembre 2000

1

Conduites juvéniles contemporaines et transformations socio-familiales

Claire Gavray [1]

Il nous semble aujourd'hui important de contrer des affirmations simplistes comme celle selon laquelle les transformations de la famille seraient la cause des déficits d'éducation et de sociabilité ainsi que du délabrement social de nos sociétés, ou encore celle suivant laquelle la classe populaire serait délinquante et dangereuse par essence. A cette fin, il est indispensable de replacer les évolutions familiales dans un contexte sociétal plus large. Une lecture historique permet de comprendre en quoi les transformations des liens familiaux, des types de familles comme des fonctionnements familiaux font système avec les mutations affectant l'économique, l'emploi, la structure sociale et ses mécanismes d'insertion, sans oublier les politiques publiques et les dispositifs institutionnels. Elle oblige également à décrypter les évolutions de la famille en regard du

1. Licenciée en sociologie, Assistante au service de psychologie de la délinquance et du développement psychosocial (Prof. M. Born, Université de Liège).

fondement et de l'enjeu même de la société démocratique, à savoir la proclamation du statut de citoyen et du principe d'égalité qui la fonde. Le pari est de taille au moment où s'affrontent, au sein des Etats comme au niveau européen, des conceptions opposées autour de la famille comme instance de solidarité et de socialisation et débouchant sur des politiques familiales, sociales, éducatives et d'emploi différentes pour l'avenir : la première option s'appuie inconditionnellement sur la défense de la solidarité familiale par le renvoi aux solidarités primaires ou le développement de mesures de « réinsertion contrainte par le travail » ; la seconde, quant à elle, défend une position proégalitariste assortie de prestations individuelles, d'obligations minimales et librement consenties et s'appuyant sur une professionnalisation des tâches de socialisation et d'éducation.

C'est en empruntant un regard attentif aux influences mutuelles entre les différentes sphères d'insertion et aux spécificités culturelles et contextuelles que nous nous attacherons, dans un premier temps, à décrire l'évolution de l'institution familiale, de ses attributions, des relations qu'elle noue entre les générations. Nous utiliserons toujours ce même regard pour décrypter les dynamiques sociétales actuelles qui creusent la distance entre les différents types de familles et, au-delà, entre les différents groupes sociaux. Ces phénomènes peuvent sans nul doute intervenir sur les formes actuelles que revêtent la déviance et la délinquance juvéniles, qu'elles se manifestent individuellement ou dans le cadre de sous-cultures adolescentes diversifiées.

A – Evolution de l'institution familiale et des rapports intergénérationnels

Nul n'est besoin de remonter à Platon en passant par Rousseau pour constater que, si ses formes changent, si les liens internes et externes qui la caractérisent évoluent, si elle est tantôt sacralisée, tantôt accusée de tous les maux, la famille constitue toujours, de façon assez universelle, un lieu essentiel du développement de l'enfant et une instance non négligeable de sa socialisation. Toutes les tentatives de retrait précoce, systématique et à grande échelle, de l'enfant de son milieu primaire, comme certains révolutionnaires collectivistes l'avaient imaginé, se sont soldées par un échec humain et collectif.

La lecture historique nous confirme également que, dans un cadre sociétal donné, l'évolution de la famille entretient des liens étroits et réciproques avec les mutations politiques et économiques. Non seulement l'institution familiale est tributaire des autres sphères mais elle est également appelée au renforcement de ces dernières. Dans un exemple de régime totalitaire, celui des Talibans, la famille est conçue comme arme de première ligne pour asseoir un contrôle social et individuel sans faille, et cela au nom du droit divin. Plus près de nous, quand nous relisons l'histoire récente de nos sociétés, nous comprenons également en quoi l'évolution des formes et des conceptions familiales fait corps avec les mutations économiques et les options politiques successives. Traditionnellement, la société rurale se fondait sur l'appartenance à des groupes concentriques totalisants : le fait d'être membre d'une famille impliquait systématiquement la participation à différents groupes politiques, idéologiques, sociaux, culturels, professionnels même, définis sur base de critères immuables. Dans la mesure où c'était la famille qui donnait accès à l'emploi, au statut, aux relations sociales, la relation parent - enfant se jouait au travers de la transmission d'un patrimoine, non seulement matériel et financier, mais également culturel et normatif particulier.

En rupture avec ce système où le groupe prime sur l'individu, la société urbaine multiplie les appartenances et, aux groupes concentriques, se substituent des groupes sectoriels diversifiés, spécifiques mais néanmoins complémentaires. La société industrielle en pleine croissance va inciter la population et les familles à quitter leurs attachements traditionnels, dont l'enracinement des familles dans le sol, pour participer pleinement au développement économique et industriel, cela en échange d'une promesse d'accroissement du bien-être individuel et collectif. Les inégalités subsistent mais elles sont compensées par des possibilités accrues de mobilité sociale au cours de la carrière et au profit de la jeune génération.

« L'état moderne est à l'origine de la dissociation du privé et du public. Ce dernier ne se contente pas de rechercher sa source de légitimité dans la famille mais il demande à la famille de contribuer à l'ordre social » (Commaille, Martin, 1998).

Ce nouveau mode de fonctionnement sociétal s'appuie sur la famille nucléaire qui prend le pas sur la famille élargie et qui opère une différenciation des rôles sexués (hommes travaillant au-dehors, femmes veillant au-dedans) ; les mères, considérées comme libérées de la nécessité impérative de pourvoir aux revenus du ménage, sont appelées à soutenir ce projet de société, à promouvoir le projet professionnel du chef de ménage et à faire alliance avec une instance de socialisation qui acquiert une importance cruciale : l'école. Le système économique et de production entraîne en effet une spécialisation des espaces, des fonctions et des lieux de socialisation. Dorénavant, la position occupée dans la société et dans la stratification sociale se trouve largement tributaire du niveau d'éducation personnel et de la place dévolue au sein d'un marché du travail où l'emploi salarié occupe une position centrale. Plus, le groupe familial est vu comme un espace de faiblesses réelles et potentielles dans la mesure où il se retrouve incapable de pourvoir seul à l'insertion sociale du jeune, à sa socialisation dont il n'est plus la racine mais devient un intermédiaire parmi d'autres. Peu à peu, les instances éducatives et de socialisation (la famille, l'école, la télévision, l'emploi, les loisirs et les groupes de pairs) entrent en compétition. C'est vrai pour le jeune, c'est également vrai pour les adultes et spécialement pour les femmes. Au fur et à mesure qu'augmente leur niveau de scolarité et de formation, évolution logique dans une société affirmant promouvoir l'autonomie et l'égalité des chances, les femmes aspirent de plus en plus à investir d'autres espaces que l'espace domestique (espace public et citoyen, espace de l'entreprise). Devenues mères, et dans la mesure où la répartition sexuée des tâches quotidiennes, y compris éducatives, persiste largement, les femmes se retrouvent largement ballottées entre leurs différentes missions et aspirations. Fondamentalement, la société et les hommes continuent, de manière très inconsciente, à considérer la généralisation de l'investissement féminin de la sphère publique comme une transgression et à rappeler aux femmes le poids de leur responsabilité d'épouse et de mère ou de leur condition féminine. Malgré cet état de fait et en dépit des problèmes réels rencontrés au quotidien par les femmes pour articuler leurs différents engagements, certains sociologues comme Touraine (1982) pensent que grâce à cette confrontation journalière, les femmes se présentent comme les premiers agents de changement de la famille et , au-delà, comme un acteur social primordial. Dans les faits, les femmes se présentent aujourd'hui comme les premières garantes des relations avec les autres générations (parents vieillissants, enfants grandissants). En même temps qu'elles se plaignent de ses implications personnelles négatives (confiscation du temps, augmentation des risques financiers et statutaires encourus), une majorité de femmes revendique ce rôle et l'intègre comme dimension sociale de leur citoyenneté.

Dans la mesure où l'ordre familial, l'ordre du monde et de ses attributs sont indissociables, les différents rôles et statuts du père sont également progressivement ébranlés. Le statut d'autorité du père et du chef de famille est remis en question au profit de l'autorité parentale et d'une négociation de couple. Il se sent également interpellé, voire déstabilisé, par les nouveaux modes de gestion de personnel. La crise de transmission peut largement être attribuée à un affranchissement de la jeunesse vis à vis de l'autorité des adultes, l'enfant devenu le centre tandis que les gens d'âge mûr sont relégués en périphérie. Néanmoins, cette évolution et le retournement de conjoncture économique et d'emploi qui l'accompagne ne suffisent pas à détourner les hommes des rôles que la société industrielle leur a assignés. Ceux-ci restent majoritairement attachés à la sphère extra-familiale, c'est à dire principalement à la sphère professionnelle. Le manque de temps ne justifie pas à lui seul la part spécifique et souvent réduite que l'homme prend au sein de la sphère domestique dans la prise en charge et le suivi éducatif des enfants (contrôle, encouragements et menaces, guidance dans les choix professionnels et soutien dans la recherche d'un emploi). Dans la mesure où les unions se fragilisent et où la femme assure la continuité du rôle éducatif, l'homme court d'autant plus le risque de se retrouver dépossédé de sa paternité que persistera le modèle de répartition sexuée des tâches.

Progressivement, c'est une communauté d'objectifs qui devient constitutive du couple et source d'identité et de reconnaissance externe pour ses membres. Ces alliances se retrouvent sujettes à renégociation constante ; les familles et leurs membres, adultes et plus jeunes doivent gérer des tensions nouvelles et des intérêts divergents : l'autorité parentale fait dorénavant place à l'autorité paternelle et les enfants se placent du côté de la créance. Ils rappellent qu'ils n'ont pas demandé à vivre.

La famille devient le maillon faible de la société de marché dont l'essor remet en cause les structures traditionnelles, souligne, voire accentue les inégalités entre individus. En même temps qu'elle cesse d'être une unité de vie durable, elle cesse de constituer une unité d'observation fiable. C'est l'individu qui devient l'unité de référence dans un monde où le sujet atomisé, en quête de liberté et d'autonomie, présente un itinéraire discontinu et sujet à réorientations constantes. Cette réorientation de l'objet de recherche est largement positive dans la mesure où elle permet de tenir compte des réalités nouvelles et où elle confirme le projet démocratique de la société. Néanmoins, cette option comporte également le risque de ne pas évaluer les ressources, opportunités et risques des citoyens ni en regard de leur insertion et de leur trajectoire familiale ni en regard des facteurs économique et socioculturel qui pèsent sur ces dernières, et plus largement sur l'évolution de l'institution familiale.

Les mutations économiques et culturelles continuent à transformer la sphère familiale et son fonctionnement. La société industrielle avait joué sur l'abondance et la complémentarité. La société post-industrielle, quant à elle, libéralise tous les échanges, joue sur la concurrence, l'éclatement, la rareté et le polycentrisme. Ce processus s'étend progressivement partout, entre les individus, entre les sexes, entre les groupes d'âges, entre les professions et qualifications, entre les groupes sociaux, entre les ménages, entre les types de familles et au sein des ménages. Le caractère de plus en plus temporaire et discontinu des familles contemporaines dans nos pays n'est ni conséquent à des guerres ni à des épidémies, mais découle de la légitimation et de la promotion des ressources et des intérêts individuels. Ce mouvement d'individuation et d'autonomisation, y compris des jeunes, n'est pas né de rien : il a été porté par la sphère économique et de production qui en tire divers avantages : augmentation de la consommation et diversification des besoins, croissance de l'émulation et de la concurrence entre les travailleurs, accroissement de la mobilité et de la flexibilité de la main d'œuvre, assortie d'une maîtrise supérieure des coûts.

La sphère publique se trouve d'ailleurs ainsi chargée de veiller à l'articulation des logiques apparemment contradictoires renvoyant à un double mouvement : d'un côté, le principe de libéralisme économique ; de l'autre, le principe de protection sociale. Dorénavant, l'autorité politique ne prolonge plus l'autorité familiale : elle la contrôle et la désavoue si nécessaire. Cette transformation de la famille de « sujet en objet » est porteuse de significations multiples en fonction de finalités différentes. Dans ce contexte, l'institution familiale se retrouve d'un côté tenue d'adapter ses membres aux impératifs de flexibilité et d'adaptabilité ; de l'autre, on compte sur elle pour gérer les effets pervers et néfastes de cette libéralisation.

L'Etat se porte garant de la pérennité et même du renforcement d'une institution familiale de plus en plus insaisissable et volatile, cherchant à responsabiliser et à redynamiser la solidarité intergénérationnelle, tant pour répondre à un souhait décrypté de la population que pour servir une cause idéologique, dans le but plus « terre à terre » de réduire l'importance et le coût de ses interventions.

L'Etat se doit en même temps de veiller aux droits et aux devoirs de chaque citoyen. Il est notamment investi d'une mission de contrôle et de réaction sociale envers les jeunes. Préalablement, ce rôle était largement assuré par la sphère privée. Dans la mesure où les rituels de socialisation, dont les rites familiaux, sont affaiblis et où l'imagination n'est que très peu exercée et sollicitée au-dedans comme au dehors, « non seulement les liens symboliques à la famille se distendent, les changements de statut, de droits et devoirs se brouillent, mais la violence est elle-même moins contrôlée » (Haincault, 1984).

L'Etat va également devoir gérer les nouvelles relations qui s'installent entre les différents membres de la famille, dont les enfants. Les rapprochements récents entre sexualité et amour entraînent des transformations radicales qui affectent la compréhension de l'essence même de l'homme et de la femme. La fécondité et la procréation étaient jadis des valeurs primordiales. Aujourd'hui on vise la normalisation des naissances, on parle d'enfantement humanisé.

La justice est appelée à intervenir dans une palette très variée de situations où le jeune se retrouve en danger plutôt que source de danger. Diverses études ont ainsi confirmé que le vécu du divorce parental produit des effets à retardement sur la santé psychosociale et mentale des sujets concernés. A court terme, les jeunes garçons semblent, plus que les filles, sensibles au manque de cohésion familiale comme aux restructurations concrètes auxquelles ils sont confrontés. Dans un contexte de fragilisation des unions, l'enfant, pourtant désiré comme objet et symbole d'affection, peut devenir gêneur dans la restructuration des projets des parents et ces derniers d'autant plus démissionner de leur devoir d'affection, de soutien, d'éducation et d'autorité. Certains adolescents, même très jeunes, souffrent de cette situation et n'ont parfois d'autre choix que d'accepter d'être confiés à une tierce personne ou d'anticiper leur autonomie résidentielle. Dans d'autres cas, l'enfant peut être un objet de chantage ou surinvesti de manière démesurée jusqu'à ce qu'une telle dynamique débouche sur un brouillage complet des repères et des positions. Une situation « père absent, mère omniprésente » peut déboucher sur une totale méprise dans la mesure où, pour certains garçons, être un homme est assimilé à ne pas être une femme (copie de la mère ou de la sœur). D'autres n'ont de contacts qu'avec un seul adulte dans la famille, en plus des enseignants, ce qui les pousse à se rabattre sur les groupes de pairs ou à surinvestir l'univers virtuel et audiovisuel.

Par ailleurs, l'enfant n'est pas un spectateur passif des relations parentales mais il est devenu, plus que jamais, coproducteur de la relation de parenté et du devenir familial. Les enfants peuvent prendre une part active au mouvement de déstabilisation des unions parentales.

L'Etat est ainsi appelé à réguler les relations citoyennes père – mère – enfant par les droits individuels de chacun, les affaires apparemment privées devenant clairement justiciables d'un débat et d'un jugement publics. La confrontation au système judiciaire et à ses corollaires ne reste pas sans influence sur le jeune, sur sa propre image et celle des parents dont les attitudes peuvent se révéler à un moment en contradiction flagrante avec les principes éducatifs défendus précédemment. Par ailleurs, le droit de regard accru de la sphère publique dans les affaires familiales n'est probablement pas sans incidence sur l'abandon, par leurs parents, des enfants qui sont poursuivis pour des actes délinquants. Dans ces situations, les jeunes trouvent de moins en moins de pères auxquels se confronter, s'opposer.

Dans le contexte qui vient d'être décrit, l'autorité parentale a progressivement décliné et les décisions de justice qui statuent sur les matières familiales renforcent, dans les faits, la position de la mère comme dépositaire des relations intergénérationnelles. Cette évolution ne semble pas non plus sans effet sur le désinvestissement de certains hommes de leur rôle de père. Au-delà du fait que l'homme endosserait le mauvais rôle, dans la mesure où il resterait seulement le pourvoyeur financier de la famille à défaut de rester maître des interdits et de la fécondité, les pères éprouvent des difficultés à intérioriser que, pour réussir la rclation avec leur enfant, il leur faut passer du temps avec lui et apprendre à gérer le quotidien à bras le corps. Les recherches confirment que, quand survient la rupture du couple parental, les liens au père (qu'ils soient affectifs, économiques ou de responsabilité) se distendent souvent et assez rapidement : selon une étude liégeoise récente (Cardelli, 1999), en Belgique, un enfant sur quatre n'a plus de contact avec son père et un autre enfant sur quatre ne le voit plus qu'une fois par mois. Mais, dans un même temps, un quart des mères ne perçoivent pas la pension alimentaire et un autre quart la perçoivent de façon épisodique. On remarque d'ailleurs que la question d'argent reste une question assez tabou dans les couples : quand tout va, elle est gérée sans trop de heurts ; quand tout craque, quand s'effrite « le mythe fondateur » selon les termes de R. Neuburger (1998), chacun y va en rancœur, fait ses comptes et l'enfant se retrouve au cœur du conflit financier.

C'est en fait la première fois dans l'histoire de nos sociétés que l'on reconnaît les droits de la mère citoyenne en donnant à la femme seule avec enfant le statut de chef de ménage. Néanmoins, les droits de la femme citoyenne suivent, quant à eux, loin derrière. La façon dont on continue à considérer la main-d'œuvre féminine comme une main d'œuvre d'appoint, malgré l'accession d'un nombre toujours plus important de jeunes femmes diplômées à des professions et à des postes jusqu'ici réservés aux hommes, illustre parfaitement ce fait. Le mouvement de fragilisation des unions s'accompagne d'une concentration spatiale et socio-économique des ménages monoparentaux, cumulant les discontinuités et les fragilités familiales et professionnelles.

Les réglementations familiales, sociales et d'emploi participent à entretenir les discriminations croisées sociales et de sexe. Cela se joue notamment dans la manière dont l'état régule, au niveau individuel et au niveau du ménage, l'accès à l'emploi, à certains droits, à certaines protections et prestations. Dans la mesure où cet accès dépend du statut, de la position occupée à un moment donné dans le ménage, le partage des ressources et des opportunités s'effectue au désavantage des femmes. Dans un contexte de discontinuité des trajectoires de couple, le statut défavorable des femmes mariées et cohabitantes en situation de chômage (allocations réduites et limitées dans le temps) se répercute dans la durée sur sa propre sécurité d'existence et sur celle des enfants qui en dépendent. D'un point de vue transversal, la proximité des niveaux de qualification entre les partenaires est particulièrement défavorable aux couples les moins qualifiés. D'un point de vue longitudinal, se confirme une relation réciproque entre mauvais positionnement socio-économique et discontinuité professionnelle d'un côté, fragilité et rupture de couple de l'autre. Nous sommes donc dans une situation où d'une part, les femmes et, principalement, les mères continuent à présenter des carrières professionnelles moins stables et moins valorisées que celles des hommes (travail à temps partiel, postes inférieurs, moindres rémunérations) quel que soit leur niveau de qualification et où, d'autre part, se creuse un fossé entre les opportunités professionnelles des femmes hautement diplômées et des femmes sans diplôme (Gavray, 2000). Dans ce contexte, l'expérience de monoparentalité s'accompagne, pour les mères, d'opportunités diverses mais souvent limitées, d'adapter leur implication professionnelle à leur nouvelle situation. Cette dynamique participe au resserrement du sort de l'enfant et de la femme. Favoriser un bon développement de l'enfant au milieu des ruptures et des recompositions familiales, maintenir une qualité des liens familiaux facilitant le maintien d'un niveau de bien-être décent et en rapport avec la position socio-économique et culturelle des parents, constitue un challenge difficile à relever pour nos sociétés. Mais c'est à défaut de pouvoir maîtriser les mutations croisées qui affectent l'ensemble de la société dans ses différentes dimensions, y compris celle de l'ordre des valeurs, des attitudes.

Dans la société tout entière, à l'intérieur de la famille comme à l'extérieur, on assiste à une remise en cause des dépendances mais également à une monétarisation de tous les échanges, par-là même à une dévalorisation du travail gratuit, non rémunéré. Le monde du travail n'est plus à l'échelle de la famille, même élargie. A cela s'ajoute une dévalorisation des savoirs et des savoirs-faire « innés » et non sanctionnés par une certification. Ces éléments peuvent expliquer le manque de reconnaissance dont le travail domestique ou le statut de la mère au foyer font aujourd'hui l'objet, tout comme le changement de valeur attribué au jeune. Celui-ci offre une image d'«improductivité». Cela semble surtout vrai au centre de l'échelle sociale dans la mesure où le salaire du jeune n'est pas impératif à la survie du groupe familial et où, à l'autre extrémité, il ne représente pas non plus un challenge culturel d'envergure comparable à ce qui se passe dans les classes supérieures. Néanmoins, de façon générale, dans un contexte où la régulation des naissances est acquise mais où la parentalité procède d'un choix utilitariste et facultatif, l'enfant se conçoit comme un investissement à risque. D'un côté, il est l'élément qui donne sens à la mise en couple ; de l'autre côté, il représente un accroissement des risques de précarisation pour le groupe familial, un coût financier mais aussi symbolique, du fait du caractère de plus en plus temporaire des unions. C'est la thèse défendue par F. Godard (1992). Celui-ci montre combien les questions familiales tendent à se déplacer depuis celle des formes matrimoniales et d'alliance vers celle de la place de l'enfant dans la famille. Pour F. Godard, si les familles occidentales tendent à utiliser l'enfant pour leurs propres promotion et réussite, une distinction doit néanmoins schématiquement être faite entre les situations européenne et américaine. C'est autour de cette place de l'enfant dans la société que ce chercheur voit la ligne de démarcation la plus nette entre la politique de *welfare* et les autres.

En France, l'enfant s'inscrirait toujours au cœur de la cité. L'auteur en prend pour preuve les politiques de soutien aux familles nombreuses. L'enfant y reste un enjeu symbolique, les parents ayant quelque chose à prouver à travers lui. Le diplôme et la position sociale sont fortement couplés, ce qui expliquerait la dominance de valeurs méritocratiques fondées sur la magie du diplôme. Le rapport affectif reste ici primordial et la revendication d'une meilleure interconnexion entre famille, monde du travail et monde de la formation pour une meilleure insertion est typique à l'Europe. On y assiste d'ailleurs à une inquiétude sociétale autour du décalage entre modèles de socialisation proposés par l'école, la famille et le monde du travail. Dans ce contexte, la responsabilité et la culpabilité des parents se décrivent dans des termes hédonistes (recherche du plaisir, égoïsme).

Les Etats-Unis, de leur côté, et malgré l'image qu'ils veulent donner d'eux-mêmes, peuvent difficilement être considérés comme une société centrée sur l'enfant. Dans ce pays défendant une politique de bas salaires, de mobilité exacerbée, hostile à une politique de *welfare*, avoir des enfants constitue un risque économique et social réel. On assiste à un accroissement constant du nombre d'enfants vivant en condition de pauvreté. Dans un même temps, l'enfant représente un challenge économique, la famille étant chargée de préparer ses membres à la compétition, tandis que l'école privée s'inscrit dans le prolongement pour défendre ces valeurs et les comportements qui y sont attachés. Aux Etats-Unis, ce n'est pas un hasard si de très nombreuses recherches s'intéressent aux formes familiales qui mènent à la politique scolaire. Il va maintenant de soi que l'atout principal que représente la maîtrise de plans à long terme n'est pas possible en culture de pauvreté. Mais c'est l'image avant tout parasitaire de l'enfant qui prédomine. Pour lui donner une place, il convient avant tout de lui permettre de gagner sa vie, l'acquisition d'argent étant sensée accroître d'office l'indépendance et la maturité. Du fait que le jeune est avant tout considéré du point de vue de son utilité sociale et de sa valeur monétaire, il se retrouve prématurément désinfantilisé et sa valeur affective se retrouve reléguée au second plan selon les principes de pragmatisme et de relativité des normes. Dans une culture où la dialectique autonomie/dépendance ne parvient plus à donner un sens au lien familial, alors que les besoins de filiation et de reconnaissance entre générations se révèlent comme intemporels, la seule justification de la famille devient d'ordre naturel, d'ordre divin (d'où certains mouvements conservateurs cherchant notamment à démontrer en quoi la croyance et la pratique religieuses sont un rempart contre la délinquance). Mais au fond de leur culture, les Etats-Unis se retrouvent imprégnés d'une méfiance, voire d'une culture anti-enfants : ce n'est plus ici les enfants qui détruisent les liens comme dans les années '60 mais ce sont les parents qui abandonnent leurs enfants. Ceux-ci apparaissent comme un fardeau économique, une gêne pour le bonheur individuel et conjugal, cela d'autant plus que les études empiriques montrent une relation négative entre la qualité de vie des couples et la présence d'enfants, et cela encore plus dans les familles recomposées. Les symptômes de ces problèmes de société sont multiples chez les jeunes : un taux sans cesse supérieur de suicides, d'actes de violence et de maternités précoces, une tendance accrue à la boulimie, à la consommation de médicaments et au désinvestissement scolaire. Des mouvements féministes excessifs développant une propagande « anti-mecs » et des comités de défense des hommes et des petits garçons « en mal d'attention et obligés de renoncer à toute marque de masculinité » se font désormais la guerre.

L'actualité récente confirme combien, chez nous, les polémiques politiques transitent par le discours sur l'école et l'enseignement tandis qu'aux U.S.A., une grande partie de la problématique politique passe par des controverses sur la sexualité. Une des questions qui se pose est de savoir si l'Europe est simplement en retard sur les Etats-Unis au niveau des évolutions qui viennent d'être décrites ou si, par son histoire et sa culture, le vieux continent est en mesure de conserver ses propres façons de concevoir et de pratiquer le lien intergénérationnel, de prendre en mains les problèmes qui se posent. Même si l'actualité nous pousse à distinguer l'essence des controverses politiques qui caractérisent l'Amérique et l'Europe, le vieux et le nouveau continents, sont bien confrontés aux mêmes paradoxes et aux mêmes enjeux de la société contemporaine.

Dans nos pays, beaucoup de familles se retrouvent malmenées par les mutations professionnelles touchant à la structure de l'emploi. Le challenge professionnel est d'autant plus difficile à relever que l'on assiste à une fragilisation et à un raccourcissement des carrières aux deux extrémités du cycle de vie active tandis que les risques de chômage et de déclassement s'étendent à des catégories de travailleurs de plus en plus larges. Chacun se rend compte du stress accru, matériel et non matériel, porté par les ménages et particulièrement par les familles avec enfants. Ce stress augmente au fur et à mesure que s'accélère le mouvement de délocalisation et de rationalisation des entreprises : le kilométrage et le temps passé en trajets augmentent. Les enfants, dès leur plus jeune âge, doivent suivre le rythme de vie des adultes et leurs nombreux déplacements, ce qui entraîne chez certains d'entre eux des troubles nerveux et de sommeil précoces. La prise en charge quotidienne des jeunes enfants reste un problème crucial ; elle est de moins en moins exercée dans un périmètre proche du domicile, par une personne affectée à long terme à cette tâche. L'entourage familial se révèle de plus en plus éclaté et se trouve lui-même souvent actif professionnellement, les institutions spécialisées restent trop peu nombreuses et onéreuses ; de plus, ces dernières ne répondent pas à tous les problèmes qui se posent au quotidien. Au vu de ces différents problèmes liés à la présence d'enfants et relevant de la responsabilité parentale, la généralisation du travail des deux parents à l'extérieur du foyer reste montrée du doigt, alors que cette pratique, devenue largement majoritaire, représente une nécessité et une précaution économique bien réelle pour les familles et les individus et se révèle, de surplus, indissociable du projet de société démocratique. En fait, une bonne part du stress et de la fragilité des familles découle non du travail féminin en lui-même mais du fait que le travail féminin est venu « s'accoler » au travail de l'homme sans un réaménagement, une redistribution de l'ensemble des tâches, des rôles et des temps sociaux entre les sexes, que ce soit dans la sphère privée ou dans la sphère publique. Les évolutions et réglementations récentes qui traversent le marché de l'emploi confirment toujours, en Europe, la population féminine dans un rôle de réserve de main d'œuvre et il est tentant de justifier cette situation par la nécessité de se recentrer sur les besoins éducatifs et affectifs non rencontrés des enfants et adolescents. Dans les faits, la population exprime que les conditions de vie et de travail sont difficiles et peu compatibles avec des responsabilités et des tâches d'éducation de plus en plus complexes. Le temps et l'attention accordés aux enfants restent un sujet de préoccupation des parents et on ressent une souffrance collective d'une société qui se cherche mais n'ose pas remettre en question ses fondements. On détecte une certaine méfiance, ambivalence, des citoyens masculins comme féminins, par rapport aux mutations en cours et notamment une relativisation de l'importance accordée à la profession et à la carrière, tous âges et niveaux de formation confondus. Il est néanmoins difficile au citoyen de ne pas participer au mouvement général basé sur la concurrence et sur la séparation entre les sphères d'insertion. L'économie de marché imprime son empreinte sur les individus et les familles. Elle réduit leurs capacités de réaction face à un système qui divise. Le groupe inséré optera d'autant plus facilement pour une mise en cause individuelle des « perdants » que pour une reconnaissance des mécanismes collectifs de relégation. Il acceptera d'autant plus facilement la remise en cause des mécanismes de solidarité, au profit des politiques ciblées qui s'imposent également à la sphère publique, afin de gérer les problèmes sociaux induits par le fonctionnement du système.

Dans les faits, l'Etat ne peut compter sur la famille pour contrebalancer les inégalités qui règnent dans la société globale, du fait que l'institution familiale participe à sa production et à sa reproduction d'une part, et de son caractère de plus en plus fragile et temporaire d'autre part.

Peu de place est ainsi laissée à la prise en compte des causes premières des injustices et des inégalités dans la mesure où celles-ci font partie intégrante du système.

Illustrons :

1. Au moment où l'emploi salarié se retrouve être le facteur primordial d'insertion et de protection des ménages, il se raréfie et se déstabilise. Pour le système productif, le chômage peut être vu comme une solution plutôt qu'un problème, dans la mesure où jouer sur la pénurie d'emploi tout en affirmant que l'insertion professionnelle dépend avant tout de caractéristiques personnelles (ténacité, qualités et qualifications) c'est accroître la flexibilité de la main d'œuvre, sa concurrence interne, c'est maîtriser les coûts salariaux, c'est réduire le poids des syndicats et des mouvements collectifs.

2. Le malaise dans les écoles s'inscrit également dans ce cadre ; il est alimenté par les perspectives d'avenir floues, retardées voire hypothéquées, d'une masse significative de jeunes, par un emballement et une dévalorisation progressive et rapide des niveaux de diplôme. Plutôt que de parler de crise d'enseignement, on peut parler de crise de société qui n'arrive plus à enseigner. Selon les termes de C. Péguy (1904), « Pour toute l'humanité, au fond, enseigner, c'est s'enseigner ; une société qui n'enseigne pas est une société qui ne s'aime pas ; qui ne s'estime pas ; et tel est précisément le cas de la société moderne ». L'école est alors ressentie comme une garderie ou comme un alibi. Après une période d'abondance où la jeunesse a le vent en poupe, la voilà montrée du doigt. On craint ses modes d'expression mais on redoute également les évolutions qu'elle préfigure. L'histoire nous montre que les découpages, institués en regard du cycle de vie et des droits et des devoirs y afférant sont intimement liés aux besoins de l'organisation sociale. Dans le contexte d'incertitude générale, la jeunesse est

devenue la catégorie à instruire puis à insérer professionnellement sur un plan linéaire et parfaitement chronologique. A faire de la formation et de l'insertion un projet personnel à résoudre, on oublie quelque peu les causes collectives de la relégation d'une partie de la jeunesse. La famille n'est pas étrangère à ces processus dans la mesure où la position sur le marché du travail dépend d'un triple processus : inculcation d'une éthique, d'un système de valeurs sensé permettre d'intégrer le marché du travail ; transmission de savoirs, de capitaux ; accompagnement du processus d'individuation, travail par lequel le sujet en vient à se penser comme doté d'une identité singulière. Les modèles éducatifs parentaux ne servent pas qu'à porter les qualités présentes et souhaitées chez l'enfant. Selon l'étude de J.F. Guillaume et A. Gauthier (1999), les modèles éducatifs permettent également de diminuer les tensions internes chez l'enfant dans la mesure où ils justifient les conditions d'existence propres à chaque groupe social en mettant en concordance la structuration du système de valeurs et les conditions objectives d'existence.

Le contexte de pénurie d'emplois rémunérés oppose les générations en place et les générations montantes ; il met également les groupes sociaux et familiaux en concurrence. D'un côté, les jeunes partagent désormais avec leurs parents, desquels ils se sentent à la fois solidaires et en rivalité, les doutes et l'expérience de disqualification. La charge financière que l'adolescent représente s'alourdit en même temps que s'accroît la concurrence entre les groupes d'âges sur le marché du travail. Les politiques de salaire et d'emploi qui retardent et précarisent l'insertion professionnelle des jeunes générations et qui « cassent » des solidarités intergénérationnelles au sein des ateliers (l'expérience des anciens est dévalorisée tout comme l'inexpérience des nouveaux, d'ailleurs) vont déplacer l'essence des conflits de génération. Ceux-ci mutent en une lutte ouverte entre différents groupes d'âge.

D'un autre côté, on tend à ignorer et à dévaloriser les stratégies éducatives et d'insertion des familles populaires, de ne pas tenir compte de leurs spécificités. Les qualités de force physique, qui étaient la fierté de la jeunesse ouvrière, se sont retrouvées inutiles, dévalorisées. Sans doute toute cette force contenue, cette fierté perdue cherchent-elles à s'exprimer par d'autres chemins, parfois au sein même de la famille où les liens aux parents peuvent s'évaluer en termes « être le plus grand, le plus fort » et où les parents, incapables de mettre des limites, peuvent se retrouver parents battus. Il existe un décalage entre le modèle d'insertion professionnelle linéaire imposé « formation puis travail » et le modèle qui, traditionnellement, articule conjointement ces deux processus. Les familles entrent elles-mêmes en compétition dans la mesure où elles se transforment en équipes qui doivent gagner contre d'autres. Certaines exercent d'ailleurs une pression démesurée sur le jeune dans la réussite de ce challenge, tandis que d'autres peuvent l'évincer de ce projet.

Dans un contexte d'explosion des connaissances et des sources d'information, le partage du savoir et des aptitudes n'est plus à sens unique entre les générations, les jeunes étant amenés à partager leur savoir avec les parents, voire avec les enseignants, ce qui transforme inévitablement les relations hiérarchiques en rapport de rivalité. De plus, la socialisation peut moins que jamais être réduite à l'apprentissage de normes. Elle devient surtout un savoir-être qui se convertit en savoir-faire. Les dispositions acquises doivent être convertibles en capacités d'anticipation et de calcul (Bourdieu, 1993). L'enfant et l'adolescent apprennent, eux aussi, à jouer et leur action devient stratégique (différence entre *play* et *game*). Chaque individu, grand ou petit, est pris dans une compétition organisée, supposant la connaissance de règles extérieures à chaque acteur en rivalité, et dans laquelle la réussite tient aux capacités d'innovation et de respect d'une loi abstraite, plus générale, et plus d'une imitation des anciens et des supérieurs. Au niveau éducationnel, on peut d'ailleurs vérifier que trop d'intégration peut nuire au projet de socialisation et d'insertion, et cela dans différents domaines. Par ailleurs, l'alimentation des attentes est progressive et ininterrompue.

B – Nouvelles dynamiques de production de conduites individuelles ou collectives problématiques, anti-sociales ou obsolètes

Le calcul des plaisirs, des peines, des devoirs, des droits et des bénéfices habite notre imaginaire et envahit la plupart de nos pratiques. Certaines recherches montrent que, dans un tel contexte de promotion à l'autonomie et à la réussite individuelle, la limite entre comportements « normaux » acceptés et comportements déviants se déplace. Le sens de l'argent, de la propriété d'autrui et du bien collectif changent et ce phénomène dépasse les seuls adolescents. On n'articule peut-être pas assez la déviance adolescente à celle en place dans les couches d'âges supérieures. Une de nos enquêtes de délinquance autorévélée montre une banalisation des actes de resquillage et de recel (achat et vente d'objets volés) chez les jeunes de tous milieux. La culture adolescente qui se développe produit ses propres valeurs, en décalage avec les valeurs traditionnellement défendues par la famille. La sociabilité des jeunes s'inscrit surtout à travers son temps libre et de plus en plus dans la sphère publique qui n'est plus réservée à un groupe marginal. Les groupes de copains, plus ou moins étendus, supplantent le contrôle social et parental. Le développement des divorces n'est peut-être pas non plus étranger aux difficultés d'user de moyens de pression adéquats et cohérents entre les parents en cas de dérapage scolaire ou comportemental des adolescents mais il intervient également sur le pouvoir d'achat personnel de ces jeunes, chaque parent et lignée pouvant participer à une certaine surenchère pour compenser ou acheter l'attachement, la docilité... Celui-ci autorise une liberté plus étendue qui réduit le contrôle des parents et les moyens de pressions utilisables par ces derniers.

La déviance est corrélée à certains lieux et certaines activités de loisir. La production de déviance fait corps avec la victimisation. Les groupes intermédiaires jouent un rôle décisif sur le développement de l'adolescent, y compris dans des activités de routine : il n'existe pas que des bandes de jeunes, mais des cultures de classe ou d'école ; certains groupes sont producteurs d'asocialité, d'autres de croyances totalitaires, d'autres de violence, d'autres encore de dépression (on note une concentration de tentatives de suicide dans certains établissements). Mais cette « culture adolescente mosaïque », selon les termes de A. Moles, reflète en fait les différences qui se creusent dans les trajectoires de vie personnelle et, cela, en relation à l'appartenance sociale. Alors qu'on s'intéresse peu aux formes et aux manifestations de délinquance de la classe moyenne, on se concentre sur celles produites par les classes populaires considérées à nouveau comme dangereuses dans la mesure où elles sont confrontées à des frustrations exacerbées.

L'évolution des modes de vie privée peut être interprétée comme une émancipation individuelle et relationnelle mais elle est également indissociable du fait que la famille « détraditionnalisée » se retrouve l'apanage d'une minorité dans la mesure où son accès dépend des ressources permettant de s'inscrire dans une logique d'autoproduction normative, terme employé par J. Commaille (*op.cit.*).

Il va de soi que toutes les familles, tous les groupes de population n'ont pas un même accès aux normes, aux pratiques et stratégies proactives et réactives qui se révèlent payantes dans tous les sens du terme (financier, de prestige, de visibilité et d'exposition à la réaction sociale). Toutes n'ont pas la même capacité de produire ces normes.

Les inégalités sociales et économiques ne sont pas une nouveauté. L'histoire de ce siècle nous a même montré qu'elles contribuaient au dynamisme de la société, mais cela, à la condition qu'elles ne soient pas vécues comme des injustices, qu'elles prennent une cohérence autour d'un projet commun, qu'elles soient basées sur la complémentarité des rôles et des fonctions. Mais nous avons vu que les inégalités contemporaines ne s'expriment pas seulement au travers des aspects financiers mais surtout au travers de facteurs culturels. Elles se transmettent partiellement, mais toujours de manière significative, de génération en génération, cela au travers de l'éducation dispensée par l'école et la famille, et en fonction des connexions entre ces deux univers sur différentes générations. Les transformations de la société industrielle ont bien brouillé les frontières entre les classes sociales traditionnelles mais les inégalités persistent, changent d'essence.

Dans nos sociétés, la façon de concevoir et de vivre le travail rémunéré intervient notamment dans la différenciation des milieux socioculturels. Dans la mesure où l'activité professionnelle est conçue comme une obligation, un devoir pénible, la probabilité de rencontrer un processus innovant est réduite et la participation dynamique aux valeurs reste peu élaborée.

De nos jours, l'impact du niveau de diplôme de la mère semble ainsi important dans l'évolution des structures sociales et familiales, dans la mesure où il se révèle un facteur essentiel non seulement de changements démographiques mais également de transmission des normes et des attitudes à la génération suivante.

1. La hausse du niveau de scolarité des femmes a déteint sur les pratiques démographiques (mise en couple, mariage, divorce, natalité…).

Moins que jamais, il existe un modèle unique de famille et de comportement démographique. Certains y voient le déclin de la famille ; d'autres l'espace d'un enjeu de recomposition entre dépendance et interdépendance.

Si l'âge du mariage et de la maternité a sensiblement reculé, les jeunes femmes peu diplômées se marient et deviennent mères toujours plus jeunes que les autres. Le nombre d'enfants reste limité avant tout au vu du poids financier qu'il représente. La mise en couple et l'enfantement deviennent des options de vie mais cela encore plus pour les femmes hautement diplômées appelées à gérer leur temps et leurs investissements personnels et familiaux en chef d'entreprise. Ces femmes se doivent d'être particulièrement efficaces dans leur emploi du temps et dans l'organisation de la garde et du suivi des enfants ; pour cela, elles recourent plus souvent que les autres femmes à des structures professionnelles et payantes. Certaines voient dans une maternité nombreuse et précoce l'occasion de faire la preuve de leur capacité de *superwomen*, à réussir sur tous les fronts. Mais d'une manière générale, les femmes diplômées intériorisent, à la sortie des études, qu'il y de bons et de mauvais moments pour s'engager et qu'il faut limiter le nombre d'enfants si on veut mener une carrière professionnelle. La plupart cherche d'abord à se stabiliser dans l'emploi avant de se mettre en couple et de se marier. Parfois, leur plan de carrière les amène à retarder, voire à renoncer à une vie sentimentale et familiale, à se concentrer dans des zones urbaines ou boulot rime avec « vie en solo ». Le temps qui s'écoule hypothèque la rencontre d'un partenaire mais rend également plus difficile l'acceptation de contraintes et de réalités dont elles sont restées longtemps éloignées. Dans ce contexte, le désir d'enfant aboutit parfois tardivement, parfois indépendamment d'un projet de mise en couple ou de recherche d'un père. Dans les pays nordiques, il semble que l'indépendance de la femme ne se pose plus tant dans des termes financiers mais bien dans ceux d'espace mental, de liberté intérieure.

Par ailleurs encore et sans entrer dans le détail, le niveau de diplôme féminin intervient également significativement et inversement sur les risques de divorce et sur les probabilités de remise en couple après une rupture : les femmes les plus diplômées, et par la même occasion souvent les plus autonomes, se révèlent les moins enclines à se remarier.

2. Des études récentes démontrent le lien entre, d'un côté, le niveau de diplôme couplé au niveau d'insertion professionnelle de la mère et, de l'autre côté, les valeurs transmises à l'enfant et les comportements valorisés chez celui-ci. C'est le cas des travaux de Jan Gerris (1996) aux Pays-Bas. Ceux-ci montrent que les femmes au foyer, en majorité moins qualifiées que les actives, se montrent assez dépressives. Elles continuent à transmettre des normes plus traditionnelles et un mode d'apprentissage moins payant à terme. Elles manifestent une attitude plus ritualiste et éprouvent souvent des difficultés à dépasser la matérialité des besoins ou l'aspect émotionnel de l'éducation. Avec elles, la famille traditionnelle devient peu à peu un corps étranger à la société contemporaine. A l'inverse, les mères diplômées qui travaillent à l'extérieur sont nettement moins dépressives que les autres femmes ; elles misent plus sur la qualité des relations avec leurs enfants que sur la quantité. L'insertion socio-

professionnelle de ces femmes leur permettrait d'améliorer une situation en la rendant plus favorable à l'expression de valeurs liées à la famille. Les capacités communicationnelles s'en trouveraient améliorées tout comme les stratégies de résolution de problèmes – et meilleures par rapport au père en tout cas. La pluralité des préoccupations de ces mères les disposerait à relativiser et hiérarchiser plus adéquatement la signification des conduites de chacun. Ces éléments peuvent expliquer que ces mères se révèlent être de meilleures alliées pour leurs enfants : les relations qu'elles entretiennent avec les adolescents sont meilleures que dans le cas où la mère reste à la maison ; quel que soit leur temps de travail à l'extérieur, elles manifestent une présence active, favorisent la créativité, l'autonomie sous contrôle, une plus grande surveillance du temps passé devant la TV. L'insertion sociale et les performances scolaires de l'enfant sont supérieures. De tels résultats sont évidemment intéressants. Mais ils comportent néanmoins le risque de voir surgir la délinquance et les comportements asociaux comme des dysfonctionnements de la famille dans les familles pauvres. Ces résultats montrent que le travail à temps partiel de la mère ne garantit pas automatiquement une présence plus bénéfique auprès du jeune. Cette modalité de travail flexible ne recouvre pas qu'une seule réalité mais renvoie à des enjeux différents selon la place occupée dans la stratification sociale. C'est ce que nous révèle l'analyse des données du PSBH [2].

Si le recours féminin du travail à temps partiel est fort répandu, c'est principalement dans les deux groupes de diplômes extrêmes : le groupe des femmes très peu diplômées d'un côté, le groupe des femmes très diplômées, de l'autre :

a. Les premières expriment un temps partiel non choisi mais subi dans un contexte d'offre d'emploi qui leur est particulièrement défavorable et peu conciliable avec la vie des familles avec enfant (horaires décalés, scindés, travail de soirée et de

---

2. *Panel Study on Belgian Households*, banque de données longitudinales représentative de la Belgique et de chacune de ses trois régions, initiée par les S.S.T.C. et gérée conjointement par l'Université de Liège et l'Universiteit Instelling Antwerpen.

week-end, tout cela assorti d'un salaire peu élevé). La présence auprès des enfants et leur suivi scolaire ne sont donc pas exprimés comme raison ou bénéfice de cette pratique. Cela ne signifie évidemment pas que l'éducation et l'avenir des enfants ne soient pas une préoccupation pour elles. Mais les attitudes et les principes éducatifs restent souvent rigides et sont peu exprimés en termes de stratégies à long terme, dépassant les simples performances scolaires.

b. Les femmes diplômées de l'enseignement supérieur, pouvant plus souvent s'appuyer sur un salaire confortable de l'époux mais pas compter sur sa présence et son relais auprès des enfants, affirment régulièrement accepter un emploi à temps partiel pour offrir une présence de qualité aux enfants et leur permettre d'accéder à des activités culturelles, extrascolaires et expressives épanouissantes et intéressantes. Elles décrivent ces activités comme un « plus » pour leur avenir, un atout convertible à côté des connaissances scolaires.

c. A remarquer que c'est dans les couples où les deux conjoints occupent un poste à responsabilité moyenne, demandant une qualification moyenne et assorti d'un temps de travail hebdomadaire proche de la durée moyenne (38 heures) que la répartition familiale des tâches, y compris éducatives, semble la plus équilibrée entre les partenaires. Ici l'enfant est responsabilisé assez jeune aux vertus de la liberté et de l'autonomie, y compris financière. D'autres recherches ont déjà montré que les nouvelles familles où se manifestent les signes de démocratisation sont issues de ce que l'on appelle la classe moyenne. Par ailleurs, certains groupes sociaux cherchent à faire acter leurs choix par la justice tantôt que d'autres demandent à la justice de leur attribuer des rôles, de désigner des gagnants et des perdants. La demande de droit n'est donc pas uniforme et oppose, elle aussi, les traditionnels (de milieu modeste généralement) dont la référence est plus communautaire – alors que les réseaux sont réduits plus souvent aux réseaux de parenté – aux modernistes (couches moyennes à capital culturel plus élevé et qui définissent plus souvent par eux-mêmes leurs propres références normatives).

Le diplôme féminin crée donc la différence entre les ressources financières et statutaires des ménages. Aujourd'hui, les mises en couple (et surtout les premières) se décident moins en fonction de l'origine sociale des parents, mais on assiste, nous l'avons dit, à un rapprochement du niveau scolaire des partenaires. Or ce niveau, nous le savons, est aujourd'hui déterminant pour l'accès à l'emploi, pour le positionnement, la qualité et la stabilité de l'insertion professionnelle des hommes et des femmes. La distance se creuse donc mathématiquement entre des ménages dont le revenu repose sur deux emplois qualifiés, à temps plein de surcroît, et ceux disposant d'un seul revenu de remplacement. Le diplôme féminin fait la différence.

Dans ce contexte, et dans la mesure où le niveau de qualification des femmes s'accroît, on peut penser que la négociation familiale autour de la défense de valeurs et de principes éducatifs bien définis passe au second plan derrière le devenir professionnel, aujourd'hui majoritairement salarié, de membres adultes du ménage.

L'enjeu de genre intervient également sur les systèmes de protection sociale et les dispositifs institutionnels européens. Si l'on s'attache au type d'obligations familiales entre conjoints et entre générations, on distingue aujourd'hui le cas où les obligations sont minimales, de l'ordre du choix et où les prestations sont individuelles du cas où les obligations sont stipulées à l'échelle de la famille nucléaire et de la situation où les obligations s'étendent à la famille élargie. Si l'on tient compte de la capacité offerte aux femmes de se rendre autonomes mais aussi de se protéger contre l'appauvrissement lié à cette autonomisation, on distinguera le modèle monsieur gagne–pain (avec droits et prestations dérivées, renforcement des principes d'obligation au sein des ménages) du modèle parental mettant l'enfant au centre et où les femmes sont reconnues comme devant concilier différents rôles ou encore du modèle où hommes et femmes sont traités sur pied d'égalité, ce qui demande que les tâches de soins, de socialisation et d'éducation soient professionnalisées.

L'avenir de la famille semble désormais lié à cette question de la prise en charge des personnes dépendantes, enfants et adultes. Cela semble une condition préalable importante pour ne plus opposer haut taux de participation des femmes au marché du travail et haute participation parentale aux tâches de *caring*.

C – L'avenir de la famille comme question politique et de politiques

« La famille disparaît comme modèle de gouvernement et devient l'instrument privilégié pour le gouvernement des populations » (Foucault, 1986).Chacun ressent la nécessité de réformer des politiques qui soient assez lisibles pour être légitimées à des échelles privées et publiques. L'équilibre entre état, marché et famille se trouve au centre du débat.

Or les problèmes sociaux sont vus comme des problèmes individuels, ce qui justifie les interventions sur mesure. Comme l'individu se doit de construire sa biographie, ses accidents de trajectoire deviennent les clés explicatives d'une faillite personnelle. Les mécanismes de redistribution et de protection sociale mis progressivement en place lors de ce siècle et qui se sont montrés largement efficaces dans les décennies précédentes, sont actuellement remis en question, pas seulement dans leur forme mais dans leur essence même, et cela sous le couvert d'impératifs d'une gestion plus saine, plus juste et plus adaptée aux réalités nouvelles. L'idée générale désormais répandue n'est plus de défendre une sécurité sociale dans ses aspects préventifs et redistributifs mais de concentrer les efforts sur l'aide sociale à apporter aux situations problématiques et aux populations et aux types de familles dans le besoin. Historiquement, c'est dans le contexte où l'individualisation s'est vue reconnue comme source de risques qu'est apparue la notion de famille monoparentale.

Ce sont souvent les mêmes familles et les mêmes groupes sociaux qui doivent aujourd'hui gérer le report et les difficultés d'insertion professionnelle des jeunes et la mise à l'écart professionnelle prématurée des parents (pré-pension, chômage saisonnier, récurrent ou prolongé). Un risque supérieur de ruptures familiales en découle, et cette instabilité augmente à son tour la difficulté pour la famille d'offrir un environnement socio-économique et culturel et une protection efficaces.

La pression exercée sur les familles en difficulté n'est pas seulement économique mais est génératrice de tensions psychiques. R. Castell (1997)parle d'individualisme négatif, non vu comme une complaisance à la subjectivité mais comme le fait que des gens se retrouvent tout simplement exclus, dépouillés de leur dignité, devenant des individus par défaut. La vie urbaine rend la vie particulièrement difficile aux sujets manquant de souplesse d'adaptation, moins intelligents, dont la référence traditionnelle est en rupture avec les valeurs et comportements ambiants ou encore ceux dont les conditions culturelles de l'enfance ont retardé l'acquisition de certains mécanismes, savoir-être et savoir-faire. C'est dans ce cadre que les sociétés les plus prospères voient, malgré une amélioration constante du niveau de vie, s'aggraver la mise à l'écart de certaines catégories marginales déterminées par l'âge, l'origine ethnique...

On peut notamment se demander, par exemple, quelle image de citoyenneté reste possible dans une société où c'est l'accès au travail rémunéré et statutaire, par ailleurs restreint, qui donne droit à l'ensemble des autres droits et rôles sociaux et familiaux ? Beaucoup d'enfants, de jeunes et d'adultes en devenir, non issus de populations quart-mondistes, se trouvent au cœur de la tourmente et affirment ne pas être dupes du mode de fonctionnement de la société. Plutôt que de se retourner contre leur père, certains fils contestent la survalorisation d'un travail qu'ils voient comme aliénateur. Certains vivent la société comme illégitime dans la mesure où elle n'arrive pas à appliquer les principes démocratiques qu'elle prétend défendre, où elle leur donne avant tout le droit et la liberté d'être et de rester les perdants du système (reportons-nous aux textes de chansons rap). La vulnérabilité socio-économique analysée par L. Walgrave (1992) se révèle intériorisée par les jeunes qui la vivent de l'intérieur, jour après jour et dans la durée. Ceux-ci voient que les travailleurs qui détiennent un emploi typique sont valorisés dans l'ensemble de leurs engagements sociaux et arrivent à engranger des statuts et des revenus supplémentaires à leur emploi principal. Mais eux font l'expérience inverse de familles qui s'incrustent dans le chômage et se retrouvent surveillées, suspectées et même pénalisées dans leurs tentatives de diversification des appartenances et des sources de revenus. De nombreux jeunes sont les témoins privilégiés de l'accumulation des problèmes et du manque de soutien dont profitent les ménages qui ne sont pas encore « descendus assez bas » pour faire la preuve d'un manque de ressources et d'une incompétence totale. Quand la situation s'est dégradée à un point tel que le groupe familial se voit pris en charge par de multiples services sociaux, l'enfant se retrouve au cœur des problèmes et des enjeux. Il ne souffre pas seulement du manque de perspective d'avenir mais également du manque de reconnaissance dont jouissent ses parents. Or il apparaît que, quand les parents se sentent utiles, compétents, il existe des probabilités supérieures qu'il en soit de même pour les enfants.

Certaines initiatives et réglementations menées dans l'esprit du *working fair* et destinées aux populations marginalisées sur les deux fronts (familial et professionnel) reconnaissent le travail comme facteur important d'insertion et de développement individuel. Néanmoins, elles ne prennent pas toujours en compte la culture spécifique des familles populaires autochtones ou étrangères (normes, attitudes, partage des rôles), ni leurs réalités spécifiques de vie (articulation étroite et non chronologique du travail et de la formation, filières particulières d'appropriation de l'emploi et du revenu, spécificité d'un réseau social largement basé sur l'échange informel de services et de compétences), ni les opportunités réelles qu'offre la conjoncture. Si les politiques et réglementations affaiblissent les modes d'agir traditionnels sans intervenir conjointement, de façon volontariste, sur l'offre d'emploi standard, elles participent avant tout au contrôle social de la population et elles sont ressenties comme telles par les familles qui sont mises en concurrence et qui vivent de l'intérieur le classement, ou plutôt le déclassement, dont elles sont l'objet selon le niveau de protection et la légitimité de comportement qu'on leur reconnaît. Ces mesures sont également mal vécues par les jeunes qui considèrent la société comme délinquante, violente et inquisitrice. Les réglementations ne vont-elles pas jusqu'à dresser un type de famille contre un autre ? Certains jeunes mesurent au quotidien combien les règlements vont même influencer la survie ou le devenir de leur propre groupe familial, en ce qu'ils peuvent, par exemple, favoriser ou décourager la remise en couple de la mère, maintenir artificiellement le jeune chez les parents ou, au contraire, précipiter sa mise à l'écart subsidiée par la sphère publique… On ne peut maintenant souscrire à une vision purement déterministe. Des rencontres, des événements de vie peuvent éviter de cumuler les problèmes liés à une position sociale ou réorienter plus favorablement les trajectoires. Certains jeunes, même au passé difficile ou délinquant, vont retrouver un équilibre, une insertion durable. Il n'empêche que les expériences ressenties de relégation sociale en chaîne entraînent une dégradation significative de l'image de soi et une augmentation du niveau d'angoisse, de dépression et de violence, ce qui alimente le moulin de ceux qui veulent étiqueter la famille populaire comme dangereuse. Certains jeunes se désolidarisent de leur famille, dévalorisent des parents devenus incompétents à leurs yeux ; d'autres se rebiffent contre l'ingérence des instances d'aide et de contrôle dans la famille. Le règne de la débrouille leur semble désormais indispensable tout autant que justifié au vu de leur expérience quotidienne des discriminations et des dysfonctionnements. Victimes d'une certaine violence, ils peuvent en devenir les acteurs.

Devant l'éloignement et la démission des parents et du réseau social proche dans les différentes strates de la population et pour diverses raisons, qui peut convaincre aujourd'hui le jeune de réprimer lui-même les libertés dont il est enclin à faire usage ? Les effets protecteurs d'une hyper-permissivité ou d'un super contrôle sur la délinquance sont démontrés. S'il existe une orientation nouvelle en matière d'éducation de l'enfant, elle s'inscrit moins dans une opposition entre permissivité et autoritarisme que dans la reconnaissance d'une priorité affective nourrissant la confiance en soi et la personnalité en construction. Or l'accès à cette ressource ne se distribue pas, elle non plus, également entre tous les groupes sociaux ni entre tous les types de famille et de fonctionnement familial. Par exemple, une dépendance passive et exagérée des grands et des petits à l'écran de télévision peut entraîner une violence bien plus dommageable pour l'enfant que celle des scènes de violence visionnées. Nos recherches montrent que ce n'est pas tant une bonne entente avec les parents qui protège de la délinquance mais bien les opportunités de communiquer, en s'opposant s'il le faut, ainsi que l'intérêt porté par les parents au vécu et à l'avenir de leur enfant, même s'il est difficile ou sujet à querelles. Seule une communication de qualité permet de devancer les dangers ambiants, de désacraliser les réussites « magiques » montrées à profusion dans les films et les jeux TV, de combattre une banalisation de la violence favorisée par les médias.

Les guides d'opinion, lassés du conformisme conventionnel, et dans une logique marchande, font en effet dévier les valeurs et les croyances sans les attaquer de front, entraînant une perte progressive des repères ou ravivant d'anciennes querelles. Or la famille reste un lieu privilégié où les différents membres qui la composent peuvent repérer les antagonistes. Il est inutile d'étudier la délinquance sans la voir comme un élément d'interaction entre plusieurs réseaux de relations, plusieurs générations, plusieurs groupes sociaux. Chacun d'entre nous peut être créancier d'une dette parfois interminable. Les travaux de M. Guedah (1999), notamment ceux présentés au XIIIème congrès international de recherche en criminologie juvénile à Liège en mai 1999, mettent l'accent sur les processus de délégation familiale en matière de délinquance. Cette dette n'est pas nécessairement strictement, voire principalement, d'ordre socio-économique, mais elle refait souvent surface quand les opportunités offertes par le contexte sont limitées. Certains jeunes maghrébins des banlieues françaises peuvent ainsi se sentir, à retardement, investis du devoir de vengeance contre l'ancien pouvoir colonial.

Conclusion

Dans ces pages, nous avons cherché à montrer en quoi les conduites asociales, qu'elles soient de l'ordre du déni, du défi ou du délit (J.P. et L. Chartier, 1986), sont normalement liées à la société en évolution ; elles font partie de sa culture.

Les évolutions que connaît l'institution familiale sont indissociables des relations réciproques qui la relient aux autres sphères d'insertion : l'emploi et la sécurité sociale. L'éducation et la socialisation impliquent, à coté de la famille, un nombre grandissant d'institutions comme de groupes spontanés porteurs de messages variés et contradictoires. Au-delà de la diversification des formes familiales et des types de familles, les enjeux familiaux évoluent et avec eux, la place attribuée aux jeunes membres. De nos jours, l'enfant ne va pas de soi. Il représente à la fois un risque et un investissement qui s'inscrivent dans la durée, contrairement à tous les autres attachements qui sont désormais de l'ordre du temporaire, du révisable. Si l'adolescence est porteuse d'une réalité sociologique (partage de pratiques et de référents communs), on remarque que c'est plus au travers des institutions – et notamment de la scolarité – qu'en tant qu'acteurs. Dans un contexte de plus en plus individualiste et concurrentiel où les atouts de la réussite sont avant tout culturels, les comportements et attitudes des jeunes, leur rapport aux normes, semblent découler du croisement entre les enjeux familiaux internes (de l'ordre de l'affectif et de la transmission intergénérationnelle) et externes (en termes de positionnement statutaire, dont l'accès à l'emploi) et pas du simple rapport entre frustration et crainte de la punition. La violence symbolique nécessaire entre parents et enfants déborde largement l'espace privé pour envahir l'espace public ; elle se déplace entre les groupes d'âges, entre les groupes sociaux et entre les types de familles. Dans un même temps, les lignes de démarcation entre les normes valorisées et dévalorisées, les attitudes acceptables et non acceptables se déplacent, se brouillent elles-mêmes. La double inégalité (dans et hors famille) dont sont victimes les femmes témoigne du caractère indissociable du social (au sens d'inégalités sociales), de l'économique (place accordée aux exigences du marché) et du familial (au sens de l'attribution des statuts au sein de l'univers privé), d'où l'extrême nécessité de ne pas séparer dans une action politique mue par l'idée démocratique, la question des femmes de celle de la famille.

Les enfants subissent mais participent aussi aux mutations familiales. Ils se trouvent au centre des tiraillements qui opposent les différentes conceptions de politiques familiales, sociales et d'emploi à mener. Ils font indirectement les frais des difficultés de démocratisation conjointe de la sphère privée et publique. Les conduites asociales des jeunes, qu'elles soient tournées vers les autres ou vers eux-mêmes, sont à comprendre comme un appel. Elles traduisent un niveau de souffrance, d'incompréhension individuelle et collective, mais aussi de revanche ou de provocation face à des situations, des événements de vie et des évolutions sociétales par rapport auxquels ils se sentent impuissants et en révolte. Les conduites traduisent à la fois les victoires et les échecs d'une société qui se cherche à travers la transformation et la modernisation de ses différentes institutions, et notamment la famille.

Références bibliographiques

Bourdieu P. (1993), *La misère du Monde*, Ed. du Seuil.

Cardelli R. (1999), Vers une approche pluridisciplinaire de la monoparentalité, *In* B. Bawin, *Familles modes d'emploi. Etude sociologique des ménages belges*, De Boek Université, Paris, Bruxelles.

Castell R. (1997), *Les métamorphoses de la question sociale*, Fayard, L'Espace du politique.

Chartier J.P. & Chartier L. (1986), *Délinquants et psychanalystes*, Paris, Hommes et Groupes.

Commaille J. & Martin C. (1998), *Les enjeux politiques de la famille*, Bayard Editions, Paris, p. 29.

Foucault M. (1986), *La gouvermentalité*, Leçon au collège de France, février 1978, actes, 54.

Gavray C. (2000), « Déterminants et enjeux personnels et familiaux de l'insertion professionnelle », partie IV du module social de l'ouvrage *Le marché du travail en Wallonie*, Services Etudes et statistiques de la Région Wallonne.

Godard F. (1992), *La famille, une histoire de génération*, PUF, Paris.

Gerris J.R.M. (1996), « Gezin en opvoeding bij kostwinners en tweeverdieners » *In Gezin, welzijn, gezondheid en hulpverlening*,Van Gorcum, Assen ND.

Guedah M. (1999), *Intégration et délinquance : les avatars de la délégation chez des adolescents maghrébins*, communication au XIIIème congrès international de recherche en criminologie juvénile, ULG.

Guillaume J-F. & Gauthier A. (1999), « Les valeurs éducatives en question », *In* B. Bawin, *Familles, mode d'emploi. Etude Sociologique des ménages belges*, Bruxelles, De Boeck Université.

Haincault M. (1984), « La gestion ordinaire de la vie à deux », *Sociologie du travail*, n° 3, pp. 268-277.

Neuburger R. (1998), *Nouveaux couples*, Ed Odile Jacob.

Péguy C., *Pour la rentrée* (texte de 1904).

Touraine A. (1982), « Le mouvement des femmes », *In Mouvements sociaux d'aujourd'hui, acteurs et analystes*, Editions ouvrières, Economie et humanisme, Paris.

Walgrave L. (1992), *Délinquance systématisée des jeunes et vulnérabilité sociale. Essai de construction d'une théorie intégrative*, Genève, Médecine et Hygiène.

2

Dynamiques familiales : la clinique à l'épreuve de l'auto-révélation

Fabienne Glowacz [1] et Claire Gavray [2]

Introduction

Contrairement aux études épidémiologiques et criminologiques, les études cliniques et systémiques sur le fonctionnement des familles délinquantes sont peu nombreuses ; le courant systémique s'est davantage intéressé aux familles à pathologies somatiques ou psychiatriques (tels que la psychose, l'anorexie, la schizophrénie) et en a dégagé des modèles de fonctionnement. La famille à transactions délictogènes n'a pas connu le même engouement des théoriciens et praticiens. Le fait que ces familles consultent rarement spontanément mais plutôt généralement sous contrainte (contrairement aux familles à pathologie

1. Licenciée en psychologie, Assistante au service de psychologie de la délinquance et du développement psychosocial, Université de Liège, Belgique.

2. Licenciée en sociologie, Assistante au service de psychologie de la délinquance et du développement psychosocial, Université de Liège, Belgique.

avérée) réduit très certainement le champ d'étude et l'accès à cette population.

Des rares modélisations qui existent, nous retiendrons le modèle circomplexe d'Olson (1979) qui décrit divers modes de fonctionnement familial selon les capacités d'adaptabilité au changement des familles et le degré de cohésion de ses membres. Chaque famille peut dès lors se retrouver au sein de ce modèle, les systèmes les plus dysfonctionnels se positionnant aux extrémités des deux axes. On peut y retrouver notamment les familles à adolescents délinquants, se caractérisant par le faible degré de cohésion et le désengagement entre les membres. Ce modèle a une vocation diagnostique et dans le cadre de notre recherche nous servira de guide dans l'analyse de nos résultats d'enquête.

Schéma simplifié d'Olson

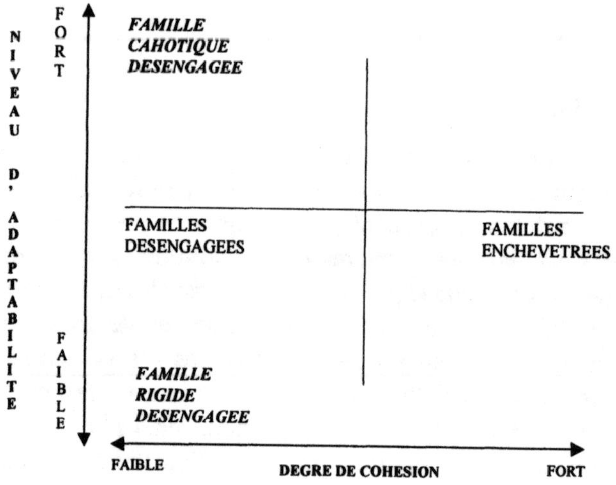

Plus spécifiques au domaine de la délinquance, les recherches de Cirillo et Selvini (1999) ont relevé des caractéristiques des dynamiques relationnelles des familles à transaction délictogènes. Ils ont tenté, sur la base d'un échantillon de familles dont un adolescent présente des comportements antisociaux et qui consultent dans leur centre, de modéliser les dynamiques

relationnelles en cours. Ces auteurs ont identifié trois niveaux de redondances relationnelles :
- un conflit ouvert dans le couple ;
- l'existence d'un lien négatif entre le père et son fils se sentant activement rejeté, le père n'étant pas capable d'empathie et de proximité envers ses enfants ;
- un phénomène d'instigation maternelle, l'adolescent et sa mère partagent ici un vécu d'impuissance et de brimades de la part du père, l'adolescent lors des passages à l'acte délictueux n'est pas seulement guidé par sa propre révolte mais inconsciemment il se vit comme le vengeur de sa mère.

L'objet de notre présente étude consiste à confronter ces éléments de fonctionnement et de dynamiques relationnelles émanant des approches cliniques et diagnostiques aux données d'enquêtes de délinquance auto-révélée que nous avons menées au cours des années 1992-1996.

1. Présentation de l'enquête auto-révélée et de l'échantillon

Nous avons constitué, en 1992, un échantillon initial mixte de 618 jeunes liégeois alors âgés de 14 à 21 ans, cet échantillon était représentatif de la population liégeoise de cet âge et comprenait 52% de filles et 48% de garçons ; 87% d'étudiants et 13% de non étudiants.

Nous avons poursuivi cette étude quatre années plus tard, en 1996, en recontactant un maximum de jeunes alors âgés de 21 à 25 ans. Sur les 444 jeunes qui répondaient à ce critère d'âge, 139 ont été retrouvés et réinterrogés. Des contrôles réalisés garantissent de la représentativité de cet échantillon longitudinal. Nous disposons ainsi de données longitudinales pour un échantillon de 139 sujets, ce qui nous permet de mesurer les effets à long terme de certaines variables et d'observer les trajectoires délinquantes.

Tableau 1 : Constitution de l'échantillon

Enquête 1992 (n = 618 jeunes âgés de 14 à 21 ans)
52% filles 48% garçons
87% étudiants 13% non-étudiants
Enquête 1996 (n = 139 sujets de 21 à 25 ans)

Les deux questionnaires de délinquance auto-révélée comportaient plusieurs volets : la constitution familiale, les rapports aux parents, la scolarité et la vie professionnelle, les valeurs, les loisirs. De plus, un important volet sur la délinquance auto-révélée identique dans les deux enquêtes reprenait des actes de nature et de gravité différentes.

Sans entrer dans les détails des modes de regroupements, de classifications et d'établissements des scores de gravité, retenons que nous avons dégagé quatre groupes caractérisés par une trajectoire délinquante spécifique selon l'engagement précoce ou tardif dans la délinquance (en première ou en deuxième vague), la désistance ou la persistance dans des actes délinquants.

Tableau 2 : Répartition des sujets selon qu'ils ont avoué au moins un acte en 92 et/ou en 96.

	N = 139	%
Aucun acte délinquant avoué ni en 92 ni en 96 (non déviants)	39	28.1
Au moins un acte avoué en 96 mais pas en 92 (nouveaux déviants)	37	26.6
Au moins un acte en 92 mais pas en 96 (désistants)	12	8.6
Au moins un acte avoué en 92 et en 96 (persistants)	51	36.7

Ces données indiquent que les sujets qui sortent de délinquance (les désistants) sont moins nombreux que ceux qui y entrent tardivement (les nouveaux déviants), et ce tant pour les garçons que pour les filles.

Le groupe le plus représenté est celui des jeunes qui poursuivent leur cheminement dans la délinquance à quatre ans d'intervalle (les persistants).

La trajectoire délinquante est néanmoins différente pour les filles et les garçons. La répartition des sujets de l'échantillon par sexe selon qu'ils ont avoué au moins un acte déviant en 92 et/ou 96 (tableau 3), relève chez les filles une prédominance du groupe des non déviants et une majorité de persistants chez les garçons.

Les « délinquantes 1996 » étant plus nombreuses que les désistantes, nous pouvons supposer que l'engagement dans la délinquance est plus tardif chez les filles que chez les garçons.

Tableau 3 : Répartition des sujets par sexe selon qu'ils ont avoué au moins un acte en 92 et/ou en 96.

	Filles	Garçons
Aucun acte délinquant avoué ni en 92 ni en 96 (non déviants)	39.2%	15.4%
Au moins un acte avoué en 96 mais pas en 92 (nouveaux déviants)	29.7%	23.1%
Au moins un acte en 92 mais pas en 96 (désistants)	9.5%	7.7%
Au moins un acte avoué en 92 et en 96 (persistants)	21.6%	53.8%

Si l'on s'intéresse à la gravité des actes commis, il apparaît que le groupe des désistants a révélé en 1992 une déviance de moindre gravité, alors que le groupe des nouveaux déviants avoue en 1996 des actes d'une relative importance.

La délinquance de fin d'adolescence et d'entrée en âge adulte s'avère différente de la délinquance du jeune adolescent tant au niveau qualitatif qu'au niveau quantitatif.

Tableau 4 : Prévalence des différents types d'actes en 92 et/ou 96, à l'intérieur de chaque type de trajectoire déviante.

	Désistants n = 12	Nouveaux déviants n = 37	Persistants N = 51	
Année concernée	1992	1996	1992	1996
Vol	8	15	28	35
Agression	4	14	31	33
Fraude	8	21	28	31
Usage/vente drogue	0	8	11	18

Ces données reflètent encore l'association entre usage de drogue et persistance dans la délinquance : aucun des 12 sujets désistants n'avaient manifesté en 1992 de comportements liés à la drogue alors que c'était le cas de plus de 20 % des sujets persistants.

Le groupe des persistants connaît également une augmentation du nombre d'actes et des types d'actes : ils ont tendance à diversifier leur délinquance et élargir leur champ « de passage à l'acte délinquant », avec un taux élevé d'agressions et plus particulièrement d'agressions aux personnes. Le groupe des jeunes persistant dans la délinquance apparaît bien comme un groupe distinct à tout niveau.

2. Lieux de vie de ces jeunes et prise de distance : processus de désengagement social et familial

Sur la base des données de notre échantillon de 139 sujets inscrits dans diverses trajectoires de délinquance, nous nous sommes intéressées aux variables permettant de confronter les caractéristiques de fonctionnement des familles à transactions délictogènes décrites par Selvini et Cirillo et les deux axes de fonctionnement familial dégagés par Olson : cohésion et désengagement.

La première question qu'on est en droit de se poser pour introduire la notion de désengagement et de cohésion est la variable de distanciation avec le milieu familial qui, dans notre étude, peut être abordée à partir du lieu de vie de ces 139 jeunes.

Tableau 5 : Répartition des sujets 96 selon leur milieu de vie d'origine

	Vivant hors milieu fami lial d'origine HMF	Vivant dans le milieu familial d'origine DMF
Filles	46 %	54 %
Garçons	32 %	68 %

Les filles sont plus nombreuses que les garçons à vivre hors du milieu familial d'origine, seulement 32 % des garçons déclarent avoir un logement indépendant. On retrouve à nouveau des indices de trajectoire de délinquance différenciée selon le sexe d'appartenance : les garçons vivant hors du milieu familial ont un plus haut taux de délinquance, alors que les filles délinquantes (appartenant au groupe des nouveaux déviants ou des persistants) sont plus nombreuses à vivre encore chez leur(s) parent(s).

Pour les filles, la séparation avec le milieu familial, le plus souvent associée à une mise en couple, pourrait avoir un effet protecteur, tandis que pour les garçons l'engagement dans une vie autonome est associé à la poursuite de leur carrière délinquante.

On peut aussi émettre l'hypothèse selon laquelle l'engagement dans des actes déviants au cours de l'adolescence peut, chez les garçons, favoriser une prise de distance avec le milieu familial, ou engager un phénomène de rejet par la famille ; au contraire, la famille aurait tendance à exercer un contrôle plus grand pour les filles délinquantes en tentant de les maintenir en leur sein.

L'enquête nous permet d'approcher les raisons et les motivations qui sous-tendent cette prise de distance des jeunes par rapport à leur famille d'origine. L'analyse des facteurs pouvant y être associés permet de constater que cette dernière ne peut être mise en rapport ni avec le statut de l'enquêté, ni avec la relation aux parents, ni avec le style d'éducation de ces derniers, ni avec le statut professionnel. Elle est par contre corrélée à des antécédents de ruptures avec le milieu familial (le fait d'avoir connu une séparation forcée avec la famille comme des placements) et à des difficultés économiques dans le ménage dont plus particulièrement le fait d'avoir connu le chômage du père. Ces deux éléments renvoient à un phénomène de discontinuité des investissements de l'espace familial et social. Il s'agit là d'un processus de désengagement concomitant au niveau familial et au niveau social.

En effet, quelles que soient les analyses faites, on retrouve constamment deux *life events* présents dans la trajectoire des jeunes persistant dans des actes déviants : le fait d'avoir connu dans l'enfance ou dans l'adolescence pour les garçons surtout une période prolongée du chômage du père et pour les filles surtout un vécu scolaire dévalorisant et difficile.

Ces événements de vie s'intègrent bien dans un processus de désengagement social et ont un effet à long terme au niveau du désengagement du jeune par rapport « aux normes sociales ». Ils constituent également des facteurs fragilisant la constitution identitaire de l'adolescent.

Ces premières investigations introduisent l'attention toute particulière que l'on doit accorder aux facteurs qui n'appartiennent pas directement au registre affectif, la prise de distance n'étant pas associée à la qualité des relations parentales, mais au contexte situationnel psycho-social et aux événements de vie de ces jeunes.

3. Relations affectives au niveau familial

Doit-on renoncer pour autant à tout impact du registre affectif sur la déviance ? Les hypothèses dégagées par Cirillo & Selvini (1999) mettent en avant l'existence d'un lien négatif entre père et fils, le jeune se sentant rejeté dans la relation à son père. Les données de l'enquête de délinquance auto-révélée ne reflètent pas directement de telles tendances.

Les questions relatives au vécu affectif dans l'enfance (« dans ton enfance ton père, ta mère s'intéressait-il à toi ? - ton père se montrait-il affectueux ? ») ne sont à aucun moment corrélées (que ce soit isolément ou additionnées) ni avec l'adoption de comportements délinquants, ni avec l'engagement dans une trajectoire délinquante dans aucun des 4 sous-groupes.

Lorsqu'on prend en compte l'évaluation actuelle des relations familiales par le biais du niveau de satisfaction des jeunes, il apparaît que les sujets déviants ne se déclarent pas insatisfaits des relations avec leurs parents.

Les jeunes ne semblent dès lors pas focalisés ou mobilisés par des carences affectives manifestes dans leur enfance, et ils ne se reconnaissent pas durant leur adolescence dans une position de conflit ou de rejet par rapport à leurs parents.

Les réponses des jeunes réinterrogés en 1996 à la question « actuellement comment évalues-tu les relations que tu entretiens avec ta mère, ton père ? » ne révèlent pas non plus des perturbations relationnelles des délinquants avec leur famille.

On est dès lors amené à constater que le contenu affectif des relations avec les parents, telles que rapporté par les sujets dans le cadre d'une enquête auto-révélée, n'intervient pas sur la probabilité de se trouver jeune délinquant ou délinquant persistant. Les données d'enquête ne corroborent donc pas via cette voie d'analyse les observations des approches cliniques.

On est en droit de se poser la question de savoir si l'outil de l'auto-révélation est adéquat pour l'évaluation du registre affectif. En effet, les jeunes sont-ils en mesure d'identifier spontanément, en dehors des phases de crises, leurs affects qui, le plus souvent, sont masqués par des mécanismes de défense ? Le questionnaire facilitant la révélation de comportements objectivables, l'est-il pour des évaluations qualitatives de vécu relationnel ? Ce sont autant de questions qui justifient la nécessité du recours à diverses méthodologies d'étude des jeunes délinquants et de leur famille.

Les données d'enquête auto-révélée apportent, par contre, de précieuses informations sur le fonctionnement familial, qui peuvent aussi être analysées en regard aux données des approches cliniques.

4. Fonctionnement familial et parental

Adaptabilité et contrôle parental

Un autre pôle exploré dans notre étude est le fonctionnement familial des délinquants qui, au travers des approches cliniques, se caractérise par un désengagement au niveau des relations familiales et un faible degré de cohésion.

Les données de l'enquête auto-révélée nous livrent des indications sur le fonctionnement parental. La variable « contrôle parental » évaluée au travers des questions « tes parents savent-ils généralement où tu vas ?, tes parents savent-ils avec qui tu sors ? », apparaît comme reliée significativement au type de trajectoire déviante.

Tableau 6 - Contrôle parental - sujets 92
(« tes parents savent-ils généralement où tu vas ? »)

Sexes confondus	Toujours	Très souvent	Parfois	Jamais
Désistants	4 %	28 %	56 %	12 %
Persistants	15 %	13 %	46 %	26 %

Par sexe	Toujours	Très souvent	Parfois	Jamais
Garçons persistants	9 %	12 %	52 %	27 %
Filles persistantes	30 %	15 %	30 %	25 %

Les positions extrêmes du contrôle parental qu'on pourrait appeler « contrôle rigide » lorsque les jeunes déclarent que leurs parents savent toujours où ils vont, et « contrôle erratique » lorsqu'ils déclarent que leur parents ne savent jamais où ils vont, sont plus représentées dans le groupe des persistants que celui des désistants. Ces deux modes de contrôle parental rigide et erratique au début de l'adolescence auraient un effet à long terme sur l'engagement dans la délinquance.

Plus spécifiquement, on peut relever qu'un contrôle parental rigide chez les filles en cours d'adolescence est associé à la production et à la persistance de conduites délinquantes, alors que chez les garçons, ce serait un contrôle erratique caractérisé par un désinvestissement de la fonction parentale qui jouerait le rôle clef.

Ces résultats nous renvoient certainement aux capacités d'adaptation et de flexibilité du contrôle parental et du fonctionnement parental au cours de la période de transition qu'est l'adolescence, cette période étant marquée par le besoin de prise d'autonomie du jeune mais également de repères structurants. Un manque d'adaptation du fonctionnement parental aux besoins de l'adolescent favoriserait l'adoption de conduites délinquantes. Chez les filles, les parents ne seraient pas réceptifs aux besoins d'autonomie et adopteraient des positions rigides, alors que les garçons se retrouveraient confrontés à une attitude démissionnaire de leurs parents.

Ces modes d'investissement de la fonction parentale relevés par les données d'enquête de délinquance auto-révélée rejoignent assez bien l'axe d'adaptabilité au changement d'Olson (présenté dans le schéma). Celui-ci est défini par l'habileté du système conjugal ou familial à changer sa structure de pouvoir, les rôles et les règles dans les relations en réponse à une situation ou à une évolution stressante. Rappelons que les deux extrémités de cet axe situent les familles les plus dysfonctionnelles : les familles chaotiques caractérisées par l'appauvrissement des rôles et des définitions de fonctions, le faible sentiment d'appartenance au groupe familial, et les familles rigides caractérisées par la perte des capacités d'adaptation face au changement.

Il est permis, sur la base des données de l'enquête, d'assimiler le fonctionnement familial des familles de garçons délinquants au pôle chaotique et des familles de filles délinquantes au pôle rigide.

Désengagement, cohésion et désinvestissement parental

Le second axe dégagé dans le modèle d'Olson reprend le degré de cohésion familiale reprenant quatre niveaux, deux niveaux extrêmes et deux niveaux intermédiaires. Aux extrémités, se trouvent la famille désengagée définie « par sa tendance à expulser ses membres vers la vie sociale, sans les doter d'un modèle bien défini d'adaptation à celle-ci, les rôles parentaux y sont instables malgré une rigidité apparente, et les enfants y sont affectivement automatisés malgré leur immaturité », et la famille enchevêtrée où le mouvement familial est centripète avec un mythe d'unité familiale qui tolère peu les différences, les rôles y sont rigides.

Le mode d'investissement des parents vis-à-vis de leur adolescent et réciproquement le mode d'investissement du jeune de l'espace famille étudiés dans le cadre des enquêtes de délinquance auto-révélée peuvent illustrer une composante de cet axe de cohésion familiale. On observe, en effet, que les délinquants persistants sont plus nombreux que les autres jeunes de l'échantillon à dire qu'ils ne passent jamais de temps en famille, l'espace famille est donc peu ou pas investi. On peut aisément supposer qu'il s'agit là d'un processus interactionnel de désinvestissement réciproque parents-adolescents : moins les jeunes se sentent investis, moins ils investissent, ce qui reflète bien un fonctionnement de désengagement et de faible cohésion familiale.

Une dernière variable de l'enquête se rapportant au degré de cohésion est le niveau de communication. Les garçons qui affirment qu'ils ne discutent jamais avec leur père appartiennent majoritairement au groupe des délinquants persistants. On retrouve là, non seulement un facteur de désinvestissement et de désengagement, mais également un indice d'un rejet relationnel père-fils qui ne transparaissait pas au travers des variables affectives.

5. Mise en lumière des différents effets au travers d'un modèle statistique

Pour conclure les analyses statistiques, le modèle « Probit » nous a permis de mesurer dans quelle mesure une variable (toutes les autres variables égales par ailleurs) peut expliquer l'appartenance à un groupe plutôt qu'à un autre groupe.

Dans le tableau suivant, qui ne concerne ici que les garçons, deux résultats d'analyse « Probit » sont consignés : un qui compare le groupe des persistants aux délinquants 96 et un qui exclut les sujets n'ayant jamais commis d'actes déviants ni en 92, ni en 96 et qui compare ainsi les persistants aux sujets qui n'ont émis d'actes déviants qu'à une seule année soit en 92, soit 96.

Tableau 7 - Analyse Pobit - garçons

	Non délq. 92, délq. 96/ persistants (92,96) / récidiviste (92,96)	Délq. 92 ou 96 / persistants (92,96)
Contrôle parental	**	**
Chômage du père avant 2ème vague	**	*
Difficultés scolaires vécues avant 2ème vague	*	*
Investissement parental des projets scolaire et professionnel du jeune	*	*
Temps passé en famille	*	*
Espace de discussion, dialogue avec le père	*	*

** probab. < 0.01 * probab. < 0.05

Nous remarquons que les variables strictement affectives « n'ont pas tenu le coup » dans l'analyse ; nous ne les avons donc pas retenues. Par contre, toutes les influences relevées séparément dans les paragraphes précédents sont visibles : contrôle parental et vécu socio-économique en tête, suivies du vécu scolaire et du fonctionnement familial. L'analyse statistique complexe permet donc de confirmer les influences perçues précédemment tant dans l'approche clinique que dans l'approche statistique, et d'en faire la synthèse.

Conclusion

Notre étude a tenté de confronter les données émanant d'approches cliniques des familles délinquantes aux données de notre enquête longitudinale de délinquance auto-révélée. Sur base de notre échantillon de 139 jeunes, se distinguent quatre groupes de sujets selon leur trajectoire délinquante. Il est tout d'abord apparu une différenciation sexuée de ces trajectoires, les filles ayant tendance à s'engager plus tardivement dans la délinquance, les garçons étant plus précocement inscrits dans une carrière délinquante. Parmi les quatre groupes (les non déviants, les persistants, les désistants et les nouveaux déviants), celui « persistants » ressort comme un groupe distinct tant en matière de production de délinquance qu'en matière de dynamique productrice de déviance.

Contrairement aux donnes cliniques qui soulignent l'importance des dynamiques affectives, les variables de l'enquête de délinquance auto-révélée appartenant au registre affectif se sont révélées peu signifiantes et n'ont pas éclairé la compréhension de la spécificité du groupe des jeunes persistant dans la délinquance. La question de la pertinence et de l'adéquation de l'outil de l'auto-révélation pour l'évaluation des contenus affectifs a été posée, alors que ce même outil s'est avéré particulièrement pertinent pour l'évaluation de données plus objectivables et identifiables par le jeune comme le contrôle parental, l'investissement de l'espace famille, le vécu socio-économique.

Néanmoins, si les relations avec les parents ne sont pas reconnues directement par les sujets de l'enquête comme conflictuelles ou insatisfaisantes, divers indicateurs et facteurs révélés par ces jeunes corroborent l'hypothèse de désengagement et de faible cohésion familiale, ainsi que de perturbations des capacités adaptatives des familles. Non seulement le désengagement se marque sur le plan relationnel au niveau familial, mais il semble être concomitant à un désengagement social. Ces processus s'apparentent à des phénomènes de discontinuité des investissements de l'espace familial, social et scolaire, et un faible investissement des relations aux parents (peu de communication, peu de temps passé en famille).

Les données de l'enquête ont fait ressortir une différenciation de fonctionnement familial pour les filles et les garçons délinquants : un fonctionnement familial « désengagé –chaotique », caractérisé par une attitude démissionnaire des parents, et par un fonctionnement « désengagé –rigide » pour les filles, caractérisé par un manque de prise en compte des besoins d'autonomie des filles à l'adolescence.

Les parents auraient tendance à désinvestir voire rejeter leur fils engagé dans la délinquance, alors que les filles seraient contrôlées voire sanctionnées par leur famille.

Ces jeunes n'évoluent donc pas dans une relation d'empathie et ne trouvent pas leurs besoins de maturation affective satisfaits au sein de la famille.

En résumé, on peut dire que l'approche clinique et l'approche quantitative, aussi différentes soient elles au niveau méthodologique recouvrent les mêmes indicateurs de dysfonctionnements familiaux.

L'enquête de délinquance auto-révélée permet de récolter des indicateurs qui pris séparément ou dans un modèle permettent d'expliquer la spécificité des sujets caractérisés par une trajectoire de délinquance à la lisière entre adolescence et âge adulte.

Références bibliographiques

Born M. & Gavray C.(1994), « Self-reported délinquency in Liège, Belgium », *In* J. Junger-Tas, G.J. Terlow, & M.W. Klein (EDS), *Delinquency behavior among young people in the western world. First results on the internationnal self-reported delinquency study*, (pp. 131-155), Amsterdam, Kluwer Academic Publishers.

Cirillo S. & Selvini M.(1999), L'adolescent antisocial : le sous groupe de familles régulières (Publication à paraître dans la *revue de thérapie familiale* de Genève).

Gavray C. (1997), « Trajectoire déviante à la lisière entre l'adolescence et âge adulte», *In Déviance et société*, 1997, vol.21, n°3, pp. 273-28.

Olson D.H. et al (1979), « Circomplex model of marital and family systems….. », *In Family Process*, April 1979, vol. 18 n°1, pp. 3-25.

3

Victimisation des jeunes et lien familial

Lionel Hougardy [1], Dominique Doneux [2], Pierre Thys [3]

Introduction

La place laissée aux victimisations reste ténue quand on aborde la question des jeunes auteurs d'actes de délinquance. Nous nous proposons donc d'aborder cet aspect de la problématique que nous estimons nécessaire dans la perspective du traitement et de la prévention de la délinquance juvénile au travers de la famille.

Une motivation du choix de cet angle de vue est le constat que ces cinq dernières années sont caractérisées par un essor de la violence chez les jeunes – qu'ils en soient auteurs ou victimes – et ce dans l'ensemble de leurs milieux de vie.

---

1. Assistant à l'Université de Liège, criminologue au Centre Liégeois d'Interventions Psycho-Sociale « CLIPS », Clinique des comportements violents.

2. Licenciée en psychologie, collaboratrice au Centre Liégeois d'Interventions Psycho-Sociale « CLIPS », Clinique des comportements violents.

3. Docteur en psychologie, Professeur aux Université de Liège et de Mons-Hainault, coordinateur de la Clinique des comportements violents, Centre Liégeois d'Interventions Psycho-Sociale « CLIPS ».

A partir d'une recherche demandée par la Communauté française de Belgique en 1998, le Centre de santé mentale le « C.L.I.P.S. » a été amené à mettre sur pied une recherche de victimisation auprès de 1538 jeunes fréquentant l'enseignement secondaire supérieur de la Communauté française. Il est intéressant de se pencher sur les résultats obtenus et principalement ceux relatifs à la famille, aux types de violences. De ces derniers, on en retiendra leur diversité mais également leur fréquence [4].

Si on considère que la famille est le premier lieu de socialisation du jeune, il est nécessaire de mettre en exergue les interactions que le jeune entretient avec celle-ci. De la sorte, on peut vérifier l'existence ou non de schémas qui accélèrent ou préviennent la survenance de situations violentes auxquelles le jeune est confronté, que ce soit dans le cadre scolaire, de ses loisirs, de ses sorties, de son quartier et bien entendu de sa famille.

Après avoir précisé l'objet de notre étude et la méthodologie adoptée, nous aborderons les résultats généraux, ensuite ceux relatifs aux relations qu'entretient le jeune en famille mais aussi ceux relatifs aux victimisations. Enfin, un lien entre ces deux parties sera évoqué.

1. Délimitation de l'objet de l'étude

Cette enquête de victimisation a pour but de dresser un tableau quantitatif et qualitatif des actes violents (rackets, pressions diverses, atteintes à l'intimité corporelle, atteintes aux biens, coups…) que peuvent subir les jeunes des deux dernières années de l'enseignement secondaire. L'âge des élèves varie

4. Ce travail fait l'objet du rapport : «Victimisation scolaire et extrascolaire des jeunes. Prévention par le milieu scolaire. Importance des médiateurs et des éducateurs» adressé à Mme la Ministre Présidente du Gouvernement de la Communauté française, octobre 1998.

principalement de 16 à 20 ans, parfois 22-23 ans en fonction du retard scolaire.

Le choix d'une population scolarisée ne signifie pas qu'il existe un *a priori* relatif à l'existence d'une violence scolaire spécifique. L'école demeure le lieu le plus habituel où l'on rencontre une population générale d'adolescents venant de tous horizons, et elle est donc un lieu de collecte privilégié des données relatives aux vécus familial, scolaire et de loisirs. L'enseignement secondaire est également le lieu où la mobilité des individus, leur puissance physique et donc leur autonomie s'accroissant, des phénomènes nouveaux surgissent. Les trois types d'enseignement (général, technique, professionnel) ont été impliqués.

Le questionnaire a été proposé aux athénées de la région liégeoise. La répartition de ces établissements permet d'équilibrer la variable environnementale. En effet, les écoles visitées sont implantées tant en milieu rural que semi-urbain et urbain. Onze établissements ont accepté que le questionnaire soit soumis aux élèves.

2. Conception et structure du questionnaire

Ce n'est pas la première expérience en la matière pour le centre de santé mentale puisqu'un questionnaire du même type avait été soumis, il y a trois ans, à une population plus réduite mais similaire dans ses caractéristiques.

Des améliorations ont été apportées à ce questionnaire. C'est ainsi que certains actes violents comme les agressions verbales ont été intégrés et ce suite à des entretiens de groupe avec des étudiants [5]. Nous avons veillé au long du questionnaire à ne pas provoquer chez les sujets interrogés des stress inutiles ou l'apparition de sentiments de culpabilité qui ne recevraient aucun soulagement, ces diverses émotions soulevées n'étant en

5. En 1997, il avait en effet été jugé intéressant pour l'équipe de recherche de mettre l'accent sur une verbalisation de ce qui est vécu par le jeune lorsqu'il est confronté à des conduites violentes.

rien gérées secondairement. Le questionnaire est constitué de deux parties. La première s'attache à la révélation des faits en eux-mêmes, la seconde s'attache à l'évaluation d'un niveau de tolérance à des faits du même ordre en vue d'établir l'existence possible de différents seuils de cette tolérance.

3. Variable dépendante : la victimisation du jeune

La victimisation à laquelle un jeune a été exposé, en tant que témoin ou en tant que victime, est la principale variable que l'on tente d'expliquer par les autres, et constitue de ce fait la variable que l'on nomme couramment variable dépendante.

Cette variable dépendante, dans le cas qui nous occupe, peut être subdivisée en variables secondaires, selon que la victimisation est directe (agression subie) ou indirecte (témoin de l'agression d'un tiers) et selon aussi qu'elle se déroule en milieu scolaire, dans le cadre de sorties, en milieu de loisirs, dans le quartier d'habitation ou encore en famille.

L'objet de cette intervention est d'éclairer ces relations à la lumière du lien familial.

4. Résultats globaux

Notre échantillon utile se compose de 1538 étudiants. Il est composé de 46 % de garçons pour 54% de filles. Notre échantillon est donc conforme aux normes démographiques belges généralement admises. La moyenne d'âge des jeunes interrogés est de 17 ans.

92 % des jeunes fréquentent l'enseignement général, 5% l'enseignement technique et 3% l'enseignement professionnel. On pourra s'étonner du fait que très peu d'étudiants de l'enseignement technique et professionnel ont été rencontrés. Les raisons sont multiples. Certains des établissements contactés ont refusé de laisser participer leurs élèves à l'enquête, en évoquant l'organisation particulière de leur enseignement : quand ils n'étaient pas en stage, les étudiants étaient en atelier et il était apparemment trop difficile ou trop coûteux en temps de

les rencontrer lors de cours plus généraux. Par ailleurs, dans les établissements qui ont accepté que ces classes soient rencontrées, le nombre d'étudiants n'est pas très élevé.

Stricto sensu, cet échantillon ne peut donc pas être considéré comme « représentatif ». Néanmoins, il demeure que le nombre élevé de jeunes interrogés (1538 grands adolescents dans la seule Province de Liège) constitue un chiffre élevé de jeunes qui vivent dans la vie de tous les jours et qui sauraient difficilement être considérés comme totalement à part des autres de même âge. Par ailleurs, s'il est vrai que la majorité d'entre eux fréquentent l'enseignement général, il convient peut-être de se garder d'un préjugé larvé qui voudrait que ce soient les élèves des filières moins « prestigieuses » (enseignement technique et professionnel) qui seraient préférentiellement plus « à risques ». On se reportera utilement à la contribution éthique importante du Professeur Gatti dans ce même ouvrage. Enfin, une étude réalisée en France (Services de la Sécurité Intérieure, 1998) à la même période et sur une population plus vaste encore, donne des résultats tout à fait comparables à ceux qui sont exposés ci-après, de sorte que la question de la « représentativité » de l'échantillon nous semble finalement assez dérisoire.

Lieu de vie des élèves et entourage familial

La plupart des élèves vit en famille (98%). On note que 0,5% vivent en kot et que 1,5% vivent en internat ou en home.

78 % de jeunes interrogés vivent avec leurs deux parents, 3% avec leur père et 18% avec leur mère. Le reste de l'échantillon soit 1% déclare vivre soit avec son(sa) petit(e) ami(e), soit avec d'autres membres de leur famille ou encore en famille d'accueil.

84% des jeunes sont entourés d'une fratrie. 16% sont des enfants uniques.

Statut socioprofessionnel des parents

Il est à noter que pour ces questions, nous nous sommes basés sur la situation familiale vécue le plus couramment par le jeune. En effet, en cas de famille recomposée, on s'attache au statut professionnel de la personne qui partage la vie de l'enfant de la manière la plus régulière.

A la question « est-ce que ton père (ou le compagnon de ta mère) travaille ? », 89,8% des jeunes ont répondu par l'affirmative. A la question « est-ce que ta mère (ou la compagne de ton père) travaille ? », 67,9% des jeunes ont répondu par l'affirmative.

Chez le père ou le compagnon de la mère, les pourcentages les plus importants se situent au niveau des employés et fonctionnaires mais aussi au niveau des ouvriers. Viennent ensuite les indépendants suivis par les enseignants et les cadres. On relève un pourcentage de 9,8% de non-actifs.

Chez la mère ou la compagne du père, la majorité sont employées ou fonctionnaires. Viennent ensuite les enseignantes puis les ouvrières, les indépendantes et les professions libérales. On relève un pourcentage de 29,1% de femmes non-actives.

5. Contexte relationnel

Il est utile et intéressant d'interroger les étudiants sur la qualité de leur relation avec leur famille. En effet, il est généralement admis que les conditions affectives dans lesquelles se déroulent l'enfance et l'adolescence influent sur la régulation du comportement, agressif notamment.

Qualité de la relation avec le père et la mère

Les élèves avaient le choix entre quatre items pour décrire la qualité de la relation tant avec leur père qu'avec leur mère :

	Père	Mère
Très bonne	41,1 %	51,4 %
Bonne	34,2 %	33,3 %
Moyenne	16,3 %	12,4 %
Mauvaise	8,3 %	2,9 %

Une première interprétation de ce tableau montre que les relations avec la mère semblent plus souvent très bonnes et moins souvent mauvaises que celles avec le père.

Même si les catégories extrêmes sont similaires, les filles préfèrent qualifier leur relation avec leur père de moyenne, plutôt que bonne.

En ce qui concerne la qualité de la relation avec la mère, il n'y a pas de relation significative avec l'âge du répondant, son orientation scolaire ou encore son sexe.

Dialogue en cas de problèmes, de soucis, etc.

A la question de savoir si en cas de problème ou de tracas, les jeunes en parlent à quelqu'un, 76% répondent par l'affirmative alors que 24% déclarent ne pas partager leurs problèmes.

Les filles sont plus enclines à discuter des problèmes et tracas qu'elles rencontrent alors que les garçons le sont moins. La différence est de près de 23 %.

	Garçons	Filles
Oui	64 %	87,2 %
Non	36 %	12,8 %

Plus l'élève est âgé, plus il semble garder ses problèmes ou ses tracas pour lui. Cela est particulièrement vrai pour les 20 ans et plus. Une hypothèse pourrait être que l'élève plus âgé a fait l'apprentissage de la gestion de ses problèmes. Si l'on s'intéresse aux personnes à qui le jeune se confie en cas de problèmes, on note certes une préférence pour les pairs, mais la famille (les mères restent des confidentes privilégiées) est également valorisée, en tout cas pour ce qui est des parents. En effet, la fratrie reste peu sollicitée. Cette variable n'est pas influencée par le sexe, l'âge ou l'orientation scolaire de l'élève.

Dialogue en cas de situations heureuses

85,4 % des jeunes répondent « oui » à la question de savoir si en cas de situations heureuses ils en parlent à leur entourage. Si l'on opère à nouveau la distinction entre garçons et filles, on obtient les résultats suivants :

	Garçons	Filles
Oui	74,9 %	94,5 %
Non	25,1 %	5,5 %

A nouveau, la différence de résultat entre les deux variables montre qu'il existe une forte relation entre le sexe du jeune et le fait de parler de ce qu'il vit de positif ou d'heureux (p = 0,000). Les filles sont plus communicatives tant au point de vue des éléments positifs que négatifs.

Mais on observe également une relation significative avec l'orientation scolaire du jeune (p=0,04). Il semble en effet que les étudiants de l'enseignement général partagent davantage leurs joies et communiquent globalement davantage que les étudiants de l'enseignement technique ou professionnel.

	Enseignement général	Enseignements Technique et Professionnel
Oui	86 %	79,2%
Non	14 %	20,8%

Si l'on s'intéresse aux personnes à qui le jeune se confie en cas de situation heureuse, on note que les copains restent les personnes à qui le jeune se confie pour partager ses joies. Par rapport au tableau reprenant les personnes à qui le jeune se confie en cas de problèmes, la position de la mère est précédée dans ce cas par le dialogue avec les deux parents et même avec tout le monde. On assiste donc à un phénomène de mise en périphérie d'une personne de la famille en particulier. Ces résultats ne sont pas illogiques si l'on part du principe qu'il est plus facile d'extérioriser ses joies que ses problèmes.

Les situations de tension ou de conflit au sein de la famille

22,2 % des élèves signalent des relations difficiles avec leur entourage familial. Les filles paraissent davantage concernées que les garçons, du moins à ces âges. La question posée était : « as-tu des relations difficiles ou problématiques avec une personne de la famille ? ».

	Garçons	Filles
Oui	18,8 %	25,2%
Non	81,2%	74,8%

Si les filles semblent être plus loquaces sur leurs joies et problèmes, par contre, elles avouent plus facilement avoir des problèmes avec un membre de la famille. Elles semblent donc, plus que les garçons, attacher une importance particulière, faite de plus de nuances, aux relations intra-familiales. Si l'on se réfère aux activités pratiquées pendant les temps libres, on peut suggérer comme hypothèse explicative que les filles passent plus de temps en famille que les garçons. Une autre hypothèse, si l'on se réfère aux résultats de la recherche 1996-97, est que les filles sont maintenues dans une dépendance plus forte par rapport aux parents.

Lorsque l'on s'intéresse à l'identité de cette personne, on observe une relative égalité entre les différentes personnes même si le père est cité dans près de 20% des cas (les pourcentages sont quasiment identiques si les filles et les garçons sont différenciés). On notera également que la fratrie apparaît comme étant des personnes avec qui le jeune semble régulièrement être en conflit.

Les personnes de référence au sein de la famille

La question posée était : « as-tu une relation privilégiée avec une personne de la famille ? ».

40,2 % des élèves affirment avoir une relation privilégiée avec une personne de la famille.

	Garçons	Filles
Oui	28,6 %	50,3 %
Non	71,4 %	49,7 %

Cette variable est à nouveau très dépendante du sexe de l'élève (p = 0.00). Les filles considèrent de manière nettement plus importante (écart de plus de 20%) que les garçons avoir cette relation privilégiée. Il s'agit bien entendu d'une façon qu'ont les filles d'apprécier la qualité de l'entente familiale, mais elles se confirment plus spontanées, moins défensives que les garçons dès lors qu'il s'agit de parler de soi, de ses engagements affectifs.

Lorsque l'on s'intéresse à l'identité de cette personne, on retrouve les pourcentages suivants :

	Garçons	Filles
Parents	2,7 %	4,3 %
Père	9,7 %	6,9 %
Mère	14,5 %	36,3 %
Sœur	22,6 %	18 %
Frère	19,9 %	15 %
Beau-père/belle-mère	2,2 %	2 %
Autres membres de la famille	28,5 %	17,5 %

Il existe une association significative entre la variable et le sexe (p = 0.00), et l'on peut dire que les filles s'entendent mieux avec leur mère, tandis que les garçons entretiennent de meilleures relations avec la fratrie que les filles. Il semble d'ailleurs que ces dernières s'identifient massivement au personnage maternel alors que les garçons ne se focalisent pas sur une personne mais recherchent des caractéristiques auxquels ils s'identifient chez les personnes de leur entourage.

Le croisement de cette variable avec l'orientation scolaire du jeune est intéressant car il montre qu'une association statistiquement significative existe également à ce niveau. Les étudiants de l'enseignement technique ou professionnel paraissent hésiter à mentionner l'existence d'une relation privilégiée avec une personne de leur famille.

L'âge n'influence pas cette variable de manière statistiquement significative.

Eléments du contrôle parental sur les sorties des jeunes

La connaissance par les parents des lieux de sortie des jeunes d'une part, et de ses fréquentations d'autre part [6], est un composant important du contrôle parental, mais aussi indirectement de la confiance faite au jeune. De nombreux travaux relatifs à la prévention de la délinquance juvénile (Hirschi, 1966, Hausman, 1992) ont montré que la persistance du contrôle parental est un facteur important de protection contre la délinquance.

	Lieux de sortie
Non, jamais	2,5 %
Assez rarement	9,3 %
Oui, souvent	46,7 %
Oui, toujours	41,5 %

Près de 87% semblent mettre ainsi de manière régulière – sinon toujours – leurs parents au courant des lieux de sorties fréquentés.

6. Lors de la passation du questionnaire, nous avons précisé qu'il s'agissait d'une question d'ordre général et non relative à la fréquentation d'un(e) petit(e)-ami(e).

On ignore à cet égard si l'information fournie aux parents est donnée de bon gré ou avec réticence, spontanément ou sur demande mais, en tout état de cause, la majorité des parents est à même de savoir où sortent leurs enfants, même grands adolescents, comme c'est le cas dans la population étudiée.

Etre un garçon ou une fille influence le fait pour le jeune de signaler à ses parents le lieu de sortie (p = 0,000). Il semble que les garçons fassent moins systématiquement part des lieux de sorties fréquentés que les filles.

A nouveau, si l'on se réfère aux résultats de la précédente recherche, on y relevait que les filles sont plus souvent véhiculées par leurs parents vers les lieux de sorties.

	Garçons	Filles
Non, jamais	3,4 %	1,6 %
Assez rarement	15,4 %	4,1 %
Oui, souvent	52,5 %	41,7 %
Oui, toujours	28,7 %	52,6%

Plus le répondant est âgé, plus il admet l'éventualité de ne pas mettre ses parents au courant de ses lieux de sortie.

Les étudiants de l'enseignement général mettent plus souvent leurs parents au courant de leur lieu de sortie que les étudiants de l'enseignement technique ou professionnel.

Si le lieu est un aspect des sorties, les personnes fréquentées en est un autre. 82 % des élèves semblent mettre de manière régulière leurs parents au courant. C'est un peu moins que les lieux de sortie. Une plus grande méfiance de la part du jeune ou une connaissance plus concrète de ses fréquentations par les parents peuvent contribuer à cet état de fait.

	Fréquentations
Non, jamais	5,6 %
Assez rarement	12,3 %
Oui, souvent	49,7 %
Oui, toujours	32,4 %

Les garçons mettent plus rarement ou jamais leurs parents au courant (27,2 %) contre 9,9 % pour les filles qui elles, mettent leurs parents au courant de manière assez régulière.

Plus l'étudiant est âgé, moins il fournit des renseignements sur ses fréquentations. On notera cependant une augmentation surprenante des réponses « Oui, toujours » concernant les 20 ans et plus.

Si nous résumons ces observations, il nous semble donc rassurant de constater que les parents sont bien au fait des personnes que fréquentent leurs adolescents. Les études de criminologie évoquées ci-dessus concluent en ce sens également, tout en signalant que cela doit aller de pair avec une certaine sélection du milieu choisi. On peut être bien au courant des personnes fréquentées par son fils ou sa fille, et cependant tolérer qu'il s'agisse de jeunes déviants voire même de délinquants…

6. Les victimisations

Généralités sur l'exposition aux conduites violentes

Être témoin de conduites violentes

Dans le tableau présenté ci-après, on constate que les pourcentages les plus importants – et pratiquement identiques – concernent les sorties et l'école. Viennent ensuite le quartier, les temps libres, la famille.

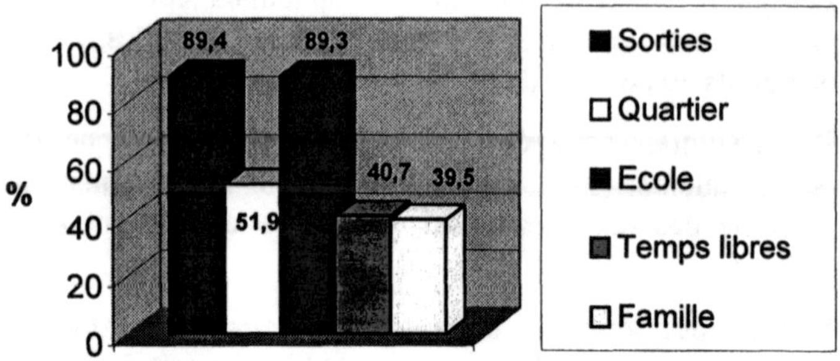

Etre personnellement victime de conduites violentes

Le pourcentage le plus élévé concerne l'école : plus d'un étudiant sur quatre aurait déjà été victime d'un acte violent. Ce pourcentage important doit cependant être relativisé par les types d'actes violents retenus [7], mais nous y reviendrons. La famille et les sorties restent des lieux où une victimisation concerne près d'un quart des jeunes interrogés.

Mais il faut également constater que le temps passé en classe et en famille est plus important que les plages horaires consacrées aux sorties, ce qui augmente la probabilité d'occurrence des situations de confrontation interpersonnelle.

Au contraire, c'est alors l'ampleur du phénomène à l'occasion des sorties qui prend un relief différent et semble désigner les sorties comme plus « dangereuses ». Nous aurons enfin à nous demander si ce sont les mêmes jeunes qui sont victimisés en famille, en milieu scolaire et lors de leurs sorties, ou si des perceptions plus fines doivent contribuer à l'étude du phénomène.

7. Qui en effet n'a jamais été témoin ou victime d'injures à l'école ?

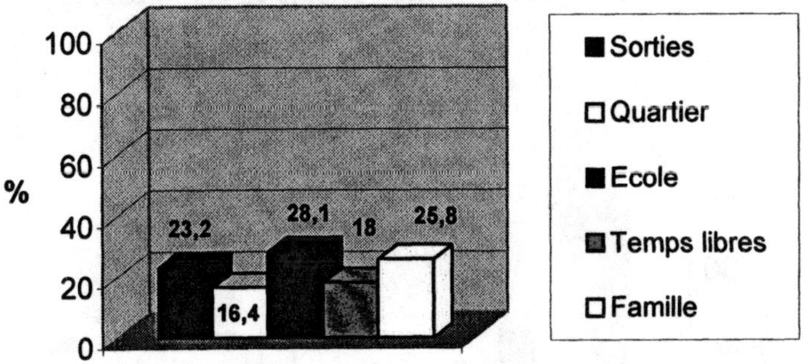

L'exposition aux conduites violentes en famille

39,5 % des jeunes affirment avoir vu un acte violent au sein de leur famille. Si l'on s'intéresse à l'auteur de cet acte violent, on retrouve les pourcentages suivants :

	Pourcentages des élèves
Parents	24,3 %
Frères et sœurs	23,4 %
Beau-père, belle-mère	0,9 %
Autres	0,6 %

Il ne semble pas avoir de différences significatives entre les parents et la fratrie. Le taux bas pour les beaux-père ou belles-mère s'explique par le nombre déjà peu élevé de familles recomposées dans notre échantillon.

En ce qui concerne les actes violents en eux-mêmes :

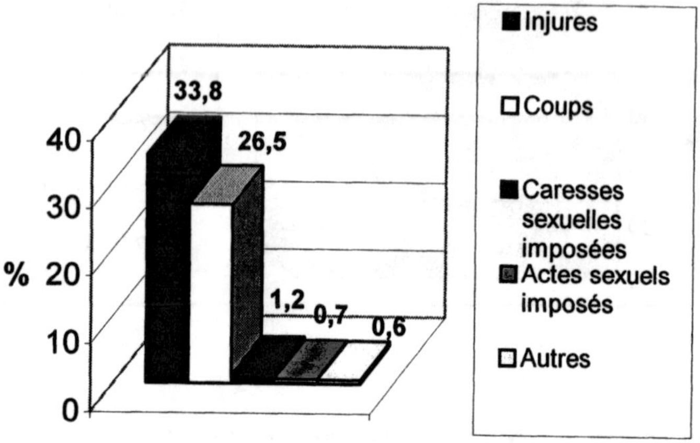

Les injures sont les premiers actes violents au sein de la famille alors que les coups ont déjà été observés dans une famille sur quatre.

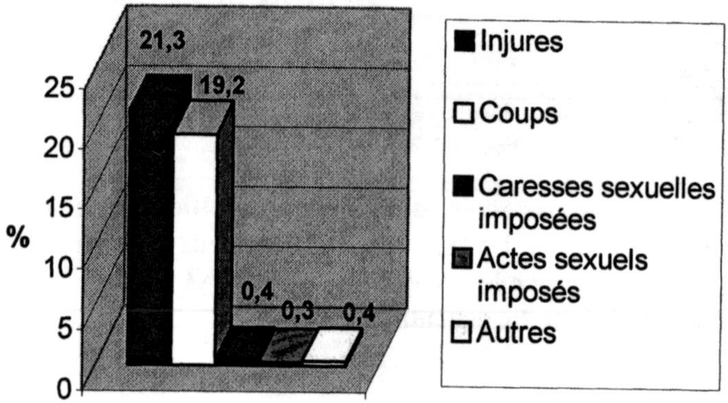

Les filles sont significativement plus souvent victimes d'injures que les garçons ou sont, davantage que les garçons, sensibles aux agressions verbales. Un aspect à ne pas négliger également : les filles semblent rester plus au sein de leur famille que les garçons qui sont plus à l'extérieur de part leur mode de vie.

Il est à noter que les coups présentent au sein de la famille le pourcentage le plus élevé par rapport aux autres milieux étudiés. Il nous a dès lors semblé important de repréciser où se situait, chez nos jeunes interrogés, leur niveau de tolérance personnelle par rapport à cette atteinte physique à leur intégrité.

Les niveaux de tolérance personnelle aux agressions

La seconde partie du questionnaire s'attachait, par la présentation d'une vingtaine d'items, à déterminer des niveaux de tolérance personnelle par rapport à certains comportements qui peuvent s'apparenter à des actes violents. Il nous a en effet semblé important de voir où se situaient les éventuelles différences dans la perception d'un acte violent par un jeune. Outre un caractère descriptif, les résultats permettront de modéliser des actions de prévention en fonction de différents paramètres qui, comme nous allons le voir, peuvent faire varier les résultats.

Les items présentés sont des mises en situation dans lesquelles les répondants sont amenés à prendre une et une seule position par rapport à l'acceptabilité du comportement. Les modalités de réponse étaient les mêmes pour tous les items : toujours, souvent, parfois ou jamais acceptable.

Nous avons regroupé les variables dans quatre contextes différents : les interventions dans le cadre familial, les atteintes à l'intimité en dehors du cadre familial, les contraintes et agressions verbales et/ou gestuelles et les interventions liées à l'argent. Nous ne retiendrons ici que les interventions dans le cadre familial.

« Tu es chez un copain pour une soirée vidéo, vous regardez un film et soudain, la maman de ton copain entre, et vous dit qu'elle va arrêter la vidéo pour regarder une émission qui l'intéresse »

On sort ici du cadre familial de l'individu pour pénétrer dans celui d'un pair.

La majorité des jeunes considère que ce comportement est parfois acceptable. Si l'on additionne les deux premières modalités, on peut dire que 40% des jeunes estiment ce comportement souvent à toujours acceptable. Par contre, près de 20% ne le trouvent jamais acceptable.

La variable sexe influence de manière significative la position du jeune. En effet, les garçons sont plus « extrêmes » que les filles dans leur réponse : un quart d'entre eux estiment que ce comportement n'est jamais acceptable et un cinquième estiment qu'il l'est toujours. Les garçons sont donc moins nombreux que les filles à considérer ces situations comme parfois à souvent acceptables ; les filles étant, quant à elles, plus nombreuses à l'accepter de manière presque exceptionnelle.

Il n'y a pas de relation statistiquement significative entre cette variable et l'âge du répondant.

Par contre, il existe une relation de dépendance entre cette variable et l'orientation scolaire du jeune (p=0,005). En effet, les étudiants de l'enseignement général sont plus catégoriques que les étudiants de l'enseignement technique et professionnel qui acceptent dans une plus grande proportion toujours cette situation.

« Le lendemain, vous décidez de vous rattraper et de regarder la même vidéo mais chez toi. Après un moment, ton frère arrive et dit qu'il va arrêter la vidéo pour regarder une émission qui l'intéresse »

Dans cet item, nous revenons au cadre familial. De plus, la notion d'autorité parentale disparaît ici puisque l'auteur du comportement est le frère.

Nous pouvons constater ici que les réponses « se durcissent ». En effet, nous assistons à une diminution des trois premières modalités. C'est ainsi que la modalité jamais acceptable passe de 20 à 60 %.

Il n'y a pas de relation statistiquement significative entre cette variable et le sexe ou l'âge du répondant. Par contre, une relation significative avec l'orientation scolaire du jeune (p=0,012) confirme la tendance : les étudiants de l'enseignement général sont plus catégoriques dans le rejet de cette situation que les étudiants de l'enseignement technique et professionnel qui acceptent, quant à eux, dans une plus grande proportion toujours cette situation.

Il est intéressant de voir comment les individus, forts d'une première réponse, se prononcent pour la seconde, compte tenu des variations intervenues dans la nouvelle situation. C'est ainsi que ceux qui avaient répondu toujours à la première question répondent « jamais » à la deuxième et 38,5 % « parfois ». En fait, 20% de cette population ne modifie pas ou très peu sa réponse. Quant à ceux qui avaient répondu souvent à la première question, ils répondent en majorité parfois à la deuxième, un peu moins répondent toujours. Enfin, pour ce qui est de ceux qui avaient répondu parfois à la première question, la majorité durcit sa réponse alors que 39% restent sur leur position.

« Un de tes parents entre et reste dans la salle de bains pendant que tu prends ton bain »

On aborde dans cette question le cadre de l'intimité au sein de la famille. Comme on le remarquera, cette question, posée dans un style neutre, ne précise pas qui est exactement cette personne en cause. A la différence de la question concernant la gifle (voir plus bas), cette question a suscité peu de remarques de la part des répondants.

30% des jeunes considèrent que cette situation est souvent à toujours acceptable alors que 32 % pensent qu'elle est parfois acceptable. Enfin, 39% estiment que cette situation n'est jamais acceptable.

Si l'on croise cette variable avec la variable sexe, on obtient une relation statistiquement significative (p=0,023). En effet, on constate une différence au niveau des items parfois et jamais : les filles se positionnent plus que les garçons au niveau du parfois alors que les garçons sont plus nombreux que les filles à considérer cette situation comme jamais acceptable.

Il n'y a pas de relation significative entre cette variable et l'âge du répondant.

L'orientation scolaire du jeune influence de manière significative cette variable (p= 0,002) puisque de manière plus massive, les étudiants de l'enseignement technique et professionnel estiment que cette situation n'est jamais acceptable alors que les étudiants de l'enseignement général semblent trouver cette situation parfois, souvent voire toujours acceptable.

« Régulièrement, un de tes parents entre dans la salle de bains pendant que tu prends ton bain »

Cette question introduit la même problématique que la précédente, en mettant toutefois ici l'accent sur la fréquence de cette situation et la qualité de la personne. A nouveau, les résultats nous montrent un durcissement de la position des jeunes interrogés.

La majorité des jeunes (57%) trouve que cette situation n'est jamais acceptable. 23% estiment quant à eux que cette situation est parfois acceptable. Notons également que 12% des jeunes considèrent que cette situation reste toujours acceptable (ce qui peut paraître étonnant).

La réponse à cette question n'est pas influencée de manière significative par le sexe ou l'âge du répondant. Par contre, l'orientation scolaire influence de manière significative cette variable (p=0,002). A nouveau, les étudiants de l'enseignement technique et professionnel se distinguent des étudiants de l'enseignement général par des réponses plus catégoriques de refus.

De manière générale, on peut se demander comment se comportent les répondants de chaque modalité de la première face à cette deuxième question. Observons l'évolution de la population par rapport à ces deux questions. Il existe une relation statistiquement significative entre ces deux questions. On pourrait faire l'hypothèse que la réponse à la première question conditionne la réponse à la seconde. S'il est vrai que la tendance générale est au durcissement de sa position, il n'en reste pas moins que certains résultats méritent que l'on s'y arrête.

Ceux qui répondent toujours à la première question restent en majorité dans cette catégorie. Une répartition presque égalitaire se dessine pour des items plus durs.

Ceux qui répondent souvent à la première question restent en majorité au sein de cette modalité. On constate que 5% de l'échantillon répond par la modalité toujours. La moitié de cette classe opère un durcissement dans la seconde question.

Ceux qui ont répondu parfois à la première question est la classe qui se caractérise par le fait que la majorité durcit son comportement (51%), 44% ne modifient pas leur position. On note enfin que 5% de l'échantillon trouve cette situation souvent à toujours acceptable.

Pour terminer cette analyse, notons que 95% des répondants pour la modalité « jamais » reste sur leur position. Les 5% restant se répartissent dans des modalités moins exclusives.

« Un de tes parents entre dans ta chambre alors que tu te déshabilles »

Cette situation touche à nouveau à la sphère d'intimité du jeune.

On constate à nouveau des résultats similaires pour les modalités « toujours » et « souvent » qui représentent à elles deux plus de 30% des réponses. Les 70% restant se divisent presque de manière identique entre les « parfois » et les « jamais », avec quand même un pourcentage plus important pour les « parfois ».

Lorsque l'on croise cette variable avec la variable sexe, on observe une relation statistiquement significative (p=0,018). La différence se fait essentiellement au niveau des modalités « parfois » et « jamais ». Les filles sont plus nombreuses que les garçons à admettre qu'il existe des situations qui sont parfois acceptables alors que les garçons sont plus catégoriques par rapport au fait que cette situation n'est jamais acceptable. Enfin, on notera des réponses légèrement plus fréquentes pour les garçons pour les modalités « toujours » et « souvent ».

Il n'y a pas de relations significatives entre cette variable et l'âge du jeune.

L'orientation scolaire influence de manière significative cette variable (p=0,009). A nouveau, les étudiants de l'enseignement technique et professionnel se distinguent des étudiants de l'enseignement général par des réponses plus catégoriques de refus.

« Un de tes parents te donne une gifle »

Il est bon de préciser que pour cet item nous n'avons pas donné plus de renseignement quant au caractère justifié ou non de la gifle. Nous avons cependant été interpellés de nombreuses fois afin de spécifier le contexte. Nous nous en sommes gardés afin de ne pas introduire un biais qui aurait consisté dans un cas comme dans l'autre à des modifications significatives des réponses.

Les résultats globaux sont les suivants :

C'est toujours acceptable	7,8 %
C'est souvent acceptable	13,9 %
C'est parfois acceptable	48,9 %
Ce n'est jamais acceptable	29,4 %

Près de la moitié des répondants estiment que ce comportement peut être justifié. Il reste que 30% de notre échantillon trouve qu'il ne se justifie jamais.

Si on compare ces résultats au niveau du sexe du jeune, on notera des différences significatives.

	Garçon	Fille
C'est toujours acceptable	9,5 %	6,4 %
C'est souvent acceptable	17,1 %	11,1 %
C'est parfois acceptable	46,5 %	50,9 %
Ce n'est jamais acceptable	26,9 %	31,5 %

Il existe une relation fortement significative entre ces deux variables (p = 0,000). Il semble en effet que les filles semblent moins accepter que les garçons que leurs parents leur donne une gifle. On peut donc faire l'hypothèse que ce geste serait plus perçu par les garçons que les filles comme un geste d'autorité.

Par contre, il n'y pas de relation statistique significative de cet item avec l'âge du répondant ou même son orientation.

7. Relation entre victimisation et famille

Qualité de la relation avec le père et victimisation

De manière logique, les violences familiales à l'encontre des jeunes sont génératrices de relations avec le père qualifiées par le jeune de moyenne et mauvaise (p= 0,000).

Par rapport aux victimisations, on observe une relation significative entre la qualité de relations avec son père et le fait d'être victime au cours de ses sorties. En effet, le fait d'avoir de bonnes relations avec son père est lié au fait de ne pas avoir été victimisé lors des sorties (p=0,000). La même constatation est faite pour les victimisations subies dans le quartier, à l'école. Par contre, ce n'est pas le cas dans le cadre des activités de temps libre.

Qualité de la relation en famille et victimisation

A nouveau, les violences familiales à l'encontre des jeunes sont génératrices de relations avec la mère qualifiées par le jeune de moyennes et mauvaises (p= 0,000). On notera cependant que certaines victimes décrivent leur relation avec la mère comme bonne.

On observe une relation significative entre la qualité des relations avec les parents et le fait d'être victime au cours de ses sorties ou dans le quartier. En effet, le fait d'avoir de bonnes relations avec sa mère est lié à celui de ne pas avoir été victimisé. La relation n'est pas significative pour ce qui est de l'école ou des activités de temps libre.

De manière logique, le fait d'avoir des relations problématiques ou difficiles avec un des membres de la famille est souvent synonyme de violences intrafamiliales mais aussi de victimisation dans d'autres milieux tels les sorties, le quartier et l'école.

> « Quand tu sors de chez toi ou que tu vas chez des copains, tes parents savent-ils généralement où tu vas ? »

Une relation fortement significative entre cette variable et le fait d'avoir été victime de violence au sein de la famille. En effet, le fait de ne pas avoir été victime ou même d'avoir vu des actes violents est fortement corrélé avec le fait de dire toujours où l'on va. La même relation existe pour les victimisations au cours des sorties, des activités de loisirs ou dans le quartier. De manière logique également, elle n'apparaît pas dans le cas où l'endroit où se trouve le jeune est circonscrit tel l'école.

Le même type de relation existe et est similaire pour ce qui est des personnes fréquentées par le jeune avec toutefois de légères nuances : on passe du « oui toujours » au « oui souvent ».

Conclusion

De cette recherche portant sur les actes violents dont ont été victimes ou témoins 1538 jeunes de l'enseignement secondaire supérieur, différents enseignements peuvent être retenus. Les résultats obtenus restent préoccupants concernant les victimisations subies ou vécues dans certains milieux, même s'il convient toutefois de manipuler ces résultats avec une précaution toute scientifique. Ensuite, ces résultats nous incitent à penser qu'il est nécessaire, dans une approche de gestion et de prévention de ce type de comportements, d'envisager les victimisations du jeune de manière linéaire et non de segmenter les divers lieux de vie. En effet, il peut être réducteur de considérer chacun des lieux de vie des jeunes séparément. Les caractéristiques comportementales du jeune ne sont pas mises au vestiaire quand il sort d'un milieu pour entrer dans un autre.

La famille, premier lieu de référence et de socialisation est comme nous l'avons constaté un environnement qui intervient à de nombreux égards dans la structuration du jeune mais également dans la position qu'il peut avoir dans une situation potentiellement victimisante. Cet aspect se révèle exact au regard notamment de la qualité du rapport que le jeune entretient avec ses parents mais aussi du potentiel de dialogue qu'il conserve avec ses proches. La connaissance des lieux de sortie des jeunes reste une manière d'illustrer cette position pour autant qu'elle ne cautionne la survenance d'éléments potentiellement déviants.

Il n'en reste pas moins que dans le contexte d'une famille qui ne peut remplir – pour des raisons diverses – ce rôle, l'école est capable de fournir aux jeunes des outils de gestion des violences notamment par la mise en place de lieux de discussion tels ceux développés dans le cadre des initiatives de médiation.

4

L'entraînement aux habiletés autorégulatrices à titre d'intervention préventive auprès d'enfants à risque d'inadaptation psychosociale

Sylvie Normandeau, Serge Larivée, Frank Vitaro
et Sophie Parent [1]

Le début de la scolarisation constitue une période critique pour la réussite scolaire de l'enfant. Des études ont en effet montré la stabilité du rendement scolaire au-delà de la troisième année du primaire (Reynolds & Bezrucko, 1993 ; Willms & Jacobsen, 1990). Par ailleurs, un faible rendement scolaire dès le début du primaire constitue un facteur de risque pour le développement de problèmes d'adaptation psychosociale au cours de l'enfance et de l'adolescence (Feldman & Wentzel, 1990 ;

---

1. Université de Montréal, École de psychoéducation. Les auteurs remercient les intervenantes et tout particulièrement Isabelle Vinet pour sa créativité et sa rigueur dans le développement et la mise en œuvre de l'intervention. Nous remercions aussi Pierre McDuff et Germain Couture pour leur contribution au plan des analyses statistiques. Toute correspondance concernant cet article doit être envoyée à Sylvie Normandeau, Université de Montréal, École de psychoéducation, C. P. 6128, succursale Centre ville, Montréal, Québec, Canada H3C 3J7, ou courriel : sylvie.normandeau@ere.umontreal.ca

Tremblay et al., 1992) et de l'âge adulte (Caspi, Elder & Bem, 1987 ; Kazdin, 1985). La transition de la maternelle 5 ans à la première année du primaire constitue donc une période critique pour la qualité de l'adaptation scolaire de l'enfant.

Cette transition est d'autant plus importante pour les enfants qui manifestent des problèmes de comportement. En effet, un ensemble de travaux montre qu'une fréquence élevée de comportements hostiles et perturbateurs en bas âge constitue un précurseur de problèmes d'inadaptation psychosociale à l'adolescence (par ex. : Huesmann et al., 1987 ; LeBlanc & Fréchette, 1989 ; Verlaan, Dumas & Beaudin, 1992). Parmi les variables susceptibles d'intervenir dans cette relation, les caractéristiques intellectuelles occupent une place centrale. De nombreuses études rapportent une relation entre l'agressivité ou l'hostilité chez les enfants plus âgés et les adolescents et des mesures traditionnelles de QI (pour une recension de travaux sur le sujet voir Larivée, Parent, Charlebois, Gagnon, LeBlanc & Tremblay, 1994). Des déficits métacognitifs ou d'autocontrôle cognitif ont également été identifiés chez des enfants agressifs dans le contexte de résolutions de problèmes et dans l'utilisation du langage comme outil d'autorégulation de leurs actions (par ex. : Camp, 1977 ; Jurkovic & Prentice, 1977). Normandeau et Guay (1998) ont par ailleurs montré qu'au-delà de l'influence du QI sur le rendement scolaire d'enfants à la fin de la première année du primaire, l'influence des comportements agressifs sur le rendement scolaire des enfants était médiatisée par leurs capacités d'autocontrôle cognitif. Les enfants agressifs ont plus de difficultés à s'engager dans des activités d'autocontrôle cognitif dans les contextes d'apprentissage à l'école. Ces déficits au plan de l'autocontrôle cognitif sont à leur tour négativement associés au rendement scolaire des enfants.

Les habiletés d'autocontrôle sont une des composantes métacognitives identifiées par les modèles de résolution de problèmes (par ex. : Flavell, Miller & Miller, 1993) ou d'apprentissage autorégulé (par ex. : Zimmermarn, 1989, 1990). Elles se définissent par l'habileté des enfants à planifier, évaluer, ou gérer les activités de résolution de problèmes et l'attention à la tâche (voir Humphrey, 1982 ; Kendall, Reber, McLeer, Epps & Ronan, 1990 ; Kendall & Wilcox, 1979). Elles sont au nombre des processus associés à l'adaptation scolaire des enfants (Zimmerman, 1989, 1990) et revêtent une importance particulière au cours des premières années de l'enfant à l'école. De fait, la capacité des enfants à se concentrer à la tâche et à participer aux routines scolaires est déterminante de leur réussite scolaire (Alexander et al., 1993).

L'importance de l'autocontrôle dans la qualité des apprentissages chez les enfants et l'observation que cette habileté d'autocontrôle représente justement un déficit chez les enfants agressifs incitent à en faire des cibles d'intervention. Les recensions sur les traitements d'enfants présentant des problèmes de comportements antisociaux soulignent les effets non négligeables des programmes d'entraînement des habiletés cognitives (Dumas, 1989 ; Kazdin, 1987). Plus spécifiquement, l'entraînement aux habiletés autorégulatrices a fait l'objet de plusieurs études visant à améliorer le fonctionnement cognitif de façon générale, ou dans quelques cas, à modifier le comportement d'enfants ou de jeunes adolescents. Dans l'ensemble, les résultats indiquent que l'entraînement produit un effet positif sur la performance cognitive, dans des domaines aussi variés que la mémoire (Belmont, Butterfield & Ferretti, 1982 ; Bransford, Stein, Shelton & Owings, 1981 ; Reid & Borkowski, 1987), la lecture (Belmont, et al., 1982 ; Kurtz & Borkowski, 1987 ; Palincsar & Brown, 1984), la composition écrite (Scardamalia & Bereiter, 1985) ou des tâches perceptuelles mesurant l'impulsivité (Bugental, Whalen & Hencker, 1977 ; Cohen & Meyers, 1984 ; Meichenbaum & Goodman, 1971). Parmi ces tentatives d'entraînement à l'autorégulation, certaines ont permis non seulement d'améliorer la performance des sujets à la tâche d'entraînement, mais également d'obtenir un transfert substantiel des habiletés acquises à des tâches connexes et une modification des attitudes face à l'apprentissage (pour une recension, voir Belmont et al., 1982 ; Cullen, 1985).

L'objectif de la présente étude consiste à vérifier les effets d'un programme d'intervention ayant une composante d'apprentissage des habiletés d'autocontrôle auquel ont participé des enfants à risque en raison de leurs comportements agressifs et de leur situation socio-familiale désavantageuse. Les enfants ont participé à l'intervention durant l'été entre la maternelle 5 ans et la première année du primaire. Les effets de l'intervention sont évalués à la fin de chacune des deux premières années du primaire. Reynolds et Bezrucko (1993) insistent sur l'importance des études longitudinales qui rendent compte des transitions scolaires. La présente étude d'intervention devrait contribuer à décrire la trajectoire développementale des enfants au moment de la transition de la maternelle au début du primaire.

Le programme mis au point par Sigel (Copple, Sigel & Saunders, 1984 ; Sigel, 1979, 1993 ; Sigel & Cocking, 1977 ; Sigel & Saunders, 1983) propose des stratégies d'organisation du milieu et des stratégies d'enseignement qui favorisent la croissance cognitive des enfants et sont adaptées aux enfants de 5-6 ans. Il s'appuie sur des modèles théoriques bien élaborés (les théories développementales de Piaget, de Werner et de Vygotsky). Le programme poursuit trois objectifs spécifiques : 1) amener l'enfant à augmenter sa connaissance des objets et événements de l'environnement en prenant conscience de ses propres réactions, tant affectives que cognitives, face à ces derniers ; 2) développer la compétence de l'enfant à utiliser et à comprendre les différents modes de représentation de la réalité ainsi qu'à transférer les connaissances acquises d'un mode de représentation à un autre ; 3) améliorer les habiletés de résolution de problèmes physiques et interpersonnels en mettant l'accent sur la communication et l'utilisation des connaissances qui sont des habiletés importantes pour l'adaptation globale à l'environnement physique et social.

Cette approche vise à favoriser le développement des capacités de l'enfant à « réfléchir » sur la réalité, à organiser les expériences qu'il a vécues, à anticiper les résultats de ses actions et guider ses prises de décision et ses comportements futurs (Sigel & Cocking, 1977), autant d'habiletés associées au développement de l'autorégulation. Des stratégies de distanciation par les personnes qui ont une responsabilité éducative envers l'enfant sont proposées pour atteindre ces objectifs. Les stratégies de distanciation constituent un mode de dialogue dialectique qui sollicite la participation intellectuelle de l'enfant, condition requise pour assurer la généralisation des effets de l'entraînement. Ce dialogue dialectique permet à l'enfant de trouver lui-même les solutions et joue en fait le rôle d'un guide qui favorise le développement de représentations mentales. En questionnant l'enfant sur les liens et les différences qu'il perçoit entre des événements différents et séparés dans l'espace ou dans le temps, les stratégies de distanciation favorisent l'émergence d'un réseau sémantique riche en interrelations. Ces stratégies offrent comme particularité de créer un écart entre la réalité immédiate de l'enfant et un conflit à résoudre. Elles permettent à l'enfant de reconstruire les événements passés, d'employer son imagination pour négocier avec son environnement, de planifier et d'anticiper les actions futures de même que de comprendre la transformation de ces expériences en divers systèmes symboliques. Un exemple concret de l'utilisation de telles stratégies serait d'élaborer une petite mise en scène entre deux marionnettes en désaccord pour ensuite demander l'aide des enfants qui assistent à la scène. Afin de proposer une solution intéressante au problème concret auquel ils sont confrontés, les enfants doivent considérer les conséquences éventuelles de leur proposition tout en prenant en considération les différentes facettes du problème. Ils doivent alors faire appel à leurs capacités à organiser l'expérience, à anticiper les conséquences des actions et à évaluer les décisions prises.

Sigel rapporte que des interventions impliquant les principes de distanciation améliorent les habiletés cognitives, telles qu'évaluées par des épreuves opératoires (Sigel, 1979) et assurent une meilleure réussite scolaire ultérieure des enfants (Sigel, 1986). A l'instar de Sigel, nous prévoyons d'observer une amélioration des habiletés intellectuelles et d'autocontrôle et du rendement scolaire chez les enfants à risque d'inadaptation psychosociale, en raison de leur QI et de leur situation sociofamiliale désavantageuse qui auront participé au programme d'intervention. La stimulation de la capacité à se représenter la réalité devrait aussi contribuer à abaisser le niveau d'agressivité et d'impulsivité des sujets qui bénéficient de l'intervention.

Méthodologie

Sélection des sujets et constitution des groupes

L'échantillon est composé de 46 enfants de maternelle dont 23 ont participé à l'intervention durant l'été précédent leur entrée à l'école primaire (groupe expérimental). Les enfants de ce groupe expérimental ont été appariés à 23 enfants qui forment le groupe de contrôle sur la base des cotes obtenues à deux tests d'habiletés intellectuelles et d'un indice d'adversité familiale. Ces mesures sont décrites dans la section des instruments de mesure. Pour être sélectionné, un sujet devait avoir une cote de 1/2 écart-type en-deça de la norme aux deux tests d'habiletés intellectuelles (TONI, EVIP). De plus, le sujet devait provenir d'un milieu familial dont la cote d'adversité familiale était autour de 0,50, ce qui apparaît suffisamment sévère. Selon Vitaro et al. (1992), un niveau élevé d'adversité correspond à une cote de 0,57 au sein d'un vaste échantillon de la population et se retrouve chez environ 12% des enfants d'âge préscolaire qu'ils ont évalués.

Un appariement des sujets des deux groupes a été effectué en fonction des variables suivantes, par ordre de priorité : l'âge de l'enfant, les cotes au TONI et à l'EVIP obtenues au prétest, le sexe de l'enfant, le statut conjugal des parents et le revenu familial. Les critères d'appariement étaient de plus ou moins 3 mois dans le cas de l'âge et de plus ou moins 6 points dans le cas du TONI et de l'EVIP. Cet écart de 6 points représente l'erreur de mesure de ces instruments à un intervalle de confiance de 95%. Trois sujets n'ont pu être appariés en fonction de ce critère. Dans ces cas, des écarts plus grands ont été tolérés en veillant cependant à ce que la relation entre les cotes au TONI et à l'EVIP soit conservée, c'est-à-dire qu'un sujet obtenant une cote plus élevée au TONI qu'à l'EVIP était apparié à un sujet obtenant des résultats similaires. En ce qui concerne les trois autres variables, lorsqu'un appariement sujet par sujet n'était pas possible, nous avons veillé à ce que ces variables se répartissent de façon similaire dans les deux groupes. Les principales caractéristiques démographiques de l'échantillon, après cette procédure d'appariement, sont présentées au tableau 1.

Tableau 1
Caractéristiques démographiques et variables d'appariement pour chacun des deux groupes

	Groupe Expérimental	Groupe de Contrôle
Nombre de sujets	23	23
Sexe		
Masculin	11	11
Féminin	12	12
Age en mois	70,5 (3,8)	69,5 (3,3)
Statut conjugal parents		
Monoparental	8	8
Biparental	15	15
Revenu familial		
moins de 15 000$	11	12
15 000$ à 25 000$	2	2
25 000$ à 35 000$	3	4
35 000$ et plus	7	5
Age de la mère	25,4 (5,5)	25,8 (4,8)
Cote au TONI-2 (prétest)	90,3 (6,02)	88,9 (6,58)
Cote à l'EVIP (prétest)	85,6 (7,97)	84,4 (8,49)
Indice d'adversité	0,50 (0,29)	0,51 (0,29

Instruments

Mesures des habiletés cognitives

Le TONI-2 (Test of NonVerbal Intelligence)(Brown, Sherbenou & Johnson, 1990) et l'EVIP, adaptation canadienne-française du Peabody Picture Vocabulary Test (PPVT-R) (Dunn, Thériault-Whalen & Dunn, 1993) ont été administrés aux enfants. Le TONI-2 est un test d'intelligence non verbale à contenu figural et a été mis au point pour évaluer les habiletés de résolution de problèmes. L'EVIP est un test de nature verbale mesurant la connaissance du vocabulaire par l'enfant, aspect important de l'intelligence générale et bon indice du succès scolaire. Ces deux mesures sont analogues à des sous-tests des mesures traditionnelles de quotient intellectuel. Les qualités psychométriques de ces instruments ont été démontrées et ils corrèlent avec d'autres mesures d'intelligence ce qui justifie leur utilisation comme indicateur de l'intelligence (voir Brown et al., 1990 ; Dunn et al., 1993).

Mesures opératoires

Les mesures opératoires choisies s'inspirent des travaux cognitifs classiques de Piaget et Inhelder sur le développement des enfants (par ex. : Piaget & Inhelder, 1941, 1959).

Sériation et correspondance ordinale

L'épreuve de sériation et correspondance comprend cinq problèmes (Laurendeau-Bendavid, Pinard & Boisclair, 1985). Le matériel est constitué de dix maisons et de dix sapins de grandeur croissante. Au problème 1, les maisons et les sapins sont posés sur la table en deux groupes séparés et la tâche du sujet consiste à les disposer de façon à coupler chaque maison avec l'arbre qui lui convient. Dans les problèmes 2 et 3, les arbres et les sapins sont maintenus en deux séries superposées, mais la correspondance terme à terme est rompue par suite du resserrement (problème 2) ou de l'inversion (problème 3) de la rangée des arbres : la tâche du sujet consiste alors à retrouver l'arbre qui correspond à chaque maison désignée successivement par l'examinateur. Enfin, dans les problèmes 4 et 5, les éléments de l'une des rangées (problème 4) ou des deux rangées (problème 5) sont mélangés et disposés pêle-mêle sur la table, ce qui oblige l'enfant qui en est capable à rétablir la sériation et la correspondance des termes de chaque groupe pour retracer ici encore les arbres qui conviennent aux maisons désignées chaque fois par l'examinateur. Les réponses aux cinq problèmes permettent de classer les sujets sur une échelle de 0 à 13 à partir des sériations obtenues et des stratégies utilisées pour y parvenir.

Quantification de l'inclusion

La quantification de l'inclusion permet d'évaluer l'aptitude de l'enfant à considérer les classes et les sous-classes « comme entretenant des relations de partie à tout à l'intérieur d'un système où l'emboîtement hiérarchique est le seul mode de composition ou de coordination des collections envisagées » (Laurendeau-Bendavid, Pinard & Boisclair, 1985, p. 275). L'épreuve porte sur quatre contenus familiers (fleurs, arbres, animaux, fruits) et comprend huit problèmes portant sur différents aspects reliés à l'inclusion. Les réponses et les verbalisations à chacun des problèmes permettent de classer les sujets sur une échelle de 0 à 17 points.

Conservation des liquides

Dans l'épreuve de la conservation des liquides, on présente au sujet deux verres identiques contenant une même quantité de liquide. On demande au sujet de comparer ces deux quantités et d'en reconnaître l'équivalence. On vide ensuite le contenu de l'un de ces deux verres dans un récipient de forme différente. On demande à l'enfant de comparer la quantité de liquide contenue dans ces deux récipients et de conclure à l'équivalence ou à la différence de leur contenu. Le sujet doit justifier verbalement sa réponse. Dans cette épreuve, il s'agit pour l'enfant, de reconnaître que la quantité de liquide contenue dans un verre de forme différente est la même que dans le verre initial, même si le niveau de liquide a changé. Les réponses aux trois problèmes de l'épreuve permettent de classer les sujets sur une échelle de 0 à 6 points.

Mesures du comportement

L'enseignante est invitée à compléter le Questionnaire d'évaluation des comportements au préscolaire (QECP) (Tremblay, Desmarais-Gervais, Gagnon, et Charlebois, 1987). Cette échelle de comportements est constituée de trois sous-échelles évaluant les comportements agressifs, les comportements anxieux-retirés et les comportements prosociaux. Tremblay et al. (1987) ont confirmé la structure factorielle de l'instrument et la validité concurrente et prédictive de l'instrument. Le QECP est composé de 39 énoncés décrivant des comportements précis. L'enseignante indique en référence à chaque énoncé si celui-ci se manifeste parfois (cote 1), fréquemment (cote 2) ou encore ne s'applique pas au comportement de l'enfant évalué (cote 0). La cote peut varier de 0 à 12 pour l'échelle d'anxiété-retrait, de 0 à 26 pour l'échelle d'agressivité et de 0 à 20 pour l'échelle de prosocialité.

L'échelle d'évaluation de l'autocontrôle (EEAC) de Kendall et Wilcox (1979) a été complétée par l'enseignante. Elle mesure l'autocontrôle cognitif (la capacité de délibérer, de planifier, d'évaluer) et l'autocontrôle comportemental (la capacité d'agir conformément aux décisions cognitives prises). Elle comprend 33 questions auxquelles l'enseignante répond en situant l'enfant sur un continuum de un à sept, où le pôle faible est associé à une bonne capacité d'autocontrôle et le pôle élevé à une grande impulsivité. Les qualités psychométriques de cette mesure, rapportées par Kendall et Wilcox (1979), sont très satisfaisantes : consistance interne élevée (alpha de Cronbach = 0,98), bonne fidélité test-retest (r = 0,84), bonne validité concurrente et discriminante.

Mesure du rendement scolaire

La moyenne en français et en mathématiques à la fin de la deuxième année scolaire est utilisée comme mesure du rendement scolaire. L'utilisation des notes pour évaluer le rendement scolaire des enfants se justifie par la validité écologique de cet outil (Normandeau & Guay, 1998). En effet, les notes scolaires résultent d'une série d'évaluations administrées tout au long de l'année scolaire à tous les enfants du groupe et reflètent la progression de chaque enfant dans une matière donnée et dans un groupe donné (Marsh & Yeung, 1997). Par ailleurs, elles reflètent les apprentissages que l'enfant a fait dans la classe et sont le *feedback* externe que l'enfant reçoit de la part de l'enseignant et de ses parents (Entwisle & Alexander, 1988 ; Wentzel, Weinberger, Ford & Feldman, 1990).

Mesure de l'adversité familiale

L'indice du niveau d'adversité familiale a été calculé à partir d'informations fournies par les parents (Tremblay et al., 1991 ; Vitaro et al., 1992) : la structure de la cellule familiale (biparentale, monoparentale, recomposée), le niveau d'éducation de chaque parent ou du parent avec qui l'enfant vit, l'emploi occupé par l'un et/ou l'autre parent et l'âge de chaque parent à la naissance de l'enfant de l'étude.

L'indice d'adversité familiale utilisé est calculé en calculant la moyenne des poids 0 ou 1 accordés aux sept variables précédentes. Une moyenne est calculée lorsque des informations sont disponibles pour au moins quatre variables. Une structure familiale obtient 0 dans les cas où l'enfant vit avec ses deux parents naturels alors qu'elle obtient une cote de 1 dans les autres cas. Les six autres variables obtiennent une cote 0 ou 1 suivant qu'elles se situent ou non au-delà du vingt-cinquième percentile de leur distribution respective. Ainsi plus une cote est élevée, plus le niveau d'adversité du milieu familial est élevé.

Procédure pour la cueillette des données et le programme d'intervention

Au printemps de la maternelle, les mesures suivantes furent administrées en prétest : TONI-2, EVIP, sériation, inclusion de classes, conservation, QECP, autocontrôle, mesure de l'adversité familiale. Les mêmes mesures ont été réadministrées à la fin de la première année du primaire (post test 1) et à la fin de la deuxième année du primaire (post test 2). La mesure du rendement scolaire a été recueillie à la fin de la deuxième année du primaire (post test 2).

L'intervention a pris place durant l'été entre la maternelle et l'entrée à l'école primaire. Elle s'est déroulée dans un local complètement réaménagé pour les besoins de l'intervention à l'École de psychoéducation de l'Université de Montréal. Les enfants du groupe expérimental répartis en deux sous-groupes ont participé au camp de jour échelonné sur une période de six semaines, à raison de 2 jours par semaine pour un total de 12 jours de présence, soit 72 heures d'intervention.

Chacune des six semaines s'orientait autour d'un thème servant de moteur à la mise en place de l'utilisation des stratégies de distanciation telles que définies par Sigel (1979). Les activités étaient planifiées de manière à alterner les activités structurées et semi-structurées. Les stratégies de distanciation étaient utilisées systématiquement par les intervenantes lors d'activités structurées et semi-structurées où se juxtaposaient jeux de rôle et pratiques de résolution de problèmes. Le principal outil de travail des intervenantes était l'utilisation de marionnettes. Celles-ci sollicitaient l'aide des enfants pour résoudre un dilemme auquel elles étaient confrontées. Le contenu spécifique détaillé des activités élaborées dans le cadre de la présente étude est disponible sur demande.

Résultats

L'objectif de l'étude consiste à vérifier l'effet d'une intervention cognitive sur le développement cognitif et social d'enfants à risque en raison de leur agressivité et de l'adversité de leur milieu familial. Des analyses de variance avec mesures répétées ont été calculées sur chaque mesure pour vérifier l'existence de différences entre les groupes expérimentaux et de contrôle (facteur inter-groupe), l'existence de changements attribuables au temps (facteur temps) et l'interaction entre les deux facteurs précédents pour vérifier l'existence d'un effet de l'intervention. Le Tableau 2 rapporte les moyennes et les écarts-types pour chaque variable à chacun des temps de mesure. Le nombre de sujets varie en raison des données manquantes sur l'une ou l'autre variable étudiée pour certains sujets.

Tableau 2
Moyennes et écarts types des enfants du groupe expérimental et du groupe de contrôle aux mesures cognitives et comportementales à chacun des temps de mesure

	Prétest			Post-test 1		Post-test 2	
	n	M	e.t.	M	e.t.	M	e.t.
TONI							
G.E.	20	89.9	6.4	104.3	14.4	99.7	9.1
G.C.	19	89.4	5.6	99.2	10.5	98.6	7.8
EVIP							
G.E.	20	85.9	8.3	102.7	11.7	107.4	15.9
G.C.	19	85.7	8.9	98.5	17.9	105.2	15.3
Sériation							
G.E.	19	4.1	2.2	7.4	2.6	9.4	2.2
G.C.	18	3.4	2.2	7.9	2.7	8.7	2.6
Inclusion							
G.E.	19	4.1	3.3	8.8	5.2	14.3	2.8
G.C.	19	4.2	2.9	6.9	4.9	11.1	5.6
Conservation							
G.E.	19	2.1	2.1	3.4	2.4	4.8	2.1
G.C.	19	1.3	1.8	3.5	2.7	4.6	1.6
Agressivité							
G.E.	19	8.2	9.2	5.8	7.3	6.3	7.4
G.C.	19	5.9	6.0	6.6	7.5	7.4	6.9
Anxiété							
G.E.	19	2.8	1.9	2.5	2.3	2.7	2.9
G.C.	19	2.5	1.9	3.6	2.8	4.4	2.6
Prosocialité							
G.E.	18	8.8	4.2	6.5	4.3	9.9	6.3
G.C.	19	7.3	4.1	8.1	2.6	9.8	5.1
Autocontrôle							
G.E.	19	102.6	55.2	90.0	49.8	94.7	52.6

G.C.		19	106.4	41.3		123.6	54.1		130.7	42.0
Rendement français										
G.E.		19							79.2	6.1
G.C.		19							73.7	9.4
Rendement Arithmétique										
G.E.		19							80.0	6.8
G.C.		19							74.5	13.5

Les résultats des analyses de variance n'indiquent aucun effet principal de la variable groupe pour le TONI, F (1,37) = 1.28, n.s., et pour l'EVIP, F (1,37) = .38, n..s., ni aucun effet d'interaction temps par groupe pour le TONI, F (2, 74) = .81, n.s., et pour l'EVIP, F (2,74) = .48, n.s.. Cependant les cotes des enfants augmentent entre le prétest et les post tests tant pour le TONI, F (2,74) = 20.46, p < .001, que pour l'EVIP, F (2, 74) = 53.21, p < .001. Les résultats au TONI et à l'EVIP lors des post tests 1 et 2 sont supérieurs à ceux observés au prétest.

Les trois mesures opératoires présentent un patron de résultats similaire. En effet, aucun effet principal de la variable groupe n'est observé à l'épreuve de sériation, F (1,35) = .22, n.s., à l'épreuve d'inclusion de classe, F (1,36) = 1.99, n.s., et à l'épreuve de conservation des liquides, F (1, 36) = .50, n.s.. De plus aucun effet de l'intervention (interaction groupe par temps) n'est observé pour l'épreuve de sériation, F (2, 70) = 1.38, n.s., celle d'inclusion de classes, F (2,72) = 2.82, p = .06, et celle de conservation des liquides, F (2,72) = .50, n.s.. Cependant les enfants des deux groupes améliorent leur compréhension des tâches opératoires comme l'indique l'augmentation des cotes du prétest à chacun des post tests 1 et 2 à l'épreuve de sériation, F (2,70) = 83.43, p < .001, celle de l'inclusion des classes, F (2, 72) = 75.36, p < .001, et celle de la conservation des liquides, F (2, 72) = 21.70, p < .001.

Les mesures du comportement de l'enfant tel qu'observé par l'enseignante n'indiquent aucun effet principal de la variable groupe tant au plan de l'agressivité F (1,36) = .01, n.s., de l'anxiété, F (1,36) = 1.73, n.s., que de la prosocialité, F (1,35) = .01, n.s.. Les résultats n'indiquent pas de changement entre le prétest et les post tests quant à la fréquence des comportements agressifs, F (2,72) = .62, n.s., et la fréquence des comportements anxieux, F (2, 72) = 2.28, n.s.. Cependant on observe une augmentation de la fréquence des comportements prosociaux entre le prétest et le post test 2, F (2, 70) = 3.68, p < .03. Les analyses de variance avec mesures répétées ne permettent pas de mettre en évidence un effet de l'intervention sur la fréquence des comportements agressifs, F (2, 72) = 2.67, p = .07, la fréquence des comportements anxieux, F (2, 72) = 2.64, p = .07, ou la fréquence des comportements prosociaux, F (2, 70) = 1.26, n.s..

Finalement, l'effet principal de la variable groupe n'est pas observé sur la mesure d'autocontrôle cognitif et comportemental, F (1, 36) = 2.74, n.s., pas plus que l'effet principal du temps de mesure, F (2, 72) = 1.20, n.s.. Cependant les résultats indiquent un effet d'interaction attribuable à l'intervention, F (2, 72) = 5.48, p < .006. Alors que les capacités d'autocontrôle des enfants du groupe de contrôle diminuent graduellement du prétest au post test 1 puis au post test 2, celles des enfants du groupe expérimental sont meilleures à chacun des post tests qu'au prétest.

Les enfants du groupe expérimental ne se distinguent pas des enfants du groupe de contrôle en regard de leur rendement en arithmétique à la fin de la deuxième année du primaire, test-t (1, 36) = 1.54 n.s.. Cependant les enfants du groupe expérimental obtiennent un rendement en français supérieur aux enfants du groupe de contrôle à la fin de la deuxième année du primaire, test-t (1, 36) = 2.15, p < .03.

Afin de mieux évaluer le rôle de l'autocontrôle pour le rendement scolaire, une analyse de régression a été calculée avec l'agressivité et l'EVIP à la fin de la maternelle (avant l'intervention) et l'autocontrôle en première année scolaire (après l'intervention) comme prédicteurs du rendement scolaire en mathématique et en français à la fin de la deuxième année scolaire.

Les rendements en mathématiques et en français sont tous deux prédits par les habiletés d'autocontrôle de l'enfant en première année (respectivement Bêta standardisé = -.45 et Bêta standardisé = -.03). Alors que l'agressivité et l'EVIP expliquent 16% de la variance observée sur la mesure du rendement scolaire à la fin de la deuxième année, l'ajout de l'autocontrôle permet d'expliquer respectivement 27% et 37% de la variance sur les mesures de rendement scolaire en mathématiques ($F = 4.29$, $p < .001$) et en français ($F = 6.76$, $p < .001$).

En contrôlant les comportements agressifs et les habiletés verbales des enfants, les enfants qui exercent un meilleur contrôle sur leur attention et démontrent plus d'habiletés à planifier, anticiper et évaluer sont ceux qui réussissent le mieux en mathématiques et en français à la fin de la deuxième année. Ces résultats mettent en évidence les effets à long terme de l'intervention sur le rendement scolaire des enfants.

Discussion

L'objectif de l'étude était de vérifier si, à l'instar des observations faites par Sigel (1979, 1993 ; Sigel & Saunders, 1983), une intervention faisant appel à l'utilisation des stratégies de distanciation pouvait améliorer les habiletés intellectuelles et d'autocontrôle et le niveau d'agressivité d'enfants à risque d'inadaptation psychosociale en raison de leurs faibles habiletés cognitives et du niveau élevé d'adversité de leur environnement familial. Les résultats n'indiquent aucun effet de l'intervention sur le fonctionnement cognitif (langage, raisonnement opératoire, raisonnement abstrait) bien que tous les enfants évoluent au cours de la période de deux ans sur laquelle s'étend la collecte des données.

A première vue, de tels résultats peuvent surprendre compte tenu des objectifs d'apprentissage des habiletés cognitives et métacognitives de l'intervention (effets proximaux attendus). L'intervention a duré 12 jours (au total 72 heures) répartis sur 6 semaines pendant l'été précédant l'entrée en première année du primaire. Cela n'offre pas beaucoup d'opportunités d'apprendre de nouvelles habiletés cognitives, de les pratiquer et de les généraliser. La plupart des programmes préscolaires rapportant des effets favorables sur les habiletés cognitives sont d'une durée significativement plus longue. De nombreux auteurs ont déjà mis en lumière l'importance de l'intensité du traitement (Kazdin, 1987 ; Lochman, 1992 ; Vaugh & Ridley, 1983 ; Weissberg et al., 1991). Bien que notre intervention ait été concentrée en terme de nombre d'heures d'intervention par semaine, le nombre de semaines était sans doute insuffisant pour assurer une acquisition et une généralisation importante des acquis. Il aurait probablement fallu intervenir de manière tout aussi intense mais sur une plus longue période pour pouvoir observer des effets au plan des variables cognitives. Peut-être aussi aurait-il été plus efficace de restreindre quelque peu la variété des activités au profit d'une intensité accrue du traitement. Par ailleurs, les habiletés cognitives et métacognitives étaient enseignées dans un contexte de groupe et non individuel comme la plupart des études rapportant des résultats positifs des programmes d'apprentissages des habiletés métacognitives. Il est également connu que les interventions sont plus efficaces lorsque les parents sont encouragés à assumer leurs rôles d'éducateurs. De fait, il semble utile de sensibiliser les parents à la nécessité de leur participation dans les interventions concernant leur enfant (Guralnick, 1991 ; Russell, 1991). Dans le cas de la présente étude, malgré des contacts hebdomadaires avec les parents, leur participation se faisait sur une base volontaire.

Les progrès observés aux trois mesures opératoires entre le prétest et le post test se comparent aux progrès habituellement observables chez des enfants du même âge aux mêmes épreuves et peuvent être attribuables à la maturation (Laurendeau et al., 1985 ; Noelting, 1980). Cependant, les résultats aux TONI-2 et à l'EVIP indiquent une augmentation importante des cotes standards et des écart-types entre le prétest et le post test. Ces changements sont supérieurs à ceux auxquels il aurait été possible de s'attendre compte tenu de l'erreur-type de mesure de chaque test (pour le TONI-2 : 3 points ; pour l'EVIP : 8 points). L'augmentation des écart-types s'observe non seulement aux mesures du QI, mais aussi aux trois mesures opératoires. Ces observations s'apparentent à celles de Willms et Jacobsen (1990) en relation avec le rendement scolaire des enfants au primaire. Ils notent que l'écart entre les enfants qui réussissent mieux et ceux qui réussissent moins bien s'agrandit de plus en plus tout au long du primaire. Les résultats de la présente recherche en ce qui concerne les mesures de langage réceptif, de raisonnement analogique, et de développement opératoire entre la maternelle et la première année du primaire correspondent peut-être au début de ce développement « en éventail ». Ces observations sont importantes puisque les premières années scolaires sont cruciales pour le façonnement des trajectoires ultérieures de réussite (Alexander & Enwistle, 1988).

Les effets de l'intervention sur les comportements étaient souhaités mais moins probables (effets collatéraux) compte tenu du contenu spécifique du programme. Cependant les résultats obtenus pour les échelles d'agressivité et d'anxiété (effet de l'intervention $p = .07$) suggèrent la possibilité d'un effet de l'intervention sur ces variables. Ces observations doivent faire l'objet d'une nouvelle vérification. Les résultats suggèrent que l'intervention aurait pu contribuer à diminuer l'expression de l'agressivité chez les enfants du groupe expérimental tout en maintenant stable l'expression de comportements anxieux-retirés. Bien que les effets de l'intervention sur les comportements agressifs et anxieux-retirés ne soient pas clairement démontrés, les résultats montrent un effet (effet distal) à long terme de l'intervention sur le rendement scolaire en français des enfants à la fin de la deuxième année du primaire. Ce résultat est important car le rendement scolaire durant les premières années du primaire a un impact sur le rendement scolaire ultérieur (par ex. : Alexander et al., 1993 ; Reynolds & Bezrucko, 1993 ; Willms & Jacobsen, 1990). Par ailleurs un faible rendement scolaire constitue un facteur de risque pour le développement de problèmes d'adaptation psychosociale au cours de l'enfance et de l'adolescence (par ex. : Tremblay et al., 1992), et de l'âge adulte (par ex. : Kazdin, 1985).

Finalement, il appert que l'intervention a eu un impact sur les habiletés d'autocontrôle cognitif et comportemental des enfants dès la fin de la première année du primaire et que cet effet s'est maintenu à la fin de la deuxième année du primaire. Ces habiletés d'autocontrôle sont importantes pour les apprentissages scolaires. De plus, les résultats montrent que les habiletés d'autocontrôle des enfants en première année sont un prédicteur du rendement scolaire en deuxième année, une fois les caractéristiques comportementales d'agressivité et les habiletés de langage contrôlées. Ainsi, une intervention de 72 heures a été trop brève pour qu'on en observe les effets sur des mesures strictement cognitives mais apparemment suffisante pour l'apprentissage de l'autocontrôle, une habileté commune à l'ensemble des activités du programme et dont la mesure comporte à la fois une composante cognitive (par ex. : planification, évaluation) et comportementale (par ex. : capacité d'agir conformément aux décisions cognitives prises). L'autocontrôle se retrouve en filigrane dans toutes les activités et tous les moments de vie du programme et des activités réalisées par l'enfant. En effet, l'analyse *a posteriori* du programme tel qu'il a été mis en place montre clairement que, indépendamment du contenu spécifique du programme, l'organisation des activités et les pratiques éducatives mises en œuvre tout au long du programme d'intervention étaient toujours orientées vers l'apprentissage du contrôle de soi par l'enfant (écouter, parler un à la fois, attendre son tour pour parler, être assis pour écouter, etc.) et du processus de résolution de problèmes (anticiper, planifier, délibérer, agir conformément aux décisions cognitives prises, évaluer *a posteriori*). Par exemple, chaque journée commençait par un temps de planification du choix des activités et de l'organisation de l'horaire de la journée. A chaque jour, une activité incitait les enfants à réfléchir sur des problèmes à résoudre, donc à anticiper, évaluer et vérifier les solutions proposées. Chaque journée se terminait par une auto-évaluation des activités de la journée et des tâches accomplies. Par ailleurs, tout au long de la journée, les intervenants insistaient beaucoup sur l'importance de penser avant d'agir, soit dans la réalisation d'une tâche, soit dans les interactions sociales entre enfants ou entre enfants et adultes. A de nombreuses reprises les intervenantes ont dû gérer des conflits dans le groupe et intervenir au plan du processus de résolution des conflits et ainsi amener les enfants à réfléchir sur leurs actions. Ces composantes de l'intervention sont en continuité avec les observations maintes fois rapportées quant à l'influence de la qualité des conversations comme source d'enrichissement au plan de la structuration cognitive des enfants (par ex. : McGillicuddy-De Lisi & Sigel, 1991 ; Sigel, Stinson & Kim, 1993 ; Zigler, 1987). La mesure d'autocontrôle est une variable hybride entre les mesures strictement cognitives et les mesures comportementales et reflète bien les effets du programme d'intervention.

L'intervention a eu un impact sur l'autocontrôle et ce dès la première année du primaire et cet acquis s'est maintenu jusqu'à la fin de la deuxième année du primaire. Par ailleurs l'autocontrôle est un prédicteur du rendement scolaire à la fin de la deuxième année du primaire. Nos résultats rejoignent ceux d'études antérieures qui ont montré un lien entre les habiletés d'autocontrôle des enfants et la réussite scolaire (par ex. : Borkowski & Kurtz, 1984 ; Borkowski, Ryan, Kurtz & Reid, 1983 ; Cullen, 1985 ; Meichenbaum & Biemeller, 1992 ; Short, 1992). Ils suggèrent que l'habileté des enfants à s'engager dans des activités d'autocontrôle joue un rôle de médiation entre les caractéristiques comportementales des enfants et leur réussite scolaire (Normandeau & Guay, 1998), en facilitant la réalisation des tâches scolaires qui requièrent ces habiletés d'autocontrôle.

La présente étude ajoute à un ensemble récent de recherches qui s'attarde à l'étude des processus spécifiques impliqués durant les premières années scolaires (Alexander et al., 1993). En continuité avec les travaux de Reynolds et Bezrucko (1993) elle contribue aussi à décrire la trajectoire développementale des enfants au moment de la transition de la maternelle au début du primaire. Finalement, cette étude appuie l'importance de favoriser le développement des habiletés d'autocontrôle chez les enfants au moment de leur transition au monde scolaire afin de contribuer à une meilleure réussite scolaire de l'enfant et diminuer l'influence de certains facteurs de risque pour le développement de problèmes d'adaptation psychosociale ultérieure.

Références bibliographiques

Alexander, K.L. & Entwisle, D.R. (1988), Achievement in the first 2 years of school : Patterns and processes, Monographs of the Society for Research, *Child Development*, 53(2, Serial No. 218).

Alexander, K.L., Entwisle, D.R. & Dauber, S.L. (1993), First-grade classroom behavior : Its short and long-term consequences for school performance, *Child Development*, 64, 801-814.

Belmont, J.M., Butterfield, E.C. & Ferretti, R.P. (1982), To secure transfer of training instruct self-management skills, In D.K. Detterman & R.J. Sternberg (Eds.), *How and how much can intelligence be increased* (pp. 147-154), Norwood, N.J. : Ablex.

Belsky, J. & MacKinnon, C. (1994), Transition to school : Developmental trajectories and school experiences, *Early Education and Development*, 5, 106-119.

Borkowski, J.G. & Kurtz, E. (1984), Metacognition and special children, In B. Gholson & T.L. Rosenthal (Eds.), *Application of cognitive-developmental theory*, (pp. 193-213), Orlande, Fl : Academic Press.

Borkowski, J.G., Ryan, E.B., Kurtz, E. & Reid, M.K. (1983), Metamemory and metalinguistic development : Correlates of children's intelligence and achievement, *Bulletin of the Psychonomic Society*, 21, 393-396.

Bransford, J.D., Stein, B.S., Shelton, T.S. & Owings, R.A. (1981), Cognition and adaptation : The importance of learning to learn, In J.H. Harvey (Ed.), *Cognition, social behavior, and the environment* (pp. 93-110), Hillsdale, N.J. : Lawrence Erlbaum.

Brown, L., Sherbenou, R.J. & Johnson, S.K. (1990), *Test of Non Verbal Intelligence : A language-free measure of cognitive ability* (second ed.), Austin : Pro-Ed.

Bugental, D.B., Whalen, C.K. & Henker, B. (1977), Causal attributions of hyperactive children and motivational assumptions of two behavior-change approaches : Evidence for an interactionist position, *Child Development*, 48, 874-884.

Camp, B.W. (1977), Verbal mediation in young aggressive boys, *Journal of Abnormal Psychology*, 86, 145-153.

Caspi, A., Elder, G.H. & Bem, D.J. (1987), Moving against the world : Life-course patterns of explosive children, *Developmental Psychology*, 23, 308-313.

Ceci, S.J. (1991), How much does schooling, influence general intelligence and its cognitive components ? A reassessment of the evidence, *Developmental Psychology*, 27, 703-722.

Ceci, S.J. & Liker, J. (1986), Academic and nonacademic intelligence : An experimental separation, In R.J. Sternberg & R.K. Wagner (Eds.), *Practical intelligence : Nature and origins of competence in the everyday world*, New York : Cambridge University Press.

Cohen, R. & Meyers, A.W. (1984), The generalization of self-instruction, In B. Gholson & T.L. Rosenthal (Eds.), *Application of cognitive-developmental theory* (pp. 95-112), New York : Academic Press.

Copple, C., Sigel, I.E. & Saunders, R. (1984), *Educating the young thinker. Classroom strategies for cognitive growth*, Hillsdale, N.J. : Lawrence Erlbaum.

Cullen, J.L. (1985), Children's ability to cope with failure : Implications of a metacognition approach for the classroom, *In* D.L. Forrest-Pressley, G.E. MacKinnon & T.G. Waller (Eds.), *Metacognition, cognition, and human performance*, (Vol. 2, pp. 267-300), Orlando, Fl. : Academic Press.

Dumas, J.E. (1989), Treating antisocial behavior in children : Child and family approaches, *Clinical Psychology Review*, 9, 197-222.

Dunn, L.M., Thériault-Whalen, C.W. & Dunn, L.M. (1993), *Échelle de Vocabulaire en Images Peabody*, Toronto : Psycan.

Dunn, L.M., Thériault-Whalen, C.W. & Dunn, L.M. (1993), *Échelle de Vocabulaire en Images Peabody*, Toronto : Psycan.

Ensminger, M.E. & Slusarick, A.L. (1992), Paths to high school graduation or dropout : A longitudinal study of a first-grade cohort, *Sociology of Education*, 65, 95-113.

Entwisle, D.R. & Alexander, K.L. (1988), Factors affecting achievement test scores and marks of blacks and whites first graders, *The Elementary School Journal*, 88, 449-471.

Entwisle, D.R. & Alexander, K.L. (1990), Beginning school math competence : Minority and majority comparisons, *Child Development*, 61, 454-471.

Entwisle, D.R. & Alexander, K.L. (1993), Entry into school : The beginning school transition and educational stratification in the United States, *Annual Review in Sociology*, 19, 401-423.

Entwisle, D.R. & Hayduk, L.A. (1982), *Early schooling : Cognitive and affective outcomes*, Baltimore : Johns Hopkins University Press.

Entwisle, D.R., Alexander, K.L., Cadigan, D. & Pallas, A. (1986), The schooling process in first grade : Two samples a decade apart, *American Educational Research Journal*, 23, 587-613.

Farnworth, M., Schweinhart, L.J. & Berrueta-Clement, J.R. (1985), Preschool intervention, school success and delinquency in a high-risk sample of youth, *American Educational Research Journal*, 22, 445-464.

Feldman, S.S. & Wentzel, K.R. (1990), Relations among family interaction patterns, classroom self-restraint, and academic achievement in preadolescent boys, *Journal of Educational Psychology*, 82, 813-819.

Feshbach, N.D. & Feshbach, S. (1987), Affective processes and academic achievement, *Child Development*, 58, 1335-1347.

Flavell, J.H., Miller, P.H. & Miller, S.A. (1993), *Cognitive development*, Englewood Cliffs, NJ : Prentice Hall.

Goodman, R., Simonoff, E. & Stevenson, J. (1995), The impact of child IQ, parent IQ and sibling IQ on child behavioural deviance scores, *Journal of Child Psychology and Psychiatry and Allied Disciplines*, 36, 409-425.

Guralnick, M.J. (1991), The next decade of research on the effectiveness of early intervention, *Exceptional Children*, 58, 174-183.

Heyns, B. (1987), Schooling and cognitive development : Is there a season for learning?, *Child Development*, 58, 1151-1160.

Huesmann, L.R., Eron, L.D. & Yarmel P.W. (1987), Intellectual functioning and agression, *Journal of Personality and Social Psychology*, 52, 232-240.

Humphrey, L.L. (1982), Children's and teachers' perspectives on children's self-control : The development of two rating scales, *Journal of Consulting and Clinical Psychology*, 50, 624-633.

Jurkovic, G.J. & Prentice, N.M. (1977), Relation of moral and cognitive development to dimensions of juvenile delinquency, *Journal of Abnormal Psychology*, 86, 414-420.

Kazdin, A.E. (1985), *Treatment of antisocial behavior in children and adolescents*, Homewood, Illinois : The Dorsey Press.

Kazdin, A.E. (1987), Treatment of antisocial behavior in children : Current status and future directions, *Psychological Bulletin*, 102, 187-203.

Kendall, P.C. & Wilcox, L.E. (1979), Self-control in children : Development of a rating scale, *Journal of Consulting and Clinical Psychology*, 47, 1020-1029.

Kendall, P.C., Reber, M., McLeer, S., Epps, J. & Ronan, K.R. (1990), Cognitive-behavioral treatment of conduct-disordered children, *Cognitive Therapy and Research*, 14, 279-297.

Kurtz, B.E., Borkowski, J.G. (1987), Development of strategies skills in impulsive and reflective children : A longitudinal study of metacognition, *Journal of Experimental Child Psychology*, 43(1), 129-148.

Larivée, S, Parent, S, Charlebois, P, Gagnon, C., LeBlanc, M. et Tremblay, R.E. (1994), L'interaction du profil intellectuel et de la turbulence à l'école primaire comme prédicteur de la délinquance autorévélée, *Psychologica Belgica*, 34, 1-31.

Lassiter, K.S. & Bardos, A.N. (1995), The relationship between young children's academic achievement and measures of intelligence, *Psychology in the Schools*, 32, 170-177.

Laurendeau-Bendavid, M., Pinard, A. & Boisclair, C. (1985), *Échelle de développement de la pensée opératoire*, Document non publié. Montréal : Université de Montréal.

LeBlanc, M. & Fréchette, M. (1989), *Male criminal activity for childhood through Youth : multilevel and developmental perspectives*, New York : Springer-Verlan.

Ledingham, J.E. & Schwartzman, A.E. (1984), A 3-year follow-up of aggressive and withdrawn behavior in childhood : Preliminary findings, *Journal of Abnormal Child Psychology*, 12, 157-168.

Marsch, H.W. & Yeung, A.S. (1997), Causal effects of academic self-concept on academic achievement : Structural equation models of longitudinal data, *Journal of Educational Psychology*, 89, 41-54.

McGillicuddy-DeLisi, A.V. & Sigel, I.E. (1991), Family environments and children's representational thinking, In S.B. Silvern et al. (Eds.), Advances in reading language research : A research annual, vol. 5, *Literacy through family, community and school interaction* (pp. 63-90), Greenwich, CT : JaiPress.

Meichenbaum, D. & Biemiller, A. (1992), In search of student expertise in the classroom : A metacognitive analysis, In M. Pressley, K.R. Harris & J.T. Guthrie (Eds.), *Promoting academic competence and literacy in school* (pp. 3-56), San Diego : Academic Press.

Meichenbaum, D.H. & Goodman, J. (1971), Training impulsive children to talk to themselves : A means of developing self self-control, *Journal of Abnormal Psychology*, 77,(2), 115-126.

Normandeau, S. & Guay, F. (1998), Preschool behavior and first-grade school achievement : The mediational role of cognitive self-control, *Journal of Educational Psychology*, 90(1), 111-121.

Palincsar, A.S. & Brown, A.L. (1984), Reciprocal teaching of comprehension-fostering and comprehension-monitoring activities, *Cognition and Instruction*, 1(2), 117-175.

Parker, J.G. & Asher, S. (1987), Peer relations and later personal adjustement : Are low-accepted children at risk ?, *Psychological Bulletin*, 102, 357-389.

Patterson, C.J., Kupersmidt, J.B. & Vaden, N.A. (1990), Income level, gender, ethnicity, and household composition as predictors of children's school-based competence, *Child Development*, 61, 485-494.

Patterson, G.R., Bank, L. & Stoolmiller, M. (1990), The preadolescent's contribution to disrupted family process, In R. Montemayor, G.R. Adams & T.P. Gullotta (Eds.), *From childhood to adolescence : A transitional period ?* (pp. 107-133), Newbury Park, CA : Sage.

Piaget, J. & Inhelder, B. (1941), *Le développement des quantités physiques chez l'enfant*, Neuchâtel : Delachaux et Niestlé.

Piaget, J. & Inhelder, B. (1959), *La genèse des structures logiques élémentaires*, Neuchâtel : Delachaux et Niestlé.

Reid, M.K. & Borkowski, J.G. (1987), Causal attributions of hyperactive children : Implications for teaching strategies and self-control, *Journal of Educational Psychology*, 79(3), 296-307.

Reynolds, A. (1992), Comparing measures of parental involvement and their effects on academic achievement, *Early Childhood Research Quarterly*, 7, 441- 462.

Reynolds, A.J. (1989), A structural model of first-grade outcomes for an urban, low socioeconomic status, minority population, *Journal of Educational Psychology*, 81, 594-603.

Reynolds, A.J. & Bezrucko, N. (1993), School adjustment of children at risk through fourth grade, *Merrill-Palmer Quarterly*, 39, 457-480.

Reynolds, C.R., Wright, D. & Dappen, L. (1981), A comparison of the criterion-related validity (academic achievement) of the WPPSI and the WISC-R, *Psychology in the School*, 18, 20-23.

Russell, A. (1991), Parental role conceptions associated with preschool envolvement, *American Journal of Community Psychology*, 7, 425-440.

Rutter, R.M. (1985), Family and school influences on cognitive development, *Journal of Child Psychology and Psychiatry*, 26, 683-704.

Scardamalia, M. & Bereiter, C. (1985), Fostering the development of self-regulation in children's knowledge processing, In S.F. Chipman, J.W. Segal & R. Glaser (Eds.), *Thinking and learning skills*, Vol. 2 : *Current research and open questions* (pp. 563-577), Hillsdale, N.J. : Lawrence Erlbaum.

Short, E.J. (1992), Cognitive, metacognitive, motivational, and affective differences among normally achieving, learning-disabled, and developmentally handicapped students : How much do they affect school achievement?, *Journal of Clinical Child Psychology*, 21, 229-239.

Sigel, I.E. (1979), On becoming a thinker, a psychoeducational model, *Educational Psychologist*, 14, 70-78.

Sigel, I.E. (1993), The centrality of a distancing model for the development of representational competence, In R.R. Cocking, K.A. Renninger et al. (Eds.), *The developmental meaning of psychological distance* (pp. 141-158), Hillsdale, NJ : Erlbaum.

Sigel, I.E. & Cocking, R.R. (1977), Cognition and communication : A dialectic paradigm for development, In M. Lewis & L.A. Rosemblum (Eds.), *Interaction, conversation, and the development of language* (pp. 207-226), New York : John Wiley.

Sigel, I.E. & Saunders, R.A. (1983), On becoming a thinker : An educational preschool program, *Early Child Development and Care*, 12, 39-65.

Sigel, I.E., Stinson, E.T. & Kim, M.I. (1993), Socialization of cognition : The distancing model, In R.H. Wozniak, K.W. Fisher et al. (Eds.), *Development in context : Acting and thinking in specific environments*, The Jean Piaget Symposium series (pp. 211-224), Hillsdale, NJ : Erlbaum.

Tremblay, R.E., Desmarais-Gervais, L., Gagnon, C. & Charlebois, P. (1987), The Preschool Behavior Questionnaire : Stability of its factor structure between cultures, sexes, ages and socioeconomic classes, *International Journal of Behavioral Development*, 10, 467-484.

Tremblay, R.E., Masse, B., Perron, D., LeBlanc, M., Schwartzman, A.E. & Ledingham, J.E. (1992), Early disruptive behavior, poor school achievement, delinquent behavior, and delinquent personality : Longitudinal analyses, *Journal of Consulting and Clinical Psychology*, 60, 64-72.

Tremblay, R.E., Vitaro, F., Gagnon, C., Piché, C. & Royer, N. (1992), A prosocial scale for the Preschool Social Behavior Questionnaire : Concurrent and predictive correlates, *International Journal of Behavioral Development*, 15, 227-245.

Verlaan, P., Dumas, J. & Beaudin, L. (1992), Les désordres de la conduite : caractéristiques et trajectoires de leur développement, *Revue Canadienne de Psycho-éducation*, 21(2), 133-144.

Vitaro, F., Tremblay, R.E. & Gagnon, C. (1992), Adversité familiale et troubles du comportement au début de la période de fréquentation scolaire, *Revue Canadienne de Santé Mentale Communautaire*, 11(1), 45-62.

Wentzel, K.R. (1993), Does being good make the grade ? Social behavior and academic competence in middle school, *Journal of Educational Psychology*, 85, 357-364.

Wentzel, K.R. (1994), Family functioning and academic achievement in middle school : A social emotional perspective, *Journal of Early Adolescence*, 14, 268-291.

Wentzel, K.R., Weinberger, D.A., Ford, M.E. & Feldman, S.S. (1990), Academic achievement in preadolescence : The role of motivational, affective, and self-regulatory processes, *Journal of Applied Developmental Psychology*, 11, 179-193.

Werry, J.S., Reeves, J.C. & Elkind, G.S. (1987), Attention deficit, conduct, oppositional, and anxiety disorders in children : I. A review of research on differentiating characteristic, *Journal of the American Academy of Child & Adolescent Psychiatry*, 20, 133-143.

White, K.R. (1982), The relation between socioeconomic status and academic achievement, *Psychological Bulletin*, 91, 461-481.

Willms, J.D. & Jacobsen, S. (1990), Growth in mathematics skills during the intermediate years : Sex differences and school effects, *International Journal of Educational Research*, 14, 157-174.

Zimmerman, B.J. (1989), A social-cognitive view of self-regulated academic learning, *Journal of Educational Psychology*, 81, 329-339.

Zimmerman, B.J. (1990), Self-regulating academic learning and achievement : The emergence of a social cognitive perspective, *Educational Psychology Review*, 2, 173-201.

5

Apports de l'expertise médico-psychologique à l'évaluation des cas de jeunes délinquants et de leur famille

Dr. Maurice Korn [1]

En étudiant une série d'expertises médico-psychologiques demandées par le juge et portant sur de la délinquance juvénile acquisitive et/ou agressive (la délinquance sexuelle exclusive étant exclue de l'étude), on a le sentiment que cette demande est ambiguë.

En effet, cette expertise vient tardivement, alors que le délinquant est déjà âgé de 16-17 ans, qu'une délinquance stéréotypée est déjà installée et que, très souvent, plusieurs placements en home ou en IPPJ (Institution publique de protection de la jeunesse) ont déjà eu lieu. A titre indicatif, cette fréquence de placement, très faible dans l'enfance (5%) atteint 79% de l'échantillon, à l'adolescence, « l'éducation » du jeune étant assurée de façon presque permanente, en home ou IPPJ, dans 24% des cas.

---

1. Neuropsychiatre, Directeur honoraire du Centre Liégeois d'Interventions Psycho-Sociales, Maître de conférences à l'Université de Liège, Chargé de cours à l'Université de Mons-Hainaut.

La question est soulevée de savoir si l'expertise de grands adolescents délinquants ne sert pas avant tout à éviter ou à faciliter le « dessaisissement » [2] du juge et donc à réguler un débat entre le Parquet et le Juge. On peut également croire que le tribunal, ayant joué le rôle d'un substitut parental, entend se déculpabiliser à la veille de la majorité du jeune.

Ne faudrait-il pas utiliser ces expertises beaucoup plus tôt, afin d'éclairer la dynamique entre les familles, les logiques de placement et le travail réalisé par le personnel de ces lieux de placement ?

L'échantillon

L'échantillon comporte 42 expertises médico-psychologiques demandées par les juges de la jeunesse de Liège et Huy et portant sur de la délinquance juvénile (champ dit du « protectionnel »). Les garçons dominent l'échantillon (88%), de même que le lieu de naissance est la Belgique, dans 86% des cas.

Les sujets présentant uniquement des infractions à caractère sexuel n'ont pas été repris dans l'étude, du fait que d'autres communications étudiaient plus spécifiquement ce type de problématique et d'autant que ces passages à l'acte sexualisés de l'adolescence sont encore vus, par certains auteurs, comme des anomalies du développement psycho-sexuel et de la personnalité qu'ils refusent alors de considérer comme d'authentiques actes d'abus sexuels.

Même si l'échantillon ne reflète que des observations localisées surtout dans la région liégeoise ou hutoise dont sont originaires les expertisés, il nous a paru intéressant d'établir des constatations descriptives et quelques croisements de données [3].

---

2. Art. 38 de la loi du 08.04.65 de protection de la jeunesse, permettant au juge de renvoyer une affaire au ministère public aux fins de poursuite devant la juridiction compétente, pour des faits infractionnels commis par un mineur de plus de 16 ans, dès lors que le juge a estimé qu'une mesure de garde, de préservation ou d'éducation était inadéquate.

3. Chi carré (Pearson) avec seuil significatif à .05.

Notons d'emblée que la motivation de la demande d'expertise est ambiguë car elle survient tardivement, alors que le délinquant est déjà âgé de 16-17 ans dans près de 80% des cas, qu'une délinquance stéréotypée est déjà installée et que, très souvent, plusieurs placements en home ou en institution publique de protection de la jeunesse (IPPJ) ont déjà eu lieu.

Les items suivants ont été explorés [4].

- Dans la cellule parentale : pour chaque parent : informations personnelles, statut professionnel, origine des revenus, événements judiciaires, événements médico-psychologiques, institutionnalisations, contacts avec les circuits d'assistance sociale ou avec les circuits de contrôle judiciaire.

- Pour le jeune étudié : sa position dans la fratrie et divers items relatifs à l'enfance et à l'adolescence comme les éléments médicaux individuels, les personnes ayant assuré son éducation, la qualité de ce contexte affectif, la scolarité, les assuétudes (à l'adolescence).

- Pour la commission des faits : le type de délinquance, le *modus operandi*, l'âge au début des faits, la fréquence de ceux-ci, l'adjonction éventuelle de produits, le fait d'agir seul ou à plusieurs, le degré de reconnaissance des faits.

- Pour l'expertise, plus spécifiquement : le type de structure psychologique mis en évidence par l'expert, le pronostic éventuellement énoncé, les contacts du jeune avec sa famille au moment de l'examen.

---

4. Nous nous sommes basés, en partie, sur les items élaborés par P. Thys, Chargé de cours à l'Université de Liège, dans sa thèse de doctorat en psychologie sur l'Aide judiciaire imposée : modélisation du travail psycho-social avec les délinquants, U.Lg, 1992-93.

A. Nature des faits et types de placements

Faits qualifiés infractions	Fréquence	Pourcentage
Vols + violences sur personnes	13	30,9
Violences sur les personnes	5	11,9
Dégradations + vols + violences sur personnes	3	7,1
Dégradations + violences sur personnes	2	4,75
Dégradations + vols + incendie + violences sur personnes	1	2,4
Dégradations + violences + atteintes sexuelles	2	4,75
Violences avec mort d'homme	2	4,75
Vols + incendie + mort d'homme	1	2,4
Vols + violences + stupéfiants + menaces de mort	1	2,4
Violences sur personne + viol	1	2,4
Vols + atteintes sexuelles	1	2,4
Vols	4	9,5
Dégradations + vols	2	4,75
Vols + menaces de mort	1	2,4
Menaces de mort	1	2,4
Stupéfiants	1	2,4
Stupéfiants + dégradations	1	2,4
Total	42	100,0

Ce tableau met en évidence l'importance des violences sur les personnes (dans 34 des cas, soit 81% de l'échantillon).

Parmi ces violences, il y a mort d'homme dans 3 cas (7%) : une fois, seul, à coups de pierre, pour assurer un vol ; les deux autres fois à 2 ou 3, à coups de poing ou de bâton, pour assurer des vols et avec incendie surajouté dans un des cas, afin d'effacer toute trace.

Le début de ces divers faits de délinquance (tabl. 2) est nettement prédominant vers 14-15 ans mais la demande d'expertise ne survient généralement qu'après la commission de nombreux délits étalés sur 2 ou 3 années.

Age de début des faits		
	Fréquence	Pourcentage
10	1	2.4
11	2	4.8
12	2	4.8
13	3	7.1
14	11	26.2
15	17	40.5
16	3	7.1
17	3	7.1
Total	42	100.0

Par ailleurs, ces faits dommageables à autrui entraînent, à l'adolescence, de très nombreux placements dont l'utilité mériterait d'être évaluée, quand on sait la difficulté de donner sens aux diverses sanctions pénales [5]. Ces placements, très faibles dans l'enfance (de l'ordre de 5%) et non liés à des infractions, atteignent, à l'adolescence et en rapport avec la délinquance agie, 78.5% de l'échantillon, ces lieux de placement devenant, dans près d'un quart des cas, le milieu « éducatif » du jeune pour quelques années [6].

Conséquences des divers faits		
	Fréquence	Pourcentage
Rien ou suivi par le service d'aide à la jeunesse (SAJ)	3	7.1
Placement(s) en home uniquement	2	4.75
Placement(s) en institut médico-pédag. (IMP) ou en hôpital psychiatrique (H.P.)	1	2.4
Placement(s) en IPPJ + IMP ou H.P.	1	2.4

5. F. Digneffe, Les jeunes et la loi pénale : les significations de la sanction pénale à l'adolescence, *In Revue de droit pénal et de criminologie*, 74, 7-8, 825-839 (1994).

6. On lira avec intérêt la contribution historique et comparative de F. Dünkel sur « La privation de liberté à l'égard des jeunes délinquants : tendances actuelles dans le cadre d'une comparaison internationale », *In Justice et jeunes délinquants*, Actes de la journée d'étude organisée en hommage à Lucien Slachmuylder, Bruxelles, Bruylant, 1989.

Placement(s) en IPPJ uniquement	8	19
Placement(s) en home et en IPPJ	12	28.6
T.I.G. + placement(s) en home	2	4.75
Placement(s) en IPPJ + prison	4	9.5
Placement(s) en IPPJ + home + prison	3	7.1
Placement(s) en home + prison	1	2.4
Prison uniquement	2	4.75
T.I.G. + prison	2	4.75
Arrestation de quelques heures	1	2.4
Total	42	100.0

L'emprisonnement est pratiqué chez 12 des 42 cas, soit dans près de 29% des cas : ainsi la prison reste utilisée comme lieu de placement momentané ou comme lieu de répression au regard des infractions commises, mais sûrement pas selon le principe d'une *ultima ratio*. On peut s'interroger sur le bien fondé de cette mesure qui, de toute façon, ne peut légalement dépasser les 15 jours en Belgique et qui pourrait trouver son origine dans un manque de logistique aboutissant forcément à cette option d'urgence.

En regroupant les variables relatives à la nature des faits (atteintes aux personnes versus atteintes aux biens exclusivement) et en les croisant avec les conséquences des faits elles-mêmes regroupées (mesures d'accompagnement sans placement versus placement en home ordinaire uniquement versus placement en home d'éducation surveillée), aucune corrélation significative n'est relevée. Ceci semble conforter l'hypothèse que les différents types de placement ne sont pas uniquement dépendants des délits accomplis et relèvent d'autres logiques concomitantes.

B. Familles et éducation

Si on considère la position dans la fratrie, 7 délinquants sont enfants uniques (16%) mais le délinquant est le premier-né dans 17 cas, soit dans 40.5 % de l'échantillon, et les 3 premiers enfants de la fratrie couvrent près de 86% de l'échantillon. Nous avions déjà observé, dans d'autres études sur des meurtriers adultes ou sur des auteurs de délits sexuels [7], le poids qui semble peser sur les premiers-nés ; cette donnée demande confirmation : la névrose familiale ou le déséquilibre familial pèseraient-ils davantage sur les 2-3 premiers enfants de la fratrie ? On restera prudent dans la tendance énoncée car de nombreuses familles « reconstituées » entraînent en fait une modification dans l'ordre de la fratrie [8].

Au niveau de la fratrie du délinquant, le facteur toxicomaniaque semble légèrement émerger, avec un usage des drogues dures dans 9.5 % des cas, dont une overdose mortelle. Une délinquance acquisitive y est également relevée, dans 7% des cas.

Mais ce sont les carences affectives qui sont nettes, dès l'enfance et nettement aggravées à l'adolescence, ce qui pose problème quant à la construction identitaire de cette population essentiellement masculine. Ce contexte affectif de l'enfance n'est favorable que dans 1/3 des cas (33%).

Dans l'enfance, les carences (2 familles sur 3) sont faites de rejet, d'indifférence, voire d'abandon du jeune (soit dans 38% des cas de l'enfance), de même que de sévices physiques (11.9 %) et de sévices moraux (16.7 %). A l'adolescence, ces chiffres déjà inquiétants s'élèvent encore, à un moment où les sentiments de révolte couplés aux tentatives d'individualisation de l'adolescent doivent susciter en retour d'autres rejets de la part des adultes. Les conditions favorables n'y sont plus représentées que dans 12% des cas, alors que les paramètres cumulés « rejet + indifférence + abandon » concernent alors 73.8 % des cas, et que les paramètres « sévices physiques et moraux » concernent 11.9 % des cas.

---

7. M. Korn, Meurtriers d'aujourd'hui : un regard de psychiatre-expert, *Revue de droit pénal et de criminologie*, 9-10, 909-920 (1997) et M. Korn, Suivis d'abuseurs sexuels en centre de santé mentale, *In* Actes du Congrès international « *Abuseurs sexuels : quelles solutions possibles* ? » (organisateurs : AIGS - CEDS - U.Lg), Liège, Palais des Congrès, 25 et 26 avril 1997.

8. G. Ausloos, Nouvelles formes de la famille : la place du père, *Thérapie familiale*, (Genève), 19, 2, 85-94 (1998).

Contexte affectif pendant l'enfance et l'adolescence				
	Enfance		Adolescence	
	Fré-quence	%	Fréquence	%
Sans particularité	13	31.0	5	11.9
Surprotection	1	2.4	0	0.0
Surprotection et rejet	0	0.0	1	2.4
Rejet	8	19.0	19	45.2
Indifférence	6	14.2	10	23.8
Rejet + indifférence	0	0.0	1	2.4
Abandon	2	4.8	1	2.4
Sévices physiques seuls	5	11.9	4	9.5
Sévices sexuels	0	0.0	0	0.0
Sévices moraux seuls	7	16.7	0	0.0
Sévices physiques + moraux	0	0.0	1	2.4
Total	42	100.0	42	100.0

C'est dans le recueil des données parentales que les items manquent le plus mais on peut imaginer en partie l'origine des carences affectives quand on sait que le père est inconnu dans 12% des familles étudiées et qu'il décède durant l'enfance du jeune, dans 5% des cas. Parmi les pères présents ou séparés (31% à l'adolescence), l'alcoolisme est retrouvé dans 19% des cas, durant l'enfance du jeune, et dans 17%, à l'adolescence ; ces chiffres, pour les mères, sont moindres mais non négligeables pour autant : 7% de mères alcooliques, dans l'enfance, 9.5 % à l'adolescence.

C. *Modus operandi*

Les passages à l'acte sont surtout extrafamiliaux (71.4% des cas), extra- et intrafamiliaux à la fois dans 11.9% des cas ; ils sont largement dominés par des coups de poing ou de pied ou avec objet ; les coups de couteau sont retrouvés dans 4 cas, soit 9.5 %. On relève encore que cette délinquance, réalisée seul dans 71.4 % des cas et à deux dans 9.5 % des cas, s'intègre dans des comportements de groupe de copains-confidents, responsables de passages à l'acte délictueux répétitifs, dans 19% des cas, soit près de 1 fois sur 5. Ce phénomène de groupe peut résulter d'un effet stimulant exercé sur ses personnalités les plus influençables, elles-mêmes à la recherche de satisfactions égoïstes. On rappellera utilement, à ce propos, les écrits de Mucchielli [9] : « la bande parachève le désengagement individuel chez les garçons ».

Par ailleurs, ces faits délictueux sont reconnus par leurs auteurs dans 95% des cas, souvent avec minimisation et, curieusement, ce sont les familles qui se montrent sceptiques à l'égard des agissements de leurs jeunes.

D. Assuétudes, auto-agression et structure psychologique

Les assuétudes ont été étudiées et doivent refléter en partie l'accroissement des consommations chez les jeunes en général. Mais les chiffres relatifs à ces jeunes délinquants sont élevés : presque tous fumeurs (près de 80%), ces jeunes s'alcoolisent parfois (40% des cas) mais sont rarement buveurs réguliers (2.4 % des cas). Ils consomment par contre des drogues douces, sporadiquement pour 16.7 % d'entre eux, régulièrement pour 7.1 % d'entre eux ; les drogues dures, quant à elles, sont consommées dans 7.1 % des cas. Ces chiffres montrent assurément qu'il serait bon d'étudier quel type de prévention doit viser cette population.

On notera toutefois que la majorité des passages à l'acte délictueux se font sans l'adjonction de produits (83.3 % des cas) mais que l'addition de produits (alcool ou drogues douces ou stupéfiants) semble gagner du terrain (16.7 %).

Adjuvants lors des passages à l'acte	Fréquence	Pourcentage
Rien de mentionné avec certitude	35	83.3
Boissons alcoolisées à coup sûr	3	7.1
Drogues douces	2	4.8
Stupéfiants	2	4.8
Médicaments	0	0.0
Total	42	100.0

9. R. Mucchielli, *Comment ils deviennent délinquants. Genèse et développement de la socialisation et de la dissocialité*, Paris, ESF, 1977, 220 p.

Les tentatives de suicide sont très faiblement représentées, à peine 5% de l'échantillon, probablement parce que les passages à l'acte hétéro-agressif constituent l'exutoire privilégié aux tensions intérieures, mais la voie psychosomatique (migraines, asthme...) est largement utilisée (21.4 % des cas).

L'étiquetage de structures psychologiques chez de jeunes délinquants dépend de la formation psychologique de l'expert et donc de l'une ou l'autre école à laquelle il entend éventuellement se rattacher, d'autant que la personnalité de l'adolescent est toujours en formation. Mais, l'expertise étant sollicitée tardivement, dans près de 80% des cas, pour une délinquance répétitive ayant débuté vers 14-15 ans (voir tabl. 2 en page 4 cidessus), certains traits de personnalité sont tout à fait repérables et il ne semble pas tellement audacieux de tenter de cibler une structure psychologique ou du moins son ébauche.

C'est la structure pré-psychopathique qui domine nettement (45.2 % des cas), avec sa propension à faire durer et proliférer l'activité délictueuse jusque dans l'âge adulte ; elle est suivie par celle des carencés affectifs (16.7 %) puis par les problématiques narcissiques et borderlines (11.9 %).

Structures psychologiques		
	Fréquence	Pourcentage
Pré-psychopathes	19	45,2
Grands carencés affectifs	7	16,6
Borderlines ou problèmes narcissiques	5	11,9
Psychotiques évolutifs	2	4,8
Névrotiques	3	7,1
Déséquilibre à tendances perverses	1	2,4
Déséquilibre avec toxicomanie	1	2,4
Déséquilibre avec alcoolisme	1	2,4
Débilité mentale légère	1	2,4
Relativement normal	1	2,4
Cérébrolésé	1	2,4
Total	42	100,0

Sans entrer dans une discussion sur la rééducation ou la réinsertion sociale, on ne peut pas ne pas évoquer ici les revendications récentes des équipes de soins des institutions publiques de protection de la jeunesse (IPPJ) qui, confrontées à ce type de population pour lesquelles elles sont peu formées, verraient bien une augmentation du nombre de lits « fermés » pour certains jeunes délinquants violents, voire la mise sur pied d'établissements spécialisés pour délinquants trop difficiles.

En regroupant les variables relatives à la structure psychologique (névrosés et légers déséquilibres versus troubles du narcissisme, borderlines, psychotiques et grands carencés versus structures pré-psychopathiques versus débiles et cérébrolésés) et en les croisant avec les variables relatives aux faits commis, aucune corrélation significative n'est relevée, ce qui conforte l'hypothèse qu'à cet âge, la structure de personnalité n'a pas de lien significatif avec la nature des faits commis.

De même le croisement des catégories de structures psychologiques (structures largement inconnues des magistrats au moment des placements) avec les divers types de placement n'apporte pas non plus, *a posteriori*, de corrélation significative : les logiques du placement sont à chercher ailleurs.

Enfin, soulignons que la psychose débutante est parfois méconnue ; si elle ne représente qu'à peine 5% des cas de l'échantillon, elle est souvent ignorée par plusieurs intervenants malgré un tableau sémiologique assez interpellant et pas seulement comportemental ; la formation clinique mériterait d'être renforcée, à cet égard.

Conclusion

a) L'étude systématique d'un échantillon de 42 expertises de la région liégeoise et hutoise met en lumière le recueil de nombreuses données qui ne manquent pas d'intérêt, tant en ce concerne le jeune qu'en ce qui concerne son environnement familial et le type de délinquance observée.

On est frappé par l'importance des carences éducatives et affectives (qui semblent constituer un « tronc commun » de divers désordres futurs [10]), de même que par la fréquence élevée de certaines structures ou pré-structures psychologiques, le profil pré-psychopathique s'y taillant une large place de 45% des cas, à côté des grands carencés affectifs et des problématiques narcissiques ou borderlines. Et même en considérant que la structure pré-psychopathique ou psychopathique puisse être une construction intellectuelle, on se trouverait néanmoins face à une constellation temporaire de traits de personnalité appelés, sur le plan de la délinquance, à servir de moteur à une carrière adulte de déviance prolongée.

Contrairement à l'opinion du public, la toxicomanie aux drogues dures y est peu présente ; par contre, la tendance aux alcoolisations est nette (dans 43% des cas), même si l'alcool n'est impliqué que dans 7% des faits délictueux, selon les déclarations des délinquants eux-mêmes : il s'agit davantage, à ce stade, d'un problème de santé publique.

b) Quant au moment de la demande de réalisation de ces expertises, deux hypothèses sont soulevées, qui pourraient être cumulatives :

- soit l'expertise de grands adolescents délinquants ne sert qu'à éviter ou à faciliter le « dessaisissement » du juge et donc à réguler un débat entre le Parquet et le Juge. Mais dans ce rôle attribué à l'expert, ce dernier dispose-t-il des éléments lui permettant de faire pencher la balance dans un sens ou dans l'autre, à savoir que des mesures éducatives doivent être prolongées en raison du caractère inachevé et toujours irresponsable de la personnalité du grand délinquant, ou alors que le jeune dispose de la maturité suffisante pour assumer sa vie et donc sa responsabilité pénale immédiate, avec toute la charge sociale stigmatisante que comporte ce statut de majeur avant la lettre ;

- soit le tribunal, qui joue le rôle d'un substitut parental, finit par réagir comme un parent et, à la veille des 18 ans du jeune,

10. C. Eperlbaum, Maltraitance et sévices à enfant (hors abus sexuels), *Encycl. Méd. Chir.* (Elsevier, Paris), Psychiatrie, 37-204-H-15, 1999, 7 p.

entend dresser un bilan plutôt défensif de la situation, quelle qu'elle soit, pour justifier dans un sens favorable ses diverses interventions antérieures.

D'où la question : ne faudrait-il pas utiliser ces expertises beaucoup plus tôt dans le cursus de ces jeunes délinquants, afin d'éclairer, *in tempore non suspecto*, la dynamique entre les familles, les logiques de placement et le travail réalisé par le personnel de ces lieux de placements ?

Références bibliographiques

Le Blanc, M. (1995), « Le développement de la conduite délictueuse chez les adolescents : de la recherche fondamentale à une science appliquée », *Revue internationale de criminologie et de police technique*, 48, 2, 167-186.

Tremblay, R.E. (1998), « Comprendre et favoriser le développement des enfants (pour changer le monde) », *Revue internationale de criminologie et de police technique et scientifique*, 2, 131-139.

Thys, P. (1998), *La pratique de la liberté surveillée. Eléments de méthodologie dans l'aide judiciaire imposée aux délinquants*, Paris, L'Harmattan, 305 p.

6

Le rôle de la fratrie dans le développement des conduites délinquantes

Jacqueline Spitz [1]

Introduction

La famille nucléaire des jeunes délinquants et des criminels suscite l'intérêt des chercheurs et des cliniciens depuis de nombreuses années. L'étude menée par S. et E. Glueck (1950) est le point de départ d'une longue tradition de recherches, qui se sont centrées avant tout sur les facteurs susceptibles d'accroître la probabilité d'apparition des conduites déviantes. Des carences éducatives dans les familles des délinquants sont identifiées en même temps qu'une inadaptation sociale plus large de la famille.

La faiblesse de l'attachement, la négligence, l'absence de vigilance, le rejet, l'inconsistance des mesures disciplinaires sont autant de facteurs déjà identifiés par S. et E. Glueck (1950). La faiblesse du contrôle social formel et informel exercé par la

---

1. Licenciée en psychologie, Chercheure au service de psychologie de la délinquance et du développement psychosocial, Université de Liège.

famille est également décrite comme un facteur de risque dans la mesure où elle empêche la création d'un lien de l'enfant à la société et entraîne son désengagement par rapport aux institutions sociales (Sampson et Laub, 1993). Ce contrôle social de la famille repose sur trois dimensions qui facilitent l'établissement d'un lien protecteur entre l'enfant et ses parents : l'attachement, la supervision (la connaissance des activités et des amis du jeune) et la discipline (existence de règles de conduite et de normes). Des modèles de communication problématiques et moins ouverts constituent également des caractéristiques du milieu familial des jeunes délinquants (R.D. Clark et G. Schields, 1997). Ils sont en effet des indicateurs des processus de décision, des règles et des rôles en vigueur dans le système familial, du niveau de cohésion de celui-ci.

Dans cette longue tradition de recherche, les préoccupations se sont centrées sur les interactions entre l'enfant ou l'adolescent et ses parents, sur les aptitudes éducatives de ces derniers. Un élément du système familial a suscité peu d'intérêt chez les chercheurs : il s'agit de la fratrie. Les recherches s'intéressant aux relations au sein de la fratrie, à l'impact de la fratrie sur la déviance du jeune sont relativement récentes.

La délinquance dans les fratries

Les premières recherches en la matière ont examiné les relations dans la fratrie en vue de mettre en évidence des caractéristiques de la fratrie et de permettre une meilleure compréhension de la dynamique familiale. Elles se sont centrées essentiellement sur des caractéristiques de la fratrie elle-même ou des relations : la taille de la fratrie, le rang du sujet au sein de celle-ci, les écarts d'âge entre les membres, la qualité de la relation, les rôles de chaque membre dans le système familial (K.J. Conger et R.D. Conger, 1994).

Par contre, la question cruciale de « l'effet fratrie » n'a été discuté que très récemment (Rowe et Gulley, 1992). Cet « effet fratrie » doit être entendu dans ses deux perspectives : d'une part l'effet direct d'un membre de la fratrie sur un autre, et d'autre part l'influence d'un réseau de pairs dans lequel deux membres d'une même famille sont impliqués. Cette question a toute son importance dans la mesure où elle constitue une variante de l'influence des pairs du même âge, où des mécanismes d'imitation et de récompense sociale interviennent dans les influences mutuelles au-delà des dimensions affectives de la relation.

En matière de délinquance, « l'effet fratrie » consiste en un effet indirect sur l'évolution du jeune (Rowe et Gulley, 1992). La corrélation entre d'une part une relation chaleureuse au sein de la fratrie et la délinquance et, d'autre part, le contact avec des amis communs et la délinquance est très faible. Cet "effet fratrie" est actif parce que l'existence d'une relation chaleureuse, d'amis communs dans la fratrie suscite la mise en œuvre de processus qui sont absents dans les fratries dont les membres sont émotionnellement distants les uns des autres ou n'ont pas d'amis communs. Dans les fratries où les contacts mutuels sont chaleureux et où des amis communs existent, il y a un renforcement des tendances mutuelles envers la conformité ou la déviance, tendances qui dépendent des prédispositions comportementales de chacun. La déviance importante d'un membre plus âgé de la fratrie augmente celle d'un plus jeune par le biais d'un processus d'influence sociale et d'imitation. La présence d'une fratrie relativement conforme tendrait par contre à décourager le comportement délinquant des autres membres de la fratrie. Cette tendance est renforcée dans les fratries de même sexe par rapport aux fratries composées de membres des deux sexes (Rowe et Farrington, 1997).

Les particularités de la délinquance féminine

La délinquance féminine nécessite toujours une attention particulière, dans la mesure où sa forme, sa gravité et les facteurs explicatifs conservent des spécificités par rapport à la délinquance masculine. Il en est de même lorsqu'il s'agit d'examiner les relations familiales des jeunes délinquantes et des criminelles.

Chez les adolescentes, la délinquance statutaire est la plus fréquente et les autres types de faits (vols, agressions,...) apparaissent le plus fréquemment dans des contextes de fuite de situations familiales extrêmement difficiles, surtout lorsqu'il y a une absence de soutien des autres personnes de l'entourage proche qui auraient pu leur venir en aide. Les délits deviennent des moyens d'assumer leur départ de la famille et ont ainsi une fonction économique. La plupart du temps, les adolescentes délinquantes jouent un rôle actif dans l'élaboration et la réalisation de l'acte, et elles le commettent en compagnie de pairs.

Dans les situations de délinquance féminine, on retrouve plutôt une détérioration du contexte de vie, ce qui est différent de la délinquance masculine (K. Fejes-Mendoza and all, 1995). Ainsi, les jeunes délinquantes rencontrent des difficultés dans la relation à la mère, sont l'objet d'une relative indifférence de la part des membres de la famille, ont une expérience de victimisation au niveau physique, sexuel ou émotionnel. Leurs parents présentent une problématique alcoolique ou toxicomaniaque, les mères connaissent elles-mêmes des expériences de victimisation (y compris abus dans leurs relations avec les hommes).

Un haut niveau de conflit avec la mère et les adultes féminins de manière générale, la répétition d'expériences d'abus et une fratrie ayant un rôle de modèle criminogène (K. Fejes-Mendoza and all, 1995) constituent des spécificités de l'entourage des jeunes délinquantes. L'échec répétitif dans les relations avec les adultes féminins est un facteur discriminatif de l'histoire de ces délinquantes, et il mène le plus souvent à un processus de dépendance.

La recherche exposée ci-après interroge la qualité de la relation d'adolescentes délinquantes avec leur famille et plus particulièrement avec leur fratrie, à la lumière du mode d'interaction et d'organisation de la famille. Cette recherche clinique et exploratoire propose de mettre en évidence des particularités du rôle de la fratrie en fonction du type de famille dans lequel elle s'inscrit.

Le cadre de la recherche

La population sur laquelle porte cette recherche est constituée de 25 adolescentes délinquantes, âgées de 14 à 17 ans, qui ont fait l'objet d'une mesure de placement dans un centre d'hébergement de la région liégeoise pendant une période minimale de trois mois. Il faut entendre par « adolescentes délinquantes » des adolescentes ayant commis des faits qualifiés infractions avant et pendant la période d'hébergement dans le centre, faits pour lesquels il y a au moins eu une intervention de police. La période de trois mois est apparue comme le temps minimum pour avoir une connaissance suffisamment complète de la situation familiale et avoir pu observer les relations de l'adolescente avec ses parents, sa fratrie, ses pairs et les adultes en général. Les données sont issues des dossiers de ces jeunes, ainsi que des observations et des entretiens réalisés au cours de la période de placement.

La systématisation des données s'est articulée à la fois autour d'éléments reflétant l'état actuel des connaissances en matière de délinquance et autour de dimensions permettant de décrire l'environnement familial. La description de l'environnement familial s'appuie sur les dimensions retenues par R.H. Moos et B. S. Moos dans la *Family Environment Scale* (1976).

Ainsi, les analyses des données prennent en compte les caractéristiques familiales suivantes :
- le degré d'attachement au sein de la famille et la qualité de cet attachement (acceptation, rejet, identification, affection…) ;
- le degré de supervision des parents, c'est-à-dire la connaissance des activités, des endroits de sortie, des pairs fréquentés… ;
- le degré de cohésion dans la famille, c'est-à-dire la mesure dans laquelle les membres de la famille sont concernés et engagés dans la famille et le degré selon lequel ils constituent un soutien pour les autres ;
- le degré de conflit, c'est-à-dire la mesure dans laquelle l'expression ouverte de colère et d'agressivité et, de manière plus large, les interactions conflictuelles, sont caractéristiques de la famille ;

- l'expression, c'est-à-dire la mesure dans laquelle les membres de la famille sont autorisés et encouragés à agir ouvertement et à exprimer leurs sentiments directement ;
- l'organisation, c'est-à-dire la mesure dans laquelle l'ordre et l'organisation sont importants dans la famille, en termes de structuration des activités familiales, de planning financier, ainsi que le formalisme dans les règles et les responsabilités ;
- le contrôle, c'est-à-dire la mesure dans laquelle la famille est organisée de manière hiérarchique, les membres de la famille se donnent une place précise, ainsi que la rigidité des règles et procédures dans la famille ;
- l'indépendance, c'est-à-dire la mesure dans laquelle les membres de la famille sont encouragés à être sûrs d'eux-mêmes, débrouillards, à prendre leurs propres décisions et à penser les choses par eux-mêmes ;
- la capacité de réalisation, c'est-à-dire la mesure dans laquelle les différents types d'activités (école, travail...) sont envisagés dans le sens de la réalisation de soi ou dans un cadre compétitif.

La description des interactions avec la fratrie fait référence à deux dimensions :
- une relation affective chaleureuse : intimité, comportement prosocial, camaraderie et admiration de la fratrie (partager, coopérer, jouer, avoir du bon temps) ;
- une relation conflictuelle : dispute, opposition, rivalité, conflit.

Description de la population

Age des adolescentes

Age	14 ans	15 ans	16 ans	17 ans
Fréquence	4	7	10	4

Activité délictueuse

L'activité délictueuse des adolescentes est une activité relativement étalée dans le temps, la fréquence en est moyenne et toutes les catégories de délits se retrouvent dans le parcours de la plupart d'entre elles (délinquance statutaire, c'est-à-dire absentéisme scolaire, fugue…, vandalisme, vol, actes de violence, détention et vente de drogue). Remarquons que les actes de violence, signes d'une délinquance plus grave, sont perpétrés par 11 adolescentes, c'est-à-dire à peu près la moitié de l'échantillon. Ces actes ont été commis soit par l'adolescente seule soit avec des pairs, plus rarement avec des membres de la famille.

Structure familiale

Parents ensemble	Parents séparés	Mère décédée	Père décédé	Parents décédés	Parents adoptifs
5	12	1	3	1	3

Taille de la fratrie

1 enfant	2 enfants	3 enfants	4 enfants	5 enfants	6 et plus
2	7	5	5	2	4

Rang dans la fratrie

Enfant unique	aînée	Cadette	Milieu de la fratrie
2	7	6	10

Neuf fratries comptent des membres délinquants autres que l'adolescente concernée par l'étude et onze fratries ne comptent pas d'autres éléments délinquants.

Les résultats

La lecture des éléments descriptifs concernant les familles des adolescentes délinquantes, à savoir la composition, la structure familiale, la taille de la fratrie et le rang dans la fratrie n'apporte guère d'information pertinente, d'information qui permette de les distinguer entre elles et par rapport à la population générale. Ces observations s'inscrivent dans la lignée des recherches récentes qui soulignent l'influence très secondaire de la structure familiale dans la délinquance. La structure familiale n'aurait qu'un effet indirect sur la déviance, alors qu'elle a par contre un effet direct sur l'attachement familial, qui lui a un effet direct significatif sur la délinquance (Sampson et Laub, 1993).

L'analyse de l'organisation et la dynamique familiale, des relations entre les membres de la famille permet de décrire des configurations familiales contrastées. En effet, à la lumière des caractéristiques familiales mentionnées ci-dessus, il nous est possible de distinguer deux grands types de familles, que nous désignerons par les termes suivants :
- familles à conflits multiples ;
- familles à carences multiples.

Les familles à conflits multiples

Ce type de famille concerne les familles de 13 des 25 adolescentes (dont les trois familles adoptives). Ces familles se caractérisent par une dynamique familiale hautement conflictuelle et des interactions empreintes d'une grande rigidité. Ainsi, les conflits entre l'adolescente et ses parents sont fréquents, répétitifs et deviennent presque le seul mode de transaction entre eux. Le conflit avec la mère peut devenir particulièrement aigu aux moments où sont commis les délits. L'énergie et l'attention des parents sont mobilisées pour contrôler et sanctionner le comportement de l'adolescente, qui en retour se rebelle. Ces conflits se déroulent eux-mêmes sur un mode rigide et ne sont pas sans répercussions sur les relations avec la fratrie, dans la mesure où le climat relationnel de la famille en est imprégné.

Dans ces familles, l'expression verbale est le plus souvent superficielle, évite le registre émotionnel, comme s'il s'agissait là d'un moyen de se prémunir de nouveaux conflits. L'indépendance des membres de la famille est également assez limitée et la dépendance tend à s'instaurer dans les modes de réaction des adolescentes.

Dans la plupart des cas, on observe par contre peu de cohésion au sein de la famille, les membres ne constituent pas de véritable support l'un pour l'autre. De même, les routines de la vie quotidienne sont peu élaborées, la supervision des activités de loisirs est faible.

La scolarité est investie par les parents, elle est une valeur promue par eux comme moyen de réussite sociale. Mais, les adolescentes sont toutes engagées dans un processus de décrochage scolaire, d'opposition à l'école et ses exigences, ses limites. Dans le climat relationnel conflictuel de la famille, l'adolescente semble dépenser son énergie à s'opposer à ce qui est présenté comme une valeur. Le niveau des attentes des parents par rapport au comportement de l'adolescente varie constamment. La conformité aux attentes sociales est souvent prioritaire par rapport à la réalisation de soi.

De manière générale, aucun autre membre de la famille n'adopte de conduite délinquante. La question de la fratrie amène au constat que les adolescentes de ce groupe sont le plus souvent les aînées des fratries (avec des écarts d'âge parfois importants). La qualité de la relation entre l'adolescente et sa fratrie est souvent médiocre. Critiques mutuelles, provocations, retrait et rejet deviennent communs dans leurs interactions. Le rang d'aînée dans la fratrie la met dans une position où elle reçoit peu de support de la fratrie.

La délinquance des adolescentes de ces familles s'inscrit dans une dynamique de transgression, a valeur de symptôme. Les actes posés constituent des interpellations de la dynamique familiale. Ces adolescentes ne sont généralement pas des leaders, mais elles ont plutôt tendance à jouer un rôle de complice.

Les familles à carences multiples

Ce type de famille concerne les familles de 12 des 25 adolescentes. Ces familles se caractérisent par des carences importantes au niveau de l'attachement (et surtout de l'attachement à la mère) et au niveau de la supervision parentale. Les mères offrent peu de possibilités d'attachement, soit en raison de leur absence physique, soit en raison de problématiques personnelles compromettant la qualité de la relation (pathologie mentale, toxicomanie). Les pères sont, de manière générale, soit absents, soit peu impliqués dans l'éducation de leurs enfants. Un certain nombre d'entre eux présentent une problématique alcoolique chronique, accompagnée de violence sous l'effet de la boisson. Néanmoins, le sentiment d'appartenance à la famille est entretenu par l'existence de normes, de façons de faire caractéristiques de la famille. Les temps de loisirs sont peu structurés et les activités des adolescentes ne sont guère supervisées. Celles-ci passent de longues périodes en dehors de la famille sans que les parents ne sachent ni ce qu'elles font ni avec qui elles passent leur temps.

La scolarité comme moyen de réussite sociale est peu investie par les parents et le décrochage scolaire de l'adolescente fréquent. Outre le peu de motivation pour ce type d'activité (importance de l'absentéisme), le comportement de l'adolescente à l'école ne va pas sans poser de problème. Pour elles, c'est plutôt le règne de la débrouille que celui de la formation. Les relations de ces adolescentes avec leur entourage s'inscrivent dans une dynamique de dominant/dominé : elles cherchent à occuper par rapport à autrui une position de dominant, sont à la recherche du leadership dans les groupes de vie.

La prise en compte de l'organisation de ces familles amène à distinguer deux sous-types.

Les familles chaotiques : ce sont 5 familles pour lesquelles l'organisation se révèle assez chaotique, où peu de choses sont prévues et prévisibles, le parent étant avant tout centré sur ses propres besoins et désirs. Les relations avec la fratrie restent superficielles, peu investies et leurs rencontres parfois presque aléatoires.

Les familles « réorganisées » : ce sont 7 familles pour lesquelles l'organisation familiale est davantage présente. Si le contrôle par les parents est défaillant, il existe néanmoins une planification plus grande des activités et le sentiment d'appartenance à la famille apparaît plus clair. Une tierce personne est devenue la référence pour la famille.

Dans ce sous-type, l'observation du lien avec la fratrie trouve tout son sens. Ces adolescentes ont toutes au moins un frère aîné engagé dans une carrière délinquante, entretiennent des relations affectives importantes avec la fratrie, même lorsque les événements de vie les amènent à vivre dans des endroits éloignés ou ne favorisant pas les contacts (institution, prison…). Le frère aîné a parfois joué un rôle de protection par rapport à un père violent. Le sentiment de dépendance au sein de la famille est important.

Dans les familles à carences multiples, les deux facteurs principaux de protection contre la délinquance se révèlent absents, à savoir l'attachement et la supervision parentale. Cet état de fait laisse une place importante pour l'influence d'autres facteurs essentiels à l'adolescence : le groupe des pairs et la relation amoureuse. Chez ces adolescentes, la relation affective avec la fratrie et la relation amoureuse prennent une place plus grande dans leur évolution. Lorsqu'un frère aîné adopte lui-même un comportement délinquant, il devient un modèle déviant pour la fratrie. L'absence de balises, de modèle identificatoire conforme, laisse place aux opportunités d'apprentissage par imitation.

Conclusion

Les adolescentes délinquantes telles que décrites dans cette recherche entretiennent des relations avec la fratrie qui se révèlent très contrastées. Elles évoluent dans des contextes familiaux qui conditionnent la relation avec la fratrie, la fonction ou le rôle de celle-ci. De manière directe ou indirecte selon le cas, la fratrie semble participer à l'évolution de certains de ses membres et à leur engagement dans l'activité délinquante.

Les hypothèses et analyses amènent à caractériser l'impact de la fratrie de la manière suivante.

Dans les familles à conflits multiples, nous observons un excès de contrôle du comportement de l'adolescente par ses parents et la participation de la fratrie à la dynamique familiale conflictuelle. Par sa contribution à cette dynamique, la fratrie entretient volontairement ou non le symptôme présenté par l'adolescente. La fratrie ne remplit pas de rôle de support social, n'offre pas de lien affectif chaleureux.

Dans les familles à carences multiples, nous observons un moindre investissement des parents dans leur rôle et la fratrie, pour autant que la famille reste un tant soit peu organisée, occupe une place laissée vacante par les parents absents. La fratrie joue alors un rôle de soutien affectif important et par là peut devenir un modèle. Lorsqu'elle est un modèle déviant, elle légitime l'activité délictueuse et favorise l'apprentissage par imitation. Dans ce cas, la fratrie est susceptible d'influencer directement l'évolution de l'adolescente vers la déviance.

Ainsi, dans les deux cas, nous constatons que la relation entre l'adolescente délinquante et sa fratrie paraît ne pas seulement être un facteur de risque, mais semble surtout ne pas constituer un facteur protecteur contre la délinquance. En terme de traitement et de prévention, il apparaît donc essentiel de ne pas perdre de vue le facteur de risque potentiel ou la ressource potentielle que peut constituer la fratrie pour l'évolution de l'adolescente vers la déviance ou la conformité. Le contexte familial, la manière dont les parents exercent leur rôle créeront des conditions susceptibles de favoriser l'une ou l'autre orientation.

Références bibliographiques

Clark, R. D. & Shields G. (1997), « Family communication and delinquency », *Adolescence*, vol 32, n°125, 81-92.

Conger, K. J. & Conger R. D. (1994), « Differential parenting and change in sibling differences in delinquency », *Journal of Family Psychology*, vol 8, n°3, 287-302.

Fejes-Mendoza, K., Miller, D. & Eppler, R. (1995), « Portraits of dysfunction : Criminal, educational and family profiles of juvenile female offenders », *Education and Treatment of Children*, vol 18, n°3, 309-321.

Glueck, S. and Glueck, E. T. (1950), *Unraveling juvenile delinquency*, Cambridge, MA : Harvard University Press.

Hirschi, T. (1969), *Causes of delinquency*, Berkeley : University of California Press.

McCord, J. (1991), « Family relationships, juvenile delinquency and adult criminality », *Criminology*, vol 29, n°3, 397-417.

Moos, R. H. & Moos, B. S. (1976), « A typology of Family Social Environments », *Family Process*, vol 15, 357-371.

Rowe, D.C., Rodgers, J. L . & Meseck-Bushey, S. (1992), « Sibling delinquency and the family environment : Shared and unshared influences », *Child Development*, 63, 59-67.

Rowe, D. C. & Gulley, B.L. (1992), « Sibling effects on substance use and delinquency », *Criminology*, vol 30, n°2, 217-233.

Rowe, D. C. & Farrington, D.P. (1997), « The familial transmission of criminal convictions », *Criminology*, vol 35, n°1, 177-201.

Sampson, R. J. & Laub, J. H. (1993), *Crime in the making : pathways and turning points through life,* Harvard University Press.

Sokol-Katz, J., Dunham, R. & Zimmerman, R. (1997), « Family structure versus parental attachment in controlling adolescent deviant behavior : a social control model ». *Adolescence*, vol 32, n°125, 199-215.

Towberman, D. B. (1994), « Psychosocial antecedents of chronic delinquency », *Journal of Offender Rehabilitation*, vol 21, n°1-2, 151-164.

7

Adolescents auteurs d'abus sexuels graves : compréhension du passage à l'acte et des réponses apportées, en regard des structures familiales des abuseurs

Pierre Thys [1]

Introduction

La problématique des infractions à caractère sexuel envahit depuis plusieurs années le champ des préoccupations des praticiens du droit et des professionnels des sciences humaines. Dans un premier temps, il a semblé que le problème concernait avant tout les majeurs pénaux en tant qu'auteurs de ces crimes ou délits, tandis que les situations d'enfants et d'adolescents étaient essentiellement étudiées sous l'angle victimologique.

Il est probable que c'est sous l'effet cumulé de l'attention accrue portée aux agissements des adultes, et sous l'effet également des interventions en faveur des victimes au bénéfice

1. Docteur en psychologie, Professeur aux Universités de Liège et de Mons-Hainaut, Belgique.

desquelles ont été prises des dispositions favorisant l'expression de la souffrance, les procédures de dévoilement, l'approche plus compréhensive de la crédibilité des accusations, qu'on a vu citer en justice des adolescents suspectés d'être auteurs de faits qualifiables comme crimes ou délits en matière de mœurs. Les agressions sexuelles commises par des mineurs d'âge sur des personnes adultes, voire sur des personnes âgées, ont fréquemment été comprises comme des conduites rares, souvent à caractère pathologique. Même des aspects plus interpellants comme le viol collectif commis par des adolescents en sont restés périphériques en clinique criminologique. De façon générale, ces agressions sexuelles attribuables à des adolescents ont pu être considérées comme des actes assez rares ou parvenant en tout cas rarement en justice.

Les agressions sexuelles commises par des mineurs d'âge sur d'autres mineurs d'âge ont souvent bénéficié d'une sorte d'indulgence paternaliste, fondée sur la conviction qu'il faut que jeunesse se passe, ou selon l'hypothèse que la découverte de l'identité sexuelle à l'adolescence peut être comprise comme un phénomène assez banal, souvent transitoire, et rarement prédicteur d'une délinquance sexuelle à l'âge adulte (Hayez, 1999).

D'aucuns semblent ne pouvoir admettre l'existence du phénomène qu'en considérant ces adolescents comme d'anciens abusés sexuels répétant de façon quasi pathologique (mécanisme d'identification à l'agresseur) les agressions subies. Le caractère mécanique et le modèle déterministe qui s'appliquent à ces raisonnements laissent cependant dans l'ombre, on ne sait trop pourquoi, des observations importantes montrant que des enfants soumis à des conditions de déportation, de guerre, etc., ne deviennent pas eux-mêmes des bourreaux sadiques. Le développement plus récent du concept de résilience (voir notamment Cyrulnik et al., 1998) laisse davantage encore perplexe quant à la validité d'une hypothèse aussi réductrice sur le fonctionnement du psychisme humain, et revitalise la volonté d'observer les mécanismes de compensation, sublimation, mise à distance, etc., par lesquels l'être humain surmonte habituellement bon nombre des traumatismes que lui inflige la vie. Des auteurs comme Awad et Saunders (1991) ne confirment pas l'hypothèse d'une plus grande victimisation sexuelle précoce de ces adolescents qui abuseront eux-mêmes plus tard ; au contraire, c'est par référence à la violence physique du milieu familial que ces auteurs trouvent une plus grande fréquence d'apparition de la conduite sexuelle déviante et abusive.

D'autres auteurs (Kahn et Lafond, 1988), estiment que ces mineurs auteurs d'agressions sexuelles précoces sont des abuseurs sexuels adultes en devenir et méritent une attention préventive et curative particulière. Cette thèse semble d'autant plus pertinente qu'elle est également sous-tendue par d'autres études, rétrospectives cette fois (Vizard, Monck, Misch, 1995), qui mettent en évidence une similitude entre passage à l'acte de l'adulte et passage à l'acte de l'adolescent.

Il est peut-être utile d'appeler les choses par leur nom, tout autant pour éviter des pudeurs hypocrites de langage que pour éviter des amalgames entre des jeunes dont les niveaux de développement psychoaffectif et somatique peuvent énormément varier à l'adolescence. Un adolescent auteur d'homicide avec préméditation ne saurait être qualifié d'auteur de comportements agressifs inappropriés... Le fait délictueux, qu'il soit à dominante agressive ou sexuelle, existe en tant que tel et se trouve pénalement qualifié par le législateur, sans qu'il soit besoin d'user de périphrases pudiques, et sans que cela implique un jugement définitif sur l'auteur, sa personnalité ou son devenir.

C'est donc bel et bien des abuseurs sexuels graves qu'on va évoquer.

Démarche empirique

La communication des résultats de la recherche porte sur 50 expertises pénales d'adolescents qui sont tous auteurs de faits graves d'abus sexuels. Pour choisir cette population au sein d'une population plus vaste de mineurs d'âge expertisés pour de tels faits au fil des 20 dernières années (au total 106 mineurs d'âge), on s'est référé aux années 98, 97, 96 et 95.

Deux réalités pragmatiques commandent actuellement la démarche judiciaire : lorsque des faits de mœurs sont dénoncés aux autorités judiciaires, elles ont le devoir d'enquêter et de prendre le cas échéant les mesures adéquates ; lorsqu'il s'agit de mineurs d'âge, la loi impose de tenter de comprendre le passage à l'acte pour y apporter une solution combinant la sécurité publique et l'éducation du délinquant au sens large. De ce fait, la question de savoir si la délinquance sexuelle des mineurs d'âge est un construit social ou résulte d'une réelle augmentation de délits de ce type est considérée ici comme un artefact intellectuel peu utile.

On tente de répondre en fait à deux questions :
- Quelles sont les caractéristiques du passage à l'acte délinquant de ces jeunes ?
- Quelles sont les attitudes parentales et judiciaires en réaction directe aux faits ?

Caractéristiques du passage à l'acte de ces jeunes

Il s'agit uniquement de garçons. A parité quasiment, on trouve 4 classes d'âges : 14-15-16 et 17 ans. C'est donc dès que la puberté est achevée que certains commettent des faits d'abus sexuels. Les victimes de ces adolescents sont très majoritairement des filles (80%).

Les âges absolus des victimes vont de 3 ans à 42 ans. Il y a en effet trois personnes adultes qui ont été victimes de mineurs dans la population concernée : l'un s'est introduit chez sa voisine de nuit pour la violer, et deux mineurs ont commis une tentative de viol sur leur mère.

Ce qu'on voit essentiellement, c'est que les différences d'âges entre auteurs et victimes vont être importantes : la première catégorie d'âge concerne des enfants entre 3 et 6 ans ; dans la seconde, on va trouver une bonne moitié d'enfants âgés entre 7 et 10 ans. Et cela alors que les adolescents abuseurs eux-mêmes ont entre 14 et 17 ans accomplis.

Le tableau ci-après présente la répartition des fréquences : P =.28

		Ages auteurs				Total
		14 ans	15 ans	16 ans	17 ans	
Ages des victimes	3 – 6 ans	7	4	1	2	14
	7 – 14 ans	6	8	9	10	33
	15 ans et +	1	0	1	1	3
Total		14	12	11	13	50

La comparaison entre valeurs observées et valeurs attendues [2] permet de constater que les plus jeunes s'attaquent plus volontiers aux plus jeunes, tandis que les mineurs de 16 ou 17 ans sont nettement éclectiques dans le choix de leurs victimes.

Contrairement à ce qui s'observe chez les adultes, essentiellement auteurs d'abus sexuel intrafamilial, les mineurs d'âge concernés par la présente étude se répartissent paritairement dans le choix de victimes intrafamiliales ou extrafamiliales. Dans ce second cas, les victimes sont habituellement des enfants du voisinage immédiat ou des enfants issus du même milieu scolaire. On pourrait ainsi indiquer, si l'on voulait être sévère, que l'adolescent abuseur est davantage un prédateur extérieur que ses aînés…

Dans les 2/3 des cas, les adolescents auteurs d'abus sexuels font une seule victime. Mais 14% des adolescents de la population examinée ont fait trois victimes ou plus encore (l'un d'entre eux jusqu'à 6 victimes, durant de nombreux mois).

On ne peut donc méconnaître qu'il s'agisse souvent d'un fait unique, mais c'est également parce qu'il est rapidement dénoncé. On observe d'ailleurs, dans les cas d'abus répétés sur plusieurs victimes, que le temps de latence avant dévoilement des faits est long, et que les faits eux-mêmes s'accompagnent de l'usage de la force ou de la menace pour faire taire les victimes. Dans les trois quarts des cas, les mineurs agissent seuls.

---

2. Le traitement statistique des données a été effectué par la méthode du X^2 sur SPSS.

La répartition des faits commis est assez instructive pour apprécier la nature de cette forme particulière d'atteinte à autrui. Dans 26% des cas, l'abus sexuel consiste en attouchements sexuels, sans pénétration corporelle.

Dans les ¾ des cas, les mineurs d'âge auteurs d'abus sexuels réalisent une effraction corporelle en agressant autrui, réalisant ainsi les conditions que précise la loi pour la qualification du fait comme viol. Cette effraction corporelle est un rapport sexuel complet (hétérosexuel surtout) dans 44% des cas. Il se combine avec des fellations, pénétrations digitales, ou pénétrations au moyen d'objets, dans 24% des cas.

C'est dire qu'on se trouve d'emblée très éloigné des considérations banalisantes que d'aucuns pensent pouvoir énoncer. Ces mineurs d'âge exercent en fait une prédation sexuelle sévère sur autrui, et ne se rendent pas vaguement coupables de comportements sexualisés maladroits.

L'observation d'une très grande fréquence de recours à la contrainte sous diverses formes vient étayer cette première conclusion.

Dans 16% des cas seulement, le mineur semble avoir usé d'une autorité « naturelle » du plus grand sur le plus jeune et n'a pas recouru à la force. Dans ce pourcentage se retrouvent également quelques rares cas où l'adolescent plus âgé a mis à profit la fragilisation d'enfants déjà victimes d'abus par d'autres, et cela se passait dans des institutions d'hébergement.

Dans 20% des cas encore, c'est par la ruse, le chantage, des cadeaux, bref des pressions morales, qu'il arrive à abuser sexuellement de sa victime.

Mais dans la majorité des cas (64% en fait), l'adolescent abuseur use de la force physique pour contraindre, voire recourt à des violences avec armes (1 fois sur 4).

Une fois encore, il est bien malaisé d'imaginer que ces adolescents qui disposent sur eux d'armes dont ils ont prévu d'user, qui recourent à la contention physique (papier adhésif, sparadrap, mouchoir pour empêcher de crier), et qui se comportent en fait en tortionnaires, soient de « simples » inhibés timides qui font leurs premières expériences amoureuses avec maladresse.

L'inventaire des lieux dans lesquels sont commis les faits montre une plus grande proportion de faits commis par le mineur dans son milieu de vie (42% au domicile même – 28% dans l'institution scolaire ou d'hébergement qui l'accueille). Mais lorsque les faits se passent dans des lieux publics, il apparaît aussi que les mineurs sont souvent à plusieurs.

La majorité des abus sexuels sont réalisés sans appoint d'alcool (75%). Le recours à des drogues est quasiment nul. On rejoint ici l'hypothèse psychanalytique selon laquelle le refuge dans la drogue réalise un évitement des pulsions et notamment un désengagement par rapport à la sexualité.

Contrairement à ce qu'on observe chez les adultes, près de la moitié reconnaissent totalement les faits dont on les accuse. Ils sont encore 30% à admettre leur participation aux faits, mais en minimisent la gravité de ceux-ci, ou en faisant valoir le consentement ou l'absence de refus net chez la victime.

Avec ceux qui admettent une partie des actes reprochés ou qui minimisent, font valoir la provocation de la victime, etc., ce sont donc 80% des adolescents incriminés qui reconnaissent avoir commis quelque chose de répréhensible au plan sexuel, et rares sont finalement ceux qui nient de façon irréductible.

Les explications qu'ils donnent pour expliquer leurs passages à l'acte sont diverses. Ceux qui nient refusent logiquement de chercher une explication à des faits qu'ils n'assument pas.

Mais les autres évoquent, par ordre décroissant :

- une envie pulsionnelle à satisfaire (26%)
- la haine, la vengeance, le désir de faire mal (20%)
- la curiosité sexuelle (16%)
- leur ignorance du sens de tels actes (12%)
- la recherche d'affection (8%)

Pour ceux qui font explicitement référence à la haine ou au désir de faire mal, la dimension érotisée est faible ; on est dans le cas que Stoller nommait fort à propos : « la forme érotique de la haine », caractéristique des organisations perverses, dominées par le besoin de prendre pouvoir sur autrui, par le désir de faire mal. La souffrance psychique de ces auteurs particuliers est probable, mais passe un peu au second plan.

Eléments de cursus familial et individuel

On est en droit de se demander, au vu d'actes finalement aussi graves chez des sujets aussi jeunes, à quelles circonstances familiales et personnelles ils ont pu être exposés pour en arriver là. En particulier, en regard des hypothèses parfois un peu simples relatives à la reproduction de victimisations subies, on a cherché une éventuelle chaîne de causalités possibles, mais probablement cumulées, dans les antécédents personnels et familiaux.

Dans des fratries composées le plus fréquemment de plusieurs enfants (3), ces jeunes auteurs de délits sexuels sont habituellement aînés ou seconds.

Au plan du rendement intellectuel, il est intéressant de noter que 68% des mineurs ont achevé le cycle d'études primaires. Mais à l'adolescence, on assiste à un échec scolaire assez massif, avec des orientations rapides vers l'enseignement professionnel, voire vers l'enseignement professionnel spécialisé pour quelques-uns.

Au plan des structures familiales et des contextes relationnels intrafamiliaux, on note une fois encore des variations massives entre l'enfance et l'adolescence.

Durant l'enfance, ils sont éduqués habituellement par les deux parents, et rarement par un seul des parents. Ils sont très rarement placés en institution. Les relations entre l'enfant et ses parents sont décrites (en expertise au départ des déclarations du mineur et de ses parents entendus le plus souvent séparément) comme surprotectrices (24%) ou négatives avec des brimades et des rejets (30%). Les mauvais traitements physiques concernent 18% d'entre eux. Les abus sexuels subis dans l'enfance, essentiellement en intrafamilial, ne concernent que 8% d'entre eux.

Dans ce contexte qui n'est peut-être pas banal, puisqu'il favorise soit la toute-puissance soit la frustration ou la fragilisation narcissique, ces enfants sont paradoxalement exempts de troubles du développement (psychosomatiques, caractéropathiques, etc.) habituellement associés à ces types de difficultés éducatives.

Dès le début de l'adolescence, pourtant, des difficultés importantes surgissent et elles sont préalables aux actes d'abus sexuels. Ceux-ci ne sont donc pas isolés de l'économie psychique des adolescents et ne sauraient pas être considérés comme des « coups de tonnerre dans un ciel bleu ». Qu'on en juge en gardant d'abord en mémoire la nette dégradation de l'engagement scolaire déjà évoquée ci-dessus.

On relève également que l'éducation n'est quasiment plus jamais assurée par les parents : 50% de ceux qui étaient élevés par leurs deux parents sont en effet sont élevés désormais - de façon transitoire ou permanente - dans des institutions résidentielles (internats scolaires, institutions d'hébergement du secteur de l'aide à la jeunesse). Ceux qui étaient déjà éduqués par leur mère le restent le plus souvent. Les pères qui élevaient leurs enfants auparavant semblent démissionner et sont en tout cas clairement plus absents.

Les conditions affectives et relationnelles se dégradent également de façon massive. La surprotection dont les enfants avaient joui précédemment régresse fortement et ce sont les rejets nets, l'indifférence parentale, les brimades, qui augmentent fortement (de 30 à 46%). Les mauvais traitements physiques restent stables. Les abus sexuels diminuent de moitié par rapport à l'enfance !

En regard de ces conditions familiales durcies, faites avant tout de rejet, les adolescents manifestent davantage de troubles que durant l'enfance. On note en effet un net accroissement des comportements violents et l'apparition de conduites antisociales. Et au moment de l'interpellation pour les faits de mœurs dont ils reconnaissent s'être rendus coupables, les jeunes ont le plus souvent des loisirs pauvrement structurés : isolés, ou chez soi, ou faits d'errance et de déambulation en ville.

De façon générale donc, c'est un réveil assez logique des manifestations caractéropathiques, mais ce qui semble remarquable, c'est que de nombreux secteurs de vie et de compétence sociale sont affectés, et vont de pair avec des dégradations intenses des relations familiales (et du contrôle parental).

De la sorte, au moment de la commission des faits de mœurs graves, ces jeunes traînent habituellement derrière eux une constellation psychosociale assez problématique :
- ils ont vécu des fragilisations narcissiques durables dans l'enfance, mais avant tout marquées par l'humiliation ou l'identité négative ;
- ils ont conservé en eux les réactions agressives ou dépressives inévitablement générées par les blessures narcissiques, conservant une sorte de docilité passive ;
- à l'adolescence, on les trouve en situation scolaire, sociale et relationnelle précaire, avec des ruptures et des rejets, mais aussi des réactions agressives plus franches ;
- et lorsqu'on les interroge sur les personnes de référence qui comptent encore pour eux au moment de leur interpellation, on constate une importante dispersion des attachements privilégiés :

	Fréquences	%
Père	12	24,0
Mère	7	14,0
Pairs	8	16,0
Éduc., péda., psy.	5	10,0
Personnage de médias	7	14,0
Néant	11	22,0
Total	50	100,0

Pour ceux dont la référence à la Théorie de régulation sociale du comportement délinquant de Travis Hirschi (1969) est familière, il est aisé de percevoir que les éléments constitutifs du lien social définis par cet auteur, et dont de nombreux travaux de réplique ont montré constamment la pertinence, restent une lecture utile et féconde. Elle permet en effet une compréhension de l'agir sexuel délictueux de ces adolescents comme une manifestation de délinquance juvénile avérée et non comme une « simple » conduite génitale d'exploration de la sexualité à l'adolescence.

Attitudes parentales en réaction directe aux faits

On vient de noter que les familles tendent à se débarrasser de leurs adolescents devenus difficiles, après leur avoir souvent imposé dans l'enfance des conditions peu propices à l'épanouissement (surprotection) ou à l'estime de soi (rejets, brimades, etc.).

Apprenant les délits sexuels dont on accuse leurs fils, les parents se caractérisent par des attitudes de dénégation ou de déresponsabilisation.

L'incompréhension entre parents et enfants en sort davantage encore appauvrie, puisqu'on garde en mémoire que les mineurs eux-mêmes avouent les faits dans 80% des cas environ…

	Fréquences	%
Dénégation	17	34,0
Minimisation	18	36,0
Expression d'impuissance	7	14,0
Désaveu et collaboration	8	16,0
Total	50	100,0

Quant à la position morale des adolescents, elle est particulièrement inconfortable : ils savent qu'ils ont commis des délits graves et assez réprouvés au plan médiatique (surtout en Belgique depuis l'affaire Dutroux), et ils savent qu'ils sont en voie d'être sanctionnés par le Juge de la Jeunesse qui représente la norme sociale. La position dans laquelle les placent leurs propres parents est schizophrénique, puisqu'il n'y a aucune reconnaissance de l'acte commis, voire de celui qui en a été auteur. Il y a fort à craindre que la logique de fracture narcissique déjà évoquée ne trouve à se poursuivre à cette occasion.

Attitudes judiciaires en réaction directe aux faits

Dans les arrondissements judiciaires où ces expertises ont été réalisées (arrondissements de Liège et de Huy essentiellement), les Juges sont souvent des femmes (60%).

En vertu des dispositions légales existant en Belgique à l'égard du traitement pénal des mineurs, les possibilités de réaction sociale sont finalement assez limitées :
- retour en famille avec possibilité de soumettre le mineur à des conditions telles que la fréquentation scolaire, une intervention médicale et/ou psychologique ou encore des travaux d'intérêt général ;
- placement en institution d'hébergement ou en institut médico-pédagogique ;
- placement limité dans le temps dans une institution publique de protection de la jeunesse (IPPJ).

Afin d'éclairer leur décision, les Juges peuvent notamment requérir des experts psychiatres et/ou psychologues. Ils peuvent également demander aux services de protection judiciaire qui coopèrent avec eux de réaliser des enquêtes sociales.

Dans la limite des variables criminologiques, socio-relationnelles et familiales qui viennent d'être brièvement évoquées, la décision prise par le Tribunal ne prend en compte de façon statistiquement significative ($P <$ ou $=$ à $.05$) que quelques-unes d'entre elles. Cela ne signifie pas que le Tribunal ne prenne que ces variables en compte. Cela signifie que – dans celles que j'ai choisi de retenir – seules quelques-unes d'entre elles s'associent probablement à la prise de décision.

N'entrent pas en ligne de compte de façon statistiquement significative :
- la nature du lien auteur-victime ;
- les âges de l'auteur et de la victime, le sexe de la victime ;
- la nature des faits commis, le nombre de victimes, l'usage de brutalités ;
- le fait d'avoir commis les faits seuls ou en groupe ;
- l'aveu de culpabilité, les raisons que le mineur donne à ses actes ;

- l'attitude de ses parents par rapport au dévoilement des faits.

Entrent en ligne de compte de façon statistiquement significative :

1. L'endroit où les faits ont été commis (P = .03)
- lorsque les faits ont été commis au domicile de l'auteur et de sa victime, il est probable qu'il y aura écartement du mineur par rapport au milieu de vie ;
- lorsque les fait sont commis dans un lieu public, le maintien du mineur dans son milieu habituel de vie est habituel (qu'il s'agisse de sa famille ou d'une institution) ;
- lorsque les faits sont commis dans une institution qui l'hébergeait, il y le plus souvent maintien en milieu institutionnel, mais transfert vers un autre établissement ;

2. La définition diagnostique que donne l'expert à propos de l'adolescent (P = .00)
- les adolescents reconnus comme des carencés affectifs, des arriérés mentaux, des psychotiques ou des borderlines, sont plus fréquemment orientés vers des institutions d'hébergement et vers des instituts médico-pédagogiques. On privilégie une hypothèse de traitement, et la nécessité d'une structure pour étayer le Moi ;
- les adolescents chez qui la problématique est plus nettement névrotique sont davantage maintenus en famille, et il en est de même pour certains adolescents à traits psychopathiques ;
- mais ces derniers, de même que les adolescents chez qui on identifie l'existence de traits nettement pervers, sont le plus souvent orientés vers des institutions publiques de protection de la jeunesse (IPPJ), où prévaut un régime éducatif plus ferme, sans mixité parmi les jeunes hébergés. Le personnel y est également plus habitué à la gestion d'adolescents « durs » et souvent très engagés dans la délinquance, ce qui n'est pas sans poser d'autres problèmes.

Eléments de discussion et conclusions

L'étude est forcément limitée dans son ampleur et ne prend probablement en compte qu'un échantillon de la frange la plus dure des adolescents qui se rendent coupables d'abus sexuels sur des plus jeunes ou sur d'autres adolescents.

Les observations réalisées paraissent en tout cas rendre indispensable une attitude lucide : il existe des adolescents aux profils de personnalité et de socialisation gravement déficitaires, au sein desquels les agressions sexuelles graves servent probablement de révélateur de ces cursus psychoaffectifs particuliers.

Mais les observations réalisées mettent également en évidence que les agressions sexuelles dont se rendent coupables ces adolescents ne sont pas la reproduction simpliste de victimisations sexuelles subies dans l'enfance. Après une enfance marquée par des fragilisations du narcissisme (rejets, brimades, mauvais traitements ou surprotection) et par une apparente docilité d'attitudes, ces jeunes abordent la puberté en réveillant la frustration, l'agressivité réprimée, ou en refusant que des limites soient mises à la toute-puissance.

Toutefois, le relatif désengagement scolaire, l'isolement par rapport aux pairs, et les manifestations oppositionnelles et antisociales ne sont jamais extrêmes mais plutôt cumulées. De la sorte l'*acting-out* n'a pas ce caractère massif, dévastateur, mais aussi parfois libérateur, qu'on peut observer parfois dans d'autres problématiques psychopathologiques ou délictueuses (homicides par exemple).

On pourrait se demander si la criminalité sexuelle dont font montre ces adolescents n'est pas une autre facette de ces *acting-out* antisociaux possibles, comme s'ils n'étaient pas capables de s'engager résolument dans la délinquance plus violente de sujets plus sthéniques.

Ce qui frappe, en effet, c'est que la dimension érotique et génitale des faits est souvent pauvre, voire absente. L'acte contient fréquemment un tout autre sens qu'un sens sexuel (haine). C'est peut-être en utilisant la sexualité comme vecteur de l'agressivité que ces adolescents mélangent les pulsions et les modes d'expression de celles-ci, mais ils restent souvent étrangers à la relation sexuelle et davantage encore amoureuse. Ils semblent différer en cela des adultes auteurs de faits comparables.

Cette conclusion rejoint les études réalisées par Fehrenbach (1986), Davis et Leitenberg (1987).

Dans les différents cas examinés dans le cadre de cette communication, mais dont on retrouve des paramètres fondamentaux dans les observations de clinique thérapeutique développées dans un autre chapitre de ce même ouvrage par le Dr Malchair, il apparaît, dès lors, qu'on ne peut se permettre l'hypocrisie de la banalisation, même en mots. Non seulement il faut appeler un chat un chat, mais encore il est indispensable que les services judiciaires, sociaux et curatifs, puissent regarder en face les faits et leurs auteurs pour y réagir avec justesse, notamment au plan du risque de récidive. Les faits commis reflètent une sévère dégradation de l'image de soi et de l'image d'autrui.

La restauration de la norme par le Tribunal est indispensable, alors même que les parents sont souvent défaillants.

Mais à côté de la sanction négative du comportement, doit se développer une interrogation humaniste et convaincue du progrès humain, pour tenter de consolider les failles narcissiques avec lesquelles ces jeunes abordent autrui, la vie, et les rôles sociaux. C'est un enjeu thérapeutique difficile, dans lequel il est probable que des avancées scientifiques doivent être tentées avec rigueur.

Références bibliographiques

Aubut, J., et coll. (1993), *Les agresseurs sexuels. Théorie, évaluation, traitement*, Paris, Maloine.

Awad, S. & Saunders, E. (1991), « Male adolescent sexual assaulters : clinical observations », *Journal of Interpersonal Violence*, 6, (4), 446-460.

Cyrulnik, B. et al.(1998), *Ces enfants qui tiennent le coup*, Revigny-sur-Romain, Hommes et Perspectives.

Davis, G.E. & Leitenberg, H. (1987), « Adolescents sex offenders », *Psych. Bull.*, 101, 417-427.

Fehrenbach, P., et al. (1986), « Adolescent sex offenders : offender and offence characteristics », *Amer. J. of Orthopsychiat.*, 56, 225-233.

Hayez, J.Y. (1999), « Mineurs qui commettent des transgressions sexuelles inacceptables », *Journal du Droit des Jeunes*, n° 184, avril 1999, 25-40.

Jacob, M., Mc Kibben, A., Proulx, J. (1993), « Etude descriptive et comparative d'une population d'adolescents agresseurs sexuels », *Criminologie*, XXXI, 1, 133-163.

James, A.C. & Neil, P. (1996), « Juvenile sexual offending : one-year period prévalence study within Oxfordshire », *Child Abuse & Neglect*, vol.20, 6, 477-485.

Kahn, T.J. & Lafond, M.A. (1998), « Treatment of the adolescent sexual offender », *Child and Adolescent Work*, 5, 135-148.

Laforest, S. & Paradis, R. (1990), « Adolescents et délinquance sexuelle », *Criminologie*, XXIII, 1, 95-116.

Saunders, E. (1998), « Assessment, Management, and Treatment Planning for male Adolescent sexual Offenders », *Amer. J. Orthopsychiat.*, 58 (4), 571-579.

Vizard, E., Wynck, S., Hawkes, C., Woods, J., Jenkins, J. (1996), « Juvenile sexual Offenders, Assessement Issues », *British Journal of Psychiatry*, 168, 259-262.

Vizard, E., Monck, E., Misch, P. (1995), « Child and adolescent sex abuse perpetrators, a review of the research litterature », *J. of Child Psychology and Psychiatry*, 36, (5), 731-756.

8

Adolescents « abuseurs » ? Pour un questionnement éthique et clinique

Dr. Alain Malchair [1]

S'interroger sur la pertinence du titre de ce chapitre s'impose d'emblée. En effet, la notion d'adolescent « abuseur » fait débat et doit être soulevée en préambule car, comme souvent en telle matière, le choix d'un nom indique la position théorique et clinique qui le sous-tend. Nous proposons que cette question serve de fil rouge à la présente réflexion.

Au cours de ces dernières décennies, la reconnaissance de la réalité de l'inceste a progressivement fait « découvrir » une autre réalité plus générale, celle de la sexualité qu'imposent certains adultes à des enfants de tout âge. A côté de la juste réprobation que de tels actes inspirent, s'est développé un climat dramatique et passionnel qui fait de l'abuseur sexuel, du pédo-

1. Médecin Directeur, Centre de santé mentale « Psycho-J », rue Hors Château 59, B-4000 Liège, Belgique.

phile, le symbole du Mal absolu et la figure du diable de notre époque. Entre professionnels même, les questions éthiques ne sont pas simples, telles que, par exemple, l'opportunité du signalement dans les situations d'abus intrafamilial.

Le débat que nous ouvrons ici affronte un autre malaise, avec une dimension éthique difficile : qu'en est-il lorsque l'acte abusif est posé par un autre (presque) enfant, un adolescent, et s'agit-il même d'un abus ? Cet adolescent est-il un bourreau d'enfant, futur « diable » adulte ou est-il d'abord une victime lui-même ? Un délinquant à sanctionner ou un patient à aider ? Quelle position prennent les adultes qui l'entourent, les parents notamment ?

Un double aspect s'impose donc à la réflexion, suivant la citation de Finkelhor (1984), reprise par Van Gijseghem (1988) : « il y a abus sexuel lorsqu'il y a contact sexuel entre un enfant et un adulte, peu importe qui a initié la rencontre, qui en retire les satisfactions ou quelles en sont les conséquences » ; le contact sexuel implique les parties génitales, de la victime et/ou de l'abuseur. On peut y ajouter l'idée, cliniquement très évocatrice, que la stimulation que subit l'enfant doit être inappropriée à son âge ou à son niveau de développement sexuel. Cette remarque, que nous citons de Van Gijseghem, est contestée par lui parce qu'il n'y a pas lieu de discuter de ce qui serait approprié ou non à tel âge ; il est certain que toute stimulation sexuelle, au sens d'une excitation, est inappropriée lorsqu'un adulte l'impose à un enfant mais cette idée nous paraît exacte sur le plan clinique si l'on prend en compte le malaise que ressent l'enfant et surtout l'incapacité dans laquelle il est de comprendre, d'intégrer l'expérience que l'autre lui fait vivre. C'est du reste à ce niveau que se situe le traumatisme, donc l'abus : l'enfant ressent une excitation, qu'il ne peut intégrer dans l'ordre normal de son vécu à cet âge, il est absorbé dans l'univers fantasmatique d'un autre plus âgé, où il compte comme un objet et non comme un partenaire. Nous parlons d'excitation non intégrable et non de violence parce que la violence n'est, dans cette perspective, pas nécessaire à l'effet traumatique ; l'abus « doux » est même peut-être plus pernicieux car il mélange davantage encore les repères de l'enfant.

La différence d'âge apparaît comme un critère important, même pour les adolescents. Les chiffres varient selon les auteurs mais 5 ans d'écart semble une moyenne reconnue, avec des critères d'âges variables pour les victimes (- de 13 ans) et pour les abuseurs (+ de 16 ans), mais si la victime a, par exemple 8 ans, l'abuseur pourra être ainsi dénommé dès 13 ans : on voit combien de tels paramètres sont délicats, confus et témoignent surtout de la difficulté d'appliquer des règles d'évaluation aux adolescents. Même le DSM IV (Masson, 1996), dont la précision diagnostique est pourtant l'objectif, indique dans les commentaires du chapitre consacré à la pédophilie : « Pour les sujets en fin d'adolescence qui présentent une pédophilie, on ne précise pas de différence d'âge et on doit utiliser le jugement clinique ; on doit tenir compte à la fois de la maturité sexuelle de l'enfant et de la différence d'âge ». Cette remarque montre à suffisance combien il est malaisé de codifier la relation sexuelle entre un adolescent et un enfant ; c'est le jugement clinique qui prévaut, on ne peut mieux dire.

Un autre élément important de l'abus est l'effet d'autorité que l'aîné exerce sur l'enfant, ce pouvoir qui permet justement le passage à l'acte, c'est-à-dire l'utilisation de l'enfant dans la recherche du plaisir sexuel de l'aîné en question. S'ouvre évidemment ici le débat sur le consentement supposé de l'enfant, voire son comportement provocateur. Cette question, déjà sensible lorsqu'il s'agit d'adultes, est beaucoup plus vive pour des adolescents, dont la moindre maturité leur permet de se présenter éventuellement comme « victime » d'un comportement de curiosité sexuelle de l'enfant. Ici encore, le jugement clinique permettra d'approcher les personnalités en présence.

Insensiblement, nous sommes passés de l'abus à l'abuseur, plus précisément de l'acte incriminé à l'auteur aîné de cet acte (puisqu'il convient d'éviter tout amalgame accusateur).

Différentes écoles s'opposent dans l'approche de ce problème :

- l'école nord-américaine tant d'expression française qu'anglaise utilise un vocabulaire fort et grave : délinquants sexuels et/ou *sex offenders*, même s'il s'agit d'adolescents ; on y insiste sur les statistiques selon lesquelles 40 % abus seraient commis par des adolescents, et que 50 à 60 % des abuseurs ont commencé leur « carrière » dès l'adolescence (Aubut, 1993) ;

- le DSM IV range ces adolescents dans la catégorie des pédophiles même si des nuances cliniques sont apportées, comme indiqué ci-dessus ;

- la Justice belge n'a pour référence de travail que l'article 36.4 de la Loi de 1965 sur la Protection de la Jeunesse. Il y est question de « mineurs délinquants » sans aucune spécificité ; ce n'est que dans l'application de mesures qu'une adaptation peut être prévue pour les adolescents en question ;

- Pierre Thys, dont les positions d'expert sont explicitées dans le présent ouvrage, parle de « mineurs auteurs d'abus sexuels » et se montre assez inquiet quant à la gravité des structures de personnalité de ces adolescents d'une part, quant à la gravité et à la violence des actes commis d'autre part ;

- Claude Balier (1996), psychanalyste, spécialisé dans l'étude des problèmes de délinquance, sexuelle ou non, évoque les adolescents « auteurs d'agressions sexuelles » dans son ouvrage " Psychanalyse des comportements sexuels violents " ;

- le professeur J.-Y. Hayez (1999) expliquait récemment qu'il faut « tordre le cou » à cette notion d'adolescent abuseur sexuel et parle de « mineurs qui commettent des transgressions sexuelles inacceptables ». Pour lui, « seule une minorité des activités sexuelles commises par des mineurs mérite clairement le nom d'abus ». Il récuse toute stigmatisation du fait que, selon lui, sur l'ensemble des organisations possibles de personnalité qui commettent de telles transgressions, il conviendrait de ne pas s'alarmer, la polarité diagnostique « momentanément normale » se trouvant en première position de fréquence.

On le voit, les positions divergent considérablement dans l'approche théorique des problèmes posés par ces adolescents. Cette divergence entraîne automatiquement des difficultés cliniques dans la conduite à tenir, qu'il s'agisse de thérapeutes ou, en amont, de la Justice. Comme le notent A. Mc Kibben et M. Jacob (1993), « les intervenants sont ainsi souvent laissés à eux-mêmes, partagés entre la crainte de stigmatiser un jeune et celle de passer outre l'occasion de lui fournir les soins adaptés à sa problématique ». Cette remarque résume exactement le dilemme que nous ressentons en tant que thérapeute face à ces jeunes.

Réflexion clinique

La sexualité entre enfants existe majoritairement sous forme d'authentiques jeux qui ont et doivent garder leur fonction maturante normale dans la découverte de l'autre, chaque enfant est alors partenaire et égal même si c'est l'un d'eux qui a pris l'initiative. Le célèbre « jouer au docteur » peut en constituer l'exemple paradigmatique. Certains parents s'affolent toutefois inconsidérément, ainsi cette belle-mère outrée parce que son petit beau-fils (7 ans) avait déculotté sa fille de 3 ans pour voir si elle avait un zizi ; ou encore ces parents qui interpellent vivement un juge de la jeunesse parce qu'un garçon harcèle leur fille : des bisous en classe maternelle !

Chez de jeunes adolescents, il peut s'agir de relations sexuelles précoces mais dénuées de ce caractère de contrainte qui fait l'abus : ainsi en est-il de maints incestes fraternels vis-à-vis desquels la littérature se montre souvent fort complaisante, mais qui peuvent parfois amener une intervention de la Justice. Nous avons reçu un adolescent de 15 ans, envoyé en thérapie sous contrainte, suite à la révélation d'une relation sexuelle avec sa jeune sœur de 12 ans, elle-même placée en institution au moment des faits. La dimension abusive ne nous est jamais apparue clairement mais la personnalité du garçon, renfermé et incompétent face aux autres filles, nous posait davantage question quant à l'issue choisie pour ce malaise, à savoir l'inceste fraternel.

L'ambiguïté n'est cependant jamais loin et les problèmes peuvent s'enchaîner pour mener à des situations plus graves. Ainsi ce grand adolescent (18 ans) ne justifiait au départ pas nécessairement une dramatisation lorsqu'il fut surpris par les parents pendant que d'une part, il embrassait sa jeune petite amie (14 ans) et que, d'autre part, il caressait « sexuellement » la sœur cadette (12 ans), toutes deux consentantes, mais le même adolescent fut surpris peu après dans une séance d'exhibition devant deux petites cousines âgées de 4 et 7 ans. Apparaît alors progressivement le problème du non-respect de l'autre, dans une relation dominant-dominé où se profile plus clairement la logique de l'abus.

C'est à ce type de situation que nous réfléchirons et que nous illustrerons plus avant, en réfléchissant à ces attitudes et mécanismes de défense qui s'apparentent fortement, fût-ce au titre de prémisses, à ceux que présentent les abuseurs adultes. Certes, le danger pour un adolescent est grand si l'on pense à l'enfermement dans une image et à l'étiquetage diagnostique, avec la prédictivité qui peut en résulter et l'aboutissement qui va fragiliser son avenir. L'argument est réel mais on ne minimise pas un acte en ne le nommant pas, on ne soigne pas un jeune en adoucissant à l'excès le diagnostic. Refuser de parler d'abus pour les jeux sexuels entre enfants ne justifie pas d'évacuer de réels faits de domination abusive pour un adolescent, en les amalgamant dans la réprobation de l'étiquetage. Cet argument nous paraît surtout s'inscrire dans un débat plus large, dont le présent chapitre n'est pas le lieu, et qui pose la question du « statut social » de l'acte abusif dans ses rapports à la loi et à la pathologie. Cette question se retrouve dans certaines réticences à judiciariser, par signalement, les faits d'inceste notamment. Le fait qu'il s'agisse d'adolescents exacerbe ce débat, bourreaux ou victimes eux-mêmes, mais l'effet revient à les écarter de la dimension délictueuse de leur acte, donc aussi d'un rappel fort de la loi, qu'ils ont pourtant transgressée. Il n'en reste pas moins vrai que la personnalité de l'adolescent est essentiellement en mouvance et en devenir et que des actes, même « chargés » sur le plan psychopathologique, ne peuvent suffire à la définir.

Considérons à présent l'exemple d'un acte authentiquement abusif à nos yeux chez un adolescent de 13 ans, bâti comme à 16, qui a imposé, sans violence active, attouchements et fellation à deux garçons de 7 ans. S'il y avait utilisation de la zone génitale comme lieu de la sexualité, il ne s'agit en aucune manière d'une relation d'objet génitalisée ; l'enfant était utilisé dans un fonctionnement masturbatoire de l'aîné et il n'avait aucune place de sujet : il n'y avait pas de dialogue où il aurait existé comme partenaire. Les entretiens ont montré que l'hypothèse même de la souffrance de l'enfant n'existe pas davantage aux yeux de l'adolescent, bien au contraire : la narration des faits par ce dernier l'amène à se présenter comme la victime de l'acte et du désir des enfants qui l'ont « cherché ». Le négatif se limite aux conséquences fâcheuses pour soi et la référence à la dialectique du bien et du mal et totalement absente.

Nous avons retrouvé cette attitude de façon très régulière chez les adolescents que nous avons rencontrés pour de tels faits. Relevons qu'il s'agit là de la position qu'adopte aussi fréquemment l'abuseur adulte face à son acte, c'est-à-dire l'absence de l'autre comme partenaire-sujet dans la relation, et la réduction de son existence à celle d'un persécuteur du fait des conséquences de la révélation. La position psychique de l'adolescent rejoint ainsi, ou préfigure, les modalités défensives rencontrées chez l'adulte.

« Abuseur » ou non, l'adolescent qui commet un tel acte, réalise un authentique abus dont il y a tout lieu de craindre la fixation structurelle, même si à ce stade, la personnalité est encore en devenir : par une sorte de rétroactivité, l'acte pourrait ainsi précipiter une orientation jusque là encore mouvante. Deux observations justifient, entre autres, cette crainte : d'une part, au niveau intrapsychique, la rigidité de pensée suppose l'élaboration de mécanismes de défense non névrotiques (le clivage notamment) et, d'autre part, au niveau de la réalité, les attitudes d'évitement de toute culpabilité (telle qu'elle révélerait une position névrotique) sont largement encouragées par les parents qui, fréquemment contribuent à nier l'évidence. Ainsi, la mère de l'adolescent évoqué ci-dessus caricatura à l'extrême une telle position : alors que son grand fils avait été clairement surpris en train de se faire faire une fellation par un enfant, elle contourne la contradiction entre cette évidence et sa version de victime, par l'argument ultime « je n'y étais pas » ! La dimension symbolique et de réalité d'un tel comportement est évidemment lourde de conséquences pour l'avenir psychique de l'adolescent.

Lors d'une rencontre à l'Institut de Psychiatrie Légale de Montréal, nous avons eu l'occasion d'échanger de telles réflexions sur les adolescents. Selon M. Jacob, criminologue, l'analyse de la personnalité de ces jeunes rejoint nos observations. Il est à noter que leur population est déjà dans le circuit Justice, ce qui n'est pas toujours le cas dans notre pratique. Globalement, s'ils acceptent de reconnaître certains faits, ils les minimisent et se positionnent aussi comme victimes. Ils se déresponsabilisent au maximum, d'où, selon cette équipe, le bénéfice des thérapies de groupe qui contrent ces résistances. A propos du débat diagnostique et de l'éventuelle nocivité de l'étiquette, les praticiens de Montréal récusent le schéma : acte–étiquette–blocage. Selon eux, c'est l'acte qui est le blocage et l'étiquette, par la reconnaissance de la réalité, permet au contraire le travail de déblocage. Enfin, les parents qu'ils rencontrent semblent nettement plus coopérants, ils participent et approfondissent leur propre position.

Réflexion thérapeutique

Des considérations qui précèdent, il découle que l'approche psychothérapeutique est malaisée, à la fois dans le chef de l'adolescent qui va mobiliser un système défensif rigide et à la fois pour le thérapeute confronté à l'ambiguïté diagnostique donc à un choix discutable d'intervention et surtout à une difficile position contre-transférentielle.

L'intervention en urgence, lorsqu'elle est possible, semble permettre un point de départ plus intéressant parce que plus mobilisable. Considérons l'exemple suivant où, non seulement, l'urgence a initié le travail, mais aussi où la thérapie a suivi, en parallèle, les divers avatars du processus judiciaire.

Ce patient vient sonner à ma porte pour une consultation urgente, sans rendez-vous ; il apparaît que je peux le recevoir le lendemain. Il souhaite consulter pour parler de faits sexuels dont il est l'auteur. La consultation est faussement spontanée puisqu'il savait depuis quelques heures qu'une plainte venait d'être déposée. Il s'agit d'un chef scout âgé de 20 ans qui, depuis plusieurs années, imposait à 5 jeunes scouts (louveteaux) d'une dizaine d'années au départ, des pratiques homosexuelles d'intensité variable selon l'enfant. Le travail thérapeutique initié dans cette « urgence » a permis d'analyser d'emblée les mécanismes de fonctionnement psychique, à dominante perverse, avec une position globale transgressive. Parallèlement, le travail « en temps réel » a permis de décortiquer les attitudes manipulatoires à la loi, qu'elle soit incarnée par les juges, l'avocat ou la famille. Dans la mesure où ce patient a joué le jeu, le nôtre, fût-ce pour nous inclure dans le sien, il a fourni un matériel direct dont le scénario (par analogie avec le scénario pervers) permettait une dissection fine des comportements mis en œuvre, au-delà même de ce qu'il souhaitait contrôler. Nous reviendrons plus loin sur l'incertitude possible de cette analyse mais tout laisse penser, vu les mécanismes défensifs utilisés par le patient, qu'une thérapie *a posteriori* aurait en tout cas été vidée de tout contenu travaillable.

L'intervention en urgence peut permettre l'établissement d'un cadre thérapeutique ou, au minimum, en représente la seule chance d'accès, même dans les situations problématiques où, suite à des abus avérés, nous observons évitement et fuite.

Dans de telles approches thérapeutiques, la tendance à ne dire que ce que le thérapeute sait est manifeste et, si possible, dire moins... est préférable ; ainsi, l'adolescent de 13 ans s'est-il opposé passivement (parfois agressivement) à toute reconstruction. Lui comme d'autres se posent en victime, non seulement de l'abusé, mais aussi du thérapeute : ils se disent perturbés de « reparler de tout ça » alors que la situation pourrait être différente s'il s'agissait d'en parler directement et vite.

Au départ, le jeune est « motivé » : il veut se dédouaner des faits et collabore donc par intérêt, mais ce faisant, il pose les jalons du futur travail. Il n'est pas question d'être dupe : notre adolescent fonctionne par manipulation de la loi dont il nous vit comme représentant, mais il se livre quand même.

Ce bénéfice secondaire, car il s'agit bien de cela pour lui, est provisoire, comme nous allons le voir, mais il dépasse momentanément la blessure narcissique liée à la révélation des faits et il nous faut « profiter » de ce moment. Cette blessure se situe à deux niveaux, intrapsychique et dans la réalité. Premièrement, même s'il s'agit extérieurement d'un acte d'affirmation de soi, d'une affirmation sexuelle, ces jeunes savent qu'il s'agit en réalité d'un acte de faiblesse. Et cela est perturbant et honteux pour un adolescent dont on sait qu'il est, de façon générale, narcissiquement partagé entre le grandiose et la mésestime de soi. Deuxièmement, l'étiquetage médiatique actuel est catastrophique et, quand les faits sont connus, c'est l'enfer pour eux, d'autant plus qu'ils sont souvent introvertis ; ainsi tel autre adolescent, déjà bien mal dans sa peau, se faisait-il traiter de « pédé », allant jusqu'au déni de faits avérés (le « je n'y étais pas »). Le rôle du temps est aussi crucial car l'élaboration du dossier et la procédure dite « concentrique » (où le suspect et interrogé en dernier lieu) prennent beaucoup de ce temps dans lequel l'absence d'information permet au jeune de croire que rien ne se passe, que le risque tombe à zéro et qu'il ne sert donc à rien de parler. L'adolescent imagine ainsi très vite, à tort ou à raison, la possibilité d'échapper à la Loi. Même si c'est à tort, les dégâts liés à la lenteur de la procédure sont bien réels au plan de la force de rétractation, d'autant que le cheminement intrapsychique opère dans le même sens.

L'autre aspect concerne en effet l'élaboration progressive du secret et surtout de la jouissance de ce secret. Il nous paraît que la jouissance liée à l'acte abusif peut être remplacée par la jouissance du secret sur l'acte, avec le développement d'un fonctionnement pervers substitutif fait de réticences et de manipulation du contenu du discours (comme, par exemple, le fait de n'avouer que ce que l'on sait que l'autre sait). Cette élaboration perverse autour du secret est progressive et sera entravée par une parole rapide sur les faits. Rappelons, enfin, que de toute façon, parler de ce type de fantasmes comme des actes qui les accompagnent, c'est d'abord en perdre le plaisir : révélation et plaisir du secret sont antinomiques.

De l'ensemble de ces considérations sur l'abord thérapeutique, il apparaît que l'adolescent qui a commis de tels actes d'abus, même graves, reste un patient. Cependant, l'on observera aussi la permanence de notre souci d'une référence à la Loi.

Réflexions théoriques

Nous avons beaucoup insisté jusqu'ici sur la nécessité d'aider l'adolescent à accéder à sa parole des faits : pourquoi est-il donc si important de connaître ses actes, dans leur globalité, tels qu'ils peuvent être racontés par le jeune lui-même plutôt que par un P.V. de police ? Cette connaissance des faits n'a pas pour but la recherche voyeuriste des détails mais veut poser le rapport à la réalité pour accéder, plutôt pour tenter d'accéder aux fantasmes qui sous-tendent cette réalité des actes. C. Balier (1999) insiste sur la nécessité de poser des questions relatives aux détails de l'acte pour franchir le clivage, malgré la difficulté. Il s'agit pour lui, davantage encore que d'un passage à l'acte qui supposerait encore une ébauche de pensée, d'un recours à l'acte au sens où la pensée serait ici abolie. Cette analyse grave n'est peut être pas toujours rencontrée chez l'adolescent.

Il faut en effet rappeler ici le rôle de l'acte chez le jeune et sa fonction dans son économie psychique. L'intensité de la pulsionnalité pubertaire peut amener un débordement de l'équilibre interne amenant un véritable court-circuit de l'élaboration psychique et, parallèlement, le passage à l'acte constitue un blocage à la capacité de prise de conscience du vécu interne. « Le passage à l'acte, de manière circulaire, témoigne alors d'une difficulté ou d'une impossibilité à traduire les souffrances internes dans un discours symbolique et empêche en même temps de prendre conscience de leur existence » (Adam, 1990).

Entre l'adolescent « normal » et celui qui pose de graves problèmes de comportement, il y a donc une continuité dans le recours à certains mécanismes de défense, tels que le clivage qui ouvre la porte au passage à l'acte. Ce qui les différencie, c'est sans doute la mobilité psychique et la capacité d'utiliser une palette de mécanismes, entre un fonctionnement « névrotique » où l'autre est respecté et un fonctionnement archaïque, hors mentalisation. Pour Ph. Gutton (1991, 1996), « le pubertaire est en lui-même porteur d'une potentialité de clivage ». Selon lui, « le pubertaire, c'est le retour aux sources du trajet pulsionnel et la butée pubertaire invite au clivage l'adolescent qui ne parvient pas refouler la scène pubertaire ».

Ph. Jeammet (1985) évoque bien l'illusion que certains adolescents, même gravement perturbés, peuvent induire par l'apparence d'un fonctionnement renvoyant à un registre structurellement plus évolué : « les troubles graves du comportement de type délinquant, toxicomaniaque, anorectique, certaines dysmorphobies isolent tout un courant de la vie psychique et libidinale qui trouve refuge dans le symptôme. Il n'y a pas tant refoulement que clivage du Moi qui, à côté d'une apparence plus ou moins névrotique, en fait peu investie, maintient une relation d'emprise clivée, déréelle et totalement close sur elle-même. Si une relation thérapeutique efficiente ne vient pas éviter ou réduire un tel clivage, celui-ci risque de s'installer de façon stable, régulant la vie relationnelle, les angoisses et les plaisirs du sujet ».

Les adolescents dont nous parlons se sentent en danger sur le plan de l'excitation pulsionnelle, ils ne savent plus faire la distinction entre leur histoire interne et ce qui relève de l'autre, de l'envahissement par l'objet. En cela, ils ne « mentent » pas vraiment lorsqu'ils affirment que c'est l'enfant qui les a provoqués : au niveau inconscient de leur potentialité pulsionnelle, ils ont été débordés par une excitation intolérable. « Le trouble du comportement vient à la place d'une prise de conscience insupportable à laquelle il substitue un acte, une conduite agie dont une des finalités essentielles est d'assurer un contrôle sur les objets externes de l'environnement, alors que l'adolescent se sent menacé d'être débordé par les conflits qui agitent son monde psychique interne. Ces conflits renvoient habituellement à un mouvement introjectif et des pulsions à but passif qui sont ressentis comme un danger pour un Moi et un narcissisme fragiles et mal étayés » (Ph. Jeammet, 1985).

Seul reste alors l'acte de toute puissance qui, grâce au clivage, va éviter l'angoisse, la « terrifiante confrontation à l'autre » (Criville, 1998). Nous arrivons alors à la solution perverse où l'enfant est un objet que l'adolescent peut soumettre à la place de l'autre, de l'objet parental, inaccessible et dangereux : il inverse la relation infantile et possède la maîtrise. Cette angoisse semble ramener à un niveau primaire où se pose la question du « pénétrant-pénétré », question qui menace l'intégrité du sujet adolescent en proie à cette excitation pubertaire dont il ne situe pas clairement l'origine, en dedans ou au dehors : « si je laisse entrer l'autre, ne va-t-il me pénétrer tout entier et me détruire ? » (Criville, 1998). Pour Balier (1999), la mère qui n 'a pu accueillir les affects primaires de son enfant, par absence ou par excès de présence, n'a pas permis l'accès à une passivité fondamentale, celle qui permet d'accéder à l'objet en soi, au fantasme. Cette impossibilité amène aussitôt l'angoisse pénétrant-pénétré face à un objet « externe », l'enfant, source d'excitation interne. La représentation interne est court-circuitée et c'est le recours à l'acte de maîtrise toute puissante, l'abus, seule « solution » pour l'adolescent en grand danger narcissique. Jeammet (1997) nous indique qu'afin de préserver son narcissisme, l'adolescent a recours au déni ou à la destruction du lien avec l'objet : « ce qui est alors rejeté, c'est essentiellement ce lien en tant qu'il est vécu comme une manifestation d'une dépendance dangereuse à cet objet et l'expression d'un pouvoir aliénant possible de cet objet sur le sujet ».

Conclusion

En forme de réinterrogation éthique et thérapeutique.

Oui, les adolescents abuseurs existent et ce n'est pas un étiquetage infamant, c'est un diagnostic. Pour le poser, il faut sortir autant d'un préjugé hyper-moralisant et normatif que d'une réticence à priori, « sociologiquement correcte ». Ces adolescents puisent dans leur arsenal psychodynamique des mécanismes habituels à leur période d'âge, tels que le clivage et le passage à l'acte, mais ils en font un usage – momen-tanément – excessif. Ils mettent ces mécanismes au service d'une pulsionnalité sexuelle mal contrôlée qui ne trouve pas d'issue égalitaire (au sens d'une partenaire reconnu comme tel). Ce mauvais contrôle de la pulsion est relié à une angoisse majeure qui les conduit à une solution de maîtrise toute puissante, l'abus d'un enfant, objet de domination et de soulagement pulsionnel, et non lieu d'un échange relationnel.

Ce comportement et la position psychique qui le sous-tend constitue un abus et, dans l'ensemble des configurations psychiques que l'adolescence lui permet de trouver, l'adolescent qui le commet occupe à ce moment la position d'un abuseur, au sens transgressif et globalement pervers de ce terme. On sait qu'il serait exagéré d'assimiler simplement les termes abuseurs et pervers (Van Gijseghem) mais pour ce qui nous occupe ici, l'adolescent auteur d'un tel acte expérimente à cette occasion le choix pervers dans la réalisation sexuelle. Quoi qu'on en dise, ce choix, même situé dans le *continuum* des choix possibles de l'adolescent le situe rarement dans la « normalité » psychique de cette période d'âge ; ou alors, il s'agit d'actes authentiquement bénins où le partenariat sexuel est au minimum ébauché. Une fois encore, que tels actes existent dans le cadre de la découverte sexuelle infantile n'autorise pas, pour les protéger eux d'un excès d'étiquetage, à renoncer à diagnostiquer les vrais abus, les vrais choix pervers qui annulent l'autre, l'enfant, et ce, quel que soit l'âge de celui qui pose ce choix.

La mobilité propre à l'adolescence et une thérapie indispensable, instaurée tôt pour nommer les faits, permettent d'espérer que ces choix pervers seront dépassés. Pour cela, il faut, d'une part, que l'angoisse fondamentale qui les sous-tend soit reconnue et maîtrisée, d'autre part, que la Loi soit réintégrée dans sa dimension réelle et symbolique. La difficulté de ces thérapies est directement proportionnelle à la gravité du diagnostic, c'est-à-dire à l'intensité du choix transgressif et au renoncement de l'adolescent à la mobilité de son âge, ce qui n'est pas si rare. Le programme proposé par Hayez est complet et puissant, vigoureux malgré ses réticences à l'étiquetage. Il a malheureusement un prix élevé, comme l'auteur le reconnaît lui-même, ce qui le rend bien difficilement applicable comme tel dans l'état actuel de nos Centres d'intervention. Il représente cependant une valeur d'objectif intéressant, à réaliser à la mesure des moyens de chacun. Il est intéressant de noter que l'école de Montréal abandonnerait progressivement les méthodes behaviouro-cognitivistes pour réinstaurer le primat de la parole d'où la perspective dynamique ne saurait guère être absente. Les thérapies de groupe avec la confrontation entre adolescents paraissent permettre une réelle avancée vers l'authenticité de chacun, quitte à réaborder individuellement les problèmes soulevés en groupe.

L'organisation des Canadiens rend possible cette méthode, encore difficile chez nous.

Quoi qu'il en soit, l'approche en équipe reste hautement recommandable, afin que les parents puissent être entendus, voire aidés, que l'évaluation diagnostique de la situation et de l'adolescent lui-même ne repose pas sur le regard d'un seul intervenant et que l'interaction avec la Loi, dans sa dimension concrète, soit constamment rappelée. Tout ceci suppose l'instauration rapide d'un cadre de travail, essentiel pour limiter au maximum le fonctionnement pervers dans sa dimension transgressive dont le thérapeute ne peut qu'être la prochaine « victime » toute désignée. Balier insiste sur le danger pour le thérapeute d'être complice involontaire du clivage, même dans une thérapie dont les apparences laissent penser que tout va bien, comme dans l'exemple du chef scout évoqué plus haut. Pour cet auteur, il faut que le thérapeute arrive à passer du « père primitif » (celui de la Horde) au « père œdipien », soit de la peur à l'identification. Le rappel de la Loi, explicite, est fondamental : le psy agit dans le respect de la Loi et de la culture, et le patient doit le savoir.

Le cadre est aussi nécessaire pour le thérapeute dont le contretransfert, durement sollicité face à un adolescent, peut le faire balancer entre la sévérité et la séduction, ou autrement dit entre agressivité et voyeurisme, ou encore, plus fondamentalement, entre défense et pulsion. Le recours à la réalité, celle des faits transgressifs et de la Loi, confronte à, mais permet de dépasser le rapport ambivalent à cette double polarité psychique du thérapeute face à son propre noyau pervers. Là encore, le cadre et une équipe sont indispensables.

Références bibliographiques

Finkelhor D. (1984), *Child sexual abuse : New theory and research*, New York, Free Press.

Van Gijseghem H. (1988), *La personnalité de l'abuseur sexuel*, Montréal, Editions du Méridien.

DSM IV (1996) Paris, Masson.

Programme d'évaluation et de traitement pour adolescents agresseurs sexuels (1996), Montréal, Centre de Psychiatrie Légale de Montréal.

Aubut J. (1993), *Les Agresseurs sexuels. Théorie, évolution et traitement*, Montréal, Les Editions de la Chenelière.

Balier Cl. (1996), *Psychanalyse des comportements sexuels violents*, Paris, P.U.F.

Hayez J.-Y. (1999), « Mineurs qui commettent des transgressions sexuelles inacceptables », *Journal du Droit des Jeunes*, 184, p. 25-40.

Mc Kibben A. & Jacob M. (1993), « Les Adolescents », *In* Aubut, J., *« Les Agresseurs sexuels »*.

Adam A. (1990), « Suicide des Adolescents », *Revue Médicale de Liège*, XLV. 10, p. 469-485.

Gutton Ph. (1991), *Le Pubertaire*, Paris, P.U.F.

Gutton Ph. (1996), *Adolescents*, Paris, P.U.F.

Jeammet Ph. (1985), « La dépression chez l'adolescent », *In* Lebovici S.

Diatkine R. & Soule M., *Nouveau Traité de Psychiatrie de l'enfant et de l'adolescent*, Paris, P.U.F.

Criville A. (1998), *Thérapeute et parent incestueux : quelles représentations circulent entre eux ?*, Conférence Psyclimède - U.P.P.L., Liège.

Balier Cl. (1999), *La violence comme recours : voie d'élaboration*, Conférence organisée par l'O.P.L.F. (Organisation Psychanalytique de Langue Française), Liège.

Jeammet Ph. (1997), « La Violence à l'adolescence », *Adolescence*, 15, 2, p. 1-26.

9

L'évolution des jeunes délinquants en lien avec l'adhésion à un projet et la communication intrafamiliale

Dominique Hélin [1], Michel Born [2] et Vinciane Chevalier [3]

Parmi tous les facteurs classiquement reconnus susceptibles de générer une évolution positive de jeunes délinquants, on trouve souvent la capacité d'entretenir des relations affectives stables et engageantes et de bénéficier d'un support social positif (Loesel et Bliesener, 1994, Born et al., 1997).

Le courant systémique a mis l'accent sur les communications pathogènes dans des systèmes familiaux chaotiques ou rigides (Barnes et Olson, 1985). L'évolution favorable des patients est considérée comme étant due à une évolution des communications intrafamiliales

1. Licenciée en psychologie, Psychologue à l'Institution Publique de Protection de la Jeunesse de Fraipont, Communauté française de Belgique.

2. Professeur ordinaire à l'Université de Liège, Service de psychologie de la délinquance et du développement psychosocial, Belgique.

3. Licenciée en psychologie, Psychologue à l'Institution Publique de Protection de la Jeunesse de Fraipont, Communauté française de Belgique.

Dans les recherches empiriques, l'accent est plus fréquemment mis sur les aspects descriptifs et statiques de la structure familiale que sur les éléments dynamiques du système de communication.

Ainsi, les familles monoparentales, l'absence du père, la place dans la fratrie sont mises en évidence comme facteurs de risque (Glueck et Glueck, 1950) mais ne peuvent être pris en compte en tant que facteurs explicatifs d'évolution ultérieure. (Vitaro et al, 1994 ; Provost et al, 1991).

Les aspects éducatifs de la vie familiale (comme, par exemple, la supervision parentale) (Sampson et Laub, 1953 ; Florsheim et al, 1998) s'avèrent plus dynamiques, mais il est difficile d'imaginer qu'ils puissent évoluer après une période de délinquance de l'adolescent au point de devenir des facteurs de réinsertion. Par contre, les aspects plus affectifs et communicationnels au sein de la famille peuvent être remodelés en raison des événements marquant de la vie familiale ou suite aux délits ou au placement de l'adolescent.

Pour aborder la question de l'évolution des jeunes délinquants après un placement, il est nécessaire d'adopter une position nuancée à propos de la notion de désistance. En évoquant la désistance, nous soulignons que l'évolution socialement positive s'accompagne, mais aussi va au-delà, de la simple idée de non récidive qui, dans une perspective développementale, est simplificatrice.

En effet, s'abstenir de commettre des délits, si cela est compris comme abstinence complète, n'est ni une preuve irréfutable d'une réinsertion sociale réussie, ni une exigence absolue pour qu'on puisse parler d'évolution positive. Un jeune en fin d'adolescence ou au début de l'âge adulte qui provient très souvent d'un milieu à risque, qui a connu souvent plusieurs placements, qui a commis des délits souvent graves, ne peut à l'issue d'un placement être à ce point en rupture avec son passé qu'il abandonne immédiatement et irrémédiablement les conduites qui ont structuré sa vie pendant plusieurs années. Par contre, on peut considérer comme désistant celui qui améliore son insertion sociale, qui s'engage dans un projet socialement favorable et qui, au minimum, s'abstient d'une délinquance grave, c'est-à-dire de nature à engendrer une procédure de dessaisissement, la mise en prison en tant qu'adulte ou des placements conséquents.

Au-delà des efforts éducatifs et des mesures prises, dont l'impact est évidemment très difficile à mesurer, nous avons donc essayé d'identifier les facteurs de cette désistance qui se trouvent dans les éléments structurels et relationnels de la famille du jeune.

Notre étude a pour cadre l'Institution Publique de Protection de la Jeunesse de Fraipont et, plus particulièrement, le SOORF, Service d'observation et d'orientation en régime fermé. Ce service accueille 10 jeunes ayant commis des faits qualifiés infractions, pour une durée maximale de trois mois. Ces jeunes sont âgés de 14 à 18 ans et proviennent des différentes juridictions francophones du pays. Leurs passages à l'acte sont de tous types, à l'exception des homicides ; leur délinquance est souvent polymorphe, persistante, accumulative. Cette période de placement vise l'élaboration et la construction d'un projet individuel, réaliste, personnel et cohérent ainsi que le développement du jeune dans tous ses aspects positifs de manière à favoriser son insertion dans les milieux où il aura à vivre après le SOORF. Selon les possibilités, les relations avec la famille sont encouragées, favorisées, voire restaurées. Des visites et entretiens ont lieu dans et hors de l'institution, dans le cadre de vie du jeune. La cellule familiale, premier agent de socialisation, demeure en effet l'orientation privilégiée à l'issue du placement.

Notre étude comporte deux parties. La première consiste en l'analyse des 100 derniers cas placés au SOORF en date du 31 janvier 99 pour lesquels nous identifions les caractéristiques descriptives de la population ainsi qu'un rapport entre ces caractéristiques et l'évolution de l'adolescent à l'issue du placement. Dans la deuxième partie, nous porterons notre attention plus spécifiquement sur la perception des relations familiales des 28 derniers cas accueillis (14 en régime fermé, 14 en régime ouvert).

Les 100 adolescents, dont 52% sont belges, sont âgés en moyenne de 16 ans 6 mois. 41% étaient en décrochage complet au niveau scolaire à leur arrivée au SOORF, 33% ressortent de l'enseignement spécial, 37% sont scolarisés dans le professionnel et 26% dans un CEFA (Centre de Formation en Alternance). Seulement 4 jeunes suivaient l'enseignement rénové et 8 le technique.

Concernant leur situation familiale, seulement 6% des jeunes vivent encore au sein d'un couple parental uni, 47% par contre connaissent la séparation ou le divorce de leurs parents. Le décès d'un ou des deux parents présente une incidence importante parmi ces jeunes : on relève 12% de décès parmi les pères, 6% parmi les mères.

Selon la classification telle qu'utilisée par Marc Leblanc, nous relevons (voir tableau 1 ci-contre) :
- 6 cas de famille patricentrique (jeune élevé par son père seul) ;
- 8 cas de famille matricentrique (jeune élevé par sa mère seule) ;
- 8 cas de famille patricentrique recomposée (le père a reformé un couple) ;
- 15 cas de famille matricentrique recomposée (la mère a reformé un couple) ;
- 36 cas de famille unie ;
- 17 cas de famille d'accueil (il peut s'agir ici de la famille élargie, de famille d'accueil ou d'institutions).

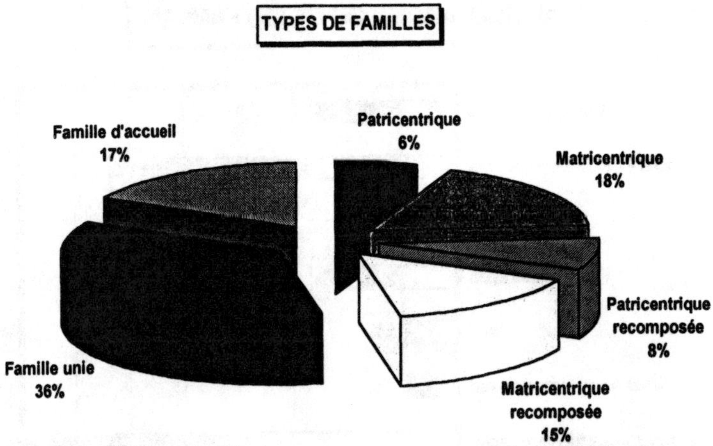

Abandons ou rejets apparaissent de manière assez conséquente dans notre population : 11 jeunes en sont victimes de la part de leur mère, 15 de la part de leur père et 15 de la part de leur deux parents. Par ailleurs, nous relevons diverses particularités du milieu familial, lesquelles ne sont pas sans incidence sur notre population : la violence intrafamiliale est présente dans 14% des situations, la maladie (présente ou ayant nécessité antérieurement des hospitalisations) dans 11% des cas, l'emprisonnement d'un des parents dans 6% des cas, l'alcoolisme dans 15% des situations, l'appartenance au quart-monde dans 6% des cas, le suicide dans 5% des cas et la prostitution dans 3% des situations. En réalité, seuls 15% des jeunes présentent un milieu familial sans particularité marquante (tableau 2 ci-après).

PARTICULARITES DU MILIEU FAMILIAL

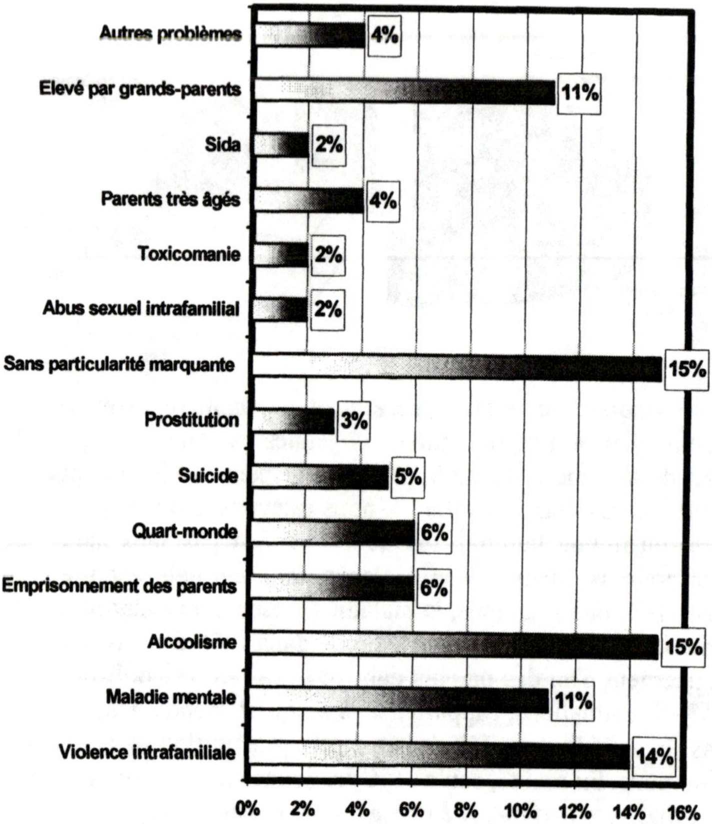

A côté de tous ces handicaps de socialisation, dont la liste n'est hélas pas exhaustive, des caractéristiques personnelles des jeunes, leur délinquance ou, encore, leur parcours institutionnel participent à l'analyse de notre population. 70% de notre échantillon présente un quotient intellectuel que l'on peut qualifier de « normal ». 13% sont arrivés dans notre centre avec une étiquette psychiatrique et si 30% avançaient une problématique toxicomaniaque, ce pourcentage doit être relativisé dès que l'on tient compte de la présence d'une symptomatologie de sevrage.

La violence individuelle fait partie de leur histoire de manière imposante : 69% des adolescents ont témoigné un jour ou l'autre de violence ; 13% ont posé des actes violents en famille, à l'encontre de leurs parents ou de leur fratrie ; 20% ont été agressifs dans le cadre de leurs placements antérieurs à l'égard du personnel éducatif et 58% ont fait preuve de violence physique dans leur environnement social.

Les jeunes présents au SOORF ont un passé institutionnel souvent lourd. Si 30% des jeunes ont connu une moyenne de 2 placements avant l'âge de 12 ans, ceux-ci se sont multipliés après 12 ans. En effet, la moyenne de placements pour nos adolescents est de 5 après l'âge de 12 ans. Plus de 50% des jeunes ont connu au moins 4 placements. Un jeune collectionne même 21 placements. Ces placements peuvent recouvrir des séjours en home privé, en IPPJ, en milieu psychiatrique, mais aussi en centre d'accueil d'urgence et en prison (soit 15 jours de prise en charge maximum).

Afin d'identifier les éléments familiaux de la désistance, nous commencerons par chercher auprès de nos 100 cas quels sont les éléments observables, lors du placement, qui contribueraient à la prédiction d'une évolution favorable. Pour cela, nous avons réalisé une enquête téléphonique pour obtenir des informations sur l'insertion actuelle du jeune, plusieurs mois voire plusieurs années après son placement. Ceci nous a permis d'identifier cinq types d'évolution (tableau 3) :

1) très négative : lorsqu'une mesure de dessaisissement ou d'emprisonnement a dû être prise (28%);
2) négative : lorsque des comportements ont entraîné de nouveaux placements conséquents (16%);
3) mitigée : lorsque des placements en CAU (15 jours) ou d'autres mesures éducatives (prestations) ont du être prises (12%);
4) plutôt positive : si des accrocs mineurs, des difficultés familiales et/ou scolaires ont émaillé la période post-institutionnelle mais sans provoquer de réactions judiciaires (21%) ;

5) positive : lorsque aucun accroc significatif n'a été noté (15%).

TYPES D'EVOLUTION

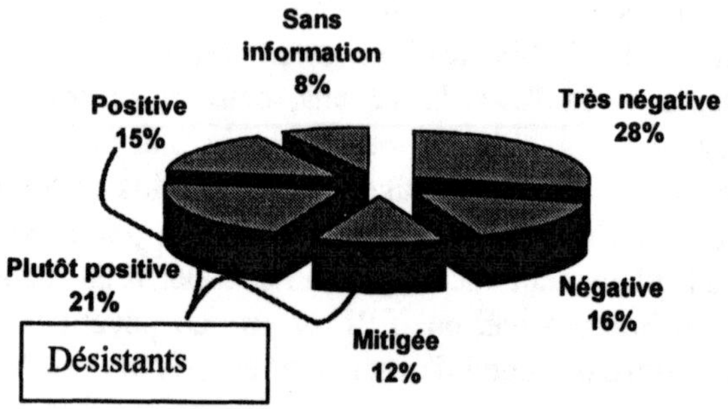

Les rapports entre l'âge, les réintégrations familiales, l'adhésion au projet institutionnel, la prise de conscience et l'évolution du jeune après le placement ont été observés. Le rapport entre l'âge des jeunes placés et l'évolution positive à la sortie du SO-ORF permet de noter l'important taux d'échec (80%) chez les jeunes âgés de moins de 15 ans 11 mois. On constate que pour cette tranche d'âges, le placement en structure fermée n'entraîne pas une réduction des comportements inadéquats de manière suffisante pour éviter de nouvelles interventions du juge et ce, quel que soit le milieu de vie vers lequel les adolescents sont orientés.

Le taux d'échec est, par contre, moins important (47%) avec les jeunes approchant de leur majorité, soit ceux âgés de 16 ans 6 mois et plus. Les facteurs de réussite dépendent ici davantage des réalités externes de répression (crainte du dessaisissement, peur de la prison, attitudes des parents) que d'un investissement personnel des jeunes et d'un changement fondamental de leur réflexion et de leur prise de conscience.

Pour 57% des jeunes, le milieu de réintégration après le placement au SOORF a été la famille. Parmi ces réintégrations familiales, nous distinguerons deux catégories :

- d'une part, pour 54% (31/57), il s'agit d'une « solution choisie » par l'équipe en fonction du projet du jeune, des possibilités familiales, du désir de l'un et de l'autre de réinvestir dans ce sens, de l'adéquation entre le projet émis et les ressources ;

- d'autre part, pour 46% (26/57), il s'agit d'une « solution par défaut », soit que le jeune montrait une opposition telle à tout autre projet que l'échec était inévitable, soit qu'aucun home n'a été trouvé ou n'a accepté le jeune proposé, soit encore que l'équipe a pensé que tout en n'étant pas la solution idéale, il n'y en avait pas d'autres meilleures.

Pour le retour en famille « choisi », on observe 45% d'évolution positive. Avec un recul d'un an (en ne considérant que ceux sortis avant mars 98), il y a encore 39% d'évolution positive. Pour le retour en famille obligé, on observe 38% d'évolution positive, mais avec un recul d'un an, seuls 23% sont dans le cas. On constate que depuis un an, la tendance va à davantage de retours en famille obligés, conséquence essentielle d'une difficulté à trouver des institutions privées ouvertes à accueillir des jeunes aux problématiques sérieuses. Pourtant, seul le retour en famille choisi offre de bonnes garanties de réussite du projet, que ce soit à court ou à long terme.

Les jeunes pour lesquels se dessine la perspective d'un retour en famille choisi adhèrent davantage au projet (60%) que ceux dont la perspective familiale n'est pas un but en soi. Le jeune adhère donc d'autant plus qu'il sent la famille preneuse, soutenante et peut-être collaborante. 26% des jeunes qui ont bénéficié d'un retour en famille ont pris conscience de la situation, ont accepté de s'investir davantage dans une réflexion sur leurs actes au cours du placement. Mais le critère d'un retour en famille obligé ou choisi n'est pas en relation avec le souci d'une remise en question (26% dans les deux catégories). Le fait donc d'avoir pour projet un retour en famille motivé, d'être orienté vers la « solution idéale », ne pousse pas le jeune à réfléchir davantage sur sa situation et ainsi à participer à une diminution des comportements inadéquats. Mais donc, puisque la solution du retour en famille choisi semble porter ses fruits sur le taux de réussite, il faut chercher ailleurs que dans la réflexion personnelle du jeune, les facteurs de désistance.

Le type de structure familiale d'origine n'est pas étranger à la solution choisie. Toutefois, il n'est en aucune manière un indicateur de pronostic favorable. On n'observe pas de différence significative quant à l'évolution après le placement selon que l'on retourne dans une famille unie, matricentrique, patricentrique, recomposée ou d'accueil. De la même manière, la structure familiale n'est pas reliée significativement à l'évolution négative, neutre ou positive du jeune à l'institution. Le seul indicateur relié à la structure familiale est la prise de conscience qui s'avère plus souvent émerger chez les jeunes issus de familles matricentriques et des familles d'accueil (X^2 TS), comme si ces deux types de famille plaçaient les jeunes davantage devant leurs responsabilités et les amenaient plus à reconnaître leur propre responsabilité dans leurs actes.

La structure familiale n'est donc pas associée à l'évolution après le placement. Par contre, et c'est particulièrement important dans notre propos (tableau 4), l'évaluation institutionnelle d'une évolution positive durant le placement s'avère corrélée à la désistance (R=.24 et P<.1). Nous rejoignons ici clairement les résultats observés dans notre étude précédente sur les IPPJ (1996).

Evolution après le placement	Evolution interne		
	négative	neutre	positive
	,00	1,00	2,00
Très négative	5	18	5
Négative	4	7	5
Mitigée	4	4	4
Plutôt positive	3	12	6
Positive	0	6	9

On observe un effet linéaire qui, toutefois, doit être nuancé, en raison de l'incertitude de l'avis de l'équipe éducative qui, lorsqu'elle se prononce pour une évolution neutre, amène une sur-représentation de la prédictivité négative.

Cette relation entre l'évaluation interne et l'évolution externe après le placement nous permet de prendre cette évaluation interne comme un indicateur raisonnablement fiable (avec toutes les réserves nécessaires puisque la liaison est significative mais pas parfaite) de l'évolution future de 28 cas actuellement dans l'institution pour lesquels nous avons pu investiguer la perception des relations aux parents.

Pour ce faire, nous leur avons administré l'échelle de Barnes et Olson (1982) sur la communication qu'ils ont avec leur père, mère, beau-père ou belle-mère. Ces questionnaires permettent à chaque fois de dégager un score d'ouverture de la communication et un score de problème de communication.

Ces instruments nous apparaissent comme très utiles car de nombreuses recherches se sont penchées sur les relations entre la communication parents-enfants et le développement social de ceux-ci. Barnes et Olson ont ainsi focalisé leur attention sur les relations entre le fonctionnement en famille et la communication au sein de celle-ci. De manière plus précise, ils ont mis en relation la typologie dynamique des familles (modèle circomplexe d'Olson) avec la communication parents-adolescents. Il s'avère que la communication mère-adolescent est davantage positive que celle existant entre père et adolescent, et ce en raison d'une plus grande ouverture vers la communication. Ils relèvent encore que les adolescents perçoivent la communication intrafamiliale avec plus de négativisme que ne le font les parents. Quant à la relation entre la typologie précitée et le type de communication, les résultats obtenus sont partagés : les analyses des réponses des parents corroborent les hypothèses de travail (soit une meilleure communication dans les familles équilibrées de la typologie) tandis que les adolescents fournissent des résultats en désaccord avec celles-ci. Signalons que ces travaux concernent des familles dites « normales », soit une population « tout-venant ». Il n'y a rien d'étonnant à ce qu'il en soit autrement dans une population de jeunes délinquants placés.

D'autres chercheurs se sont penchés sur les liens pouvant exister entre les relations intrafamiliales et l'émergence de problèmes comportementaux chez les adolescents issus de familles monoparentales matricentriques et de familles unies. Il apparaît selon Florsheim, Tolan et Garmon-Smith (1998), que nombre d'acquis sont à remettre en cause. En effet, l'absence du père, tant décriée, n'est pas en tant que telle un facteur de risque pour les adolescents issus de familles matricentriques. De même, la moindre cohésion dans ces familles et la moindre efficacité du *monitoring* des mères seules ne sont pas reliées à l'apparition de problèmes comportementaux, contrairement à ce qui fut souvent déduit lors de précédentes recherches. Ainsi, les résultats de Florsheim et al. mettent en lumière qu'associer l'appartenance à une famille monoparentale avec un haut niveau de risque en terme de passage à l'acte antisocial est faux. En effet, certaines variables du milieu monoparental peuvent protéger ces enfants d'un risque de dérive comportementale. Il s'agit, par exemple, de favoriser la rencontre avec une figure masculine adulte ou d'octroyer une autonomie de fonctionnement.

Pour notre part, notre intérêt se centre sur l'étude de la communication adolescents-parents chez des jeunes affichant des problèmes comportementaux de type asocial et ce en rapport avec une typologie structuraliste de leur famille. Nous posons comme hypothèse dans cette population particulière de délinquants placés que ce ne sont pas les éléments de structure familiale qui influencent la désistance, mais bien les facteurs relationnels familiaux en interaction avec les éléments personnels et de prise en charge.

Nous observerons donc les liaisons statistiques explicatives de l'évolution du jeune au sein de l'institution ; cette évolution étant considérée comme un indicateur prédictif de la désistance. Nos analyses de régression multiple (GLM) ont permis d'identifier la part de variance apportée à l'explication de l'évolution favorable des jeunes. Le meilleur pronostic de désistance est obtenu par une bonne adhésion au projet combinée avec une relation non conflictuelle à la mère.

C'est donc bien le facteur interindividuel « mère–relation non problématique » qui intervient plutôt que tout autre élément de bonne communication tel l'ouverture dans la relation à la mère ou les facteurs d'ouverture et de problème avec le père, beau-père ou belle-mère (tableau 5).

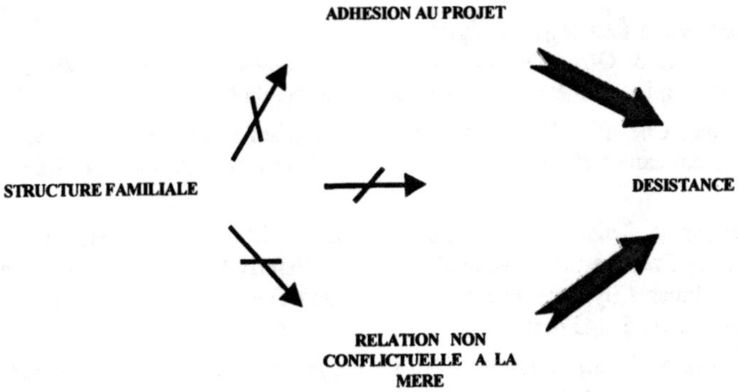

Les analyses indiquent clairement que, durant le placement, il faut établir comme priorité de recueillir l'adhésion du jeune à un projet et que ceci nécessite temps et énergie. Toutefois, la relation du jeune avec sa mère va contribuer à ce que cette adhésion amène une évolution positive. Ce n'est pas l'ouverture de la mère à la communication qui joue le rôle essentiel car cette ouverture peut signifier trop grande tolérance et laisser-faire, mais c'est l'aspect sincère de la communication, pour autant qu'elle ne soit pas conflictuelle, qui joue le rôle déterminant.

Pour ces jeunes qui ont déjà derrière eux toute une série de délits, le meilleur appui pour la désistance sera cette mère, quelle que soit la structure familiale, avec laquelle il faut communiquer et qui arrive à garder un contact positif avec son fils malgré les problèmes qu'il a posés et qu'il pose certainement encore. Cela ne veut néanmoins pas dire que les autres intervenants familiaux (père, beau-père, belle-mère) n'ont pas un rôle à jouer.

Un intérêt de cette étude est de montrer que les éléments structurels de la famille peuvent être un facteur de risque identifié dans une population tout-venant mais ne jouent plus lorsqu'on regarde une population de jeunes pour qui le risque est devenu réalité et qui sont entrés dans la délinquance. Par contre, les éléments relationnels, en particulier ici, la communication avec la mère, s'avèrent un facteur de désistance significatif.

Références bibliographiques

Barnes H.L. & Olson D.H (1985), « Parent–Adolescent Communication and the Circumplex Model », *Child Development*, 56, 438–447.

Born M., Chevalier V. et Humblet I. (1997), « Resilience, desistance and delinquent career of adolescent offenders », *Journal of Adolescence*, 20, 679–694.

Florsheim P., Tolan P. & Gorman-Smith D. (1998), « Family Relationships, Paretning Practices, the Availability of Male Family Members, and the behavior of Inner–City Boys in Single Mother and Two–Parent Families », *Child Development*, 5, 1437–1447.

Glueck S. & Glueck E. (1950), *Unravelling juvenile delinquency*, New York : Commonwealth Fund.

Loesel F. & Bliesener T. (1994), « Some high–risk adolescents do not develop conduct problems : a study of protective factors », *International Journal of Behavioral Development*, 17, 753–777.

Provost M.A. & Tremblay R.E. (1991), *Famille. Inadaptation et intervention*, Montréal : Edit. Agence d'arc.

Sampson R. & Laub J.H. (1993), *Crime in the making*, Cambridge : Harvard University Press.

Vitaro F., Dobkin P.L., Gagnon C. et Le Blanc, M. (1994), *Les Problèmes d'adaptation psychosociale chez l'enfant et l'adolescent : Prévalence, déterminants et prévention*, Montréal : presses universitaires.

10

La place des parents dans la mesure de prestation communautaire

Véronique Seykens [1]

Introduction

Au départ d'un travail psychosocial consistant à organiser une mesure judiciaire spécifique, nous nous attachons ici à préciser la place attribuée aux parents dans notre intervention avec des adolescents ayant commis un fait qualifié d'infraction. Nous commençons par situer le cadre spécifique d'intervention que constitue une mesure de prestation communautaire. Nous éclaircissons ensuite notre conception de la guidance éducative qui est associée à cette mesure pour arriver à considérer notre position d'intervenant par rapport à notre mandat, au jeune et à son système familial. Notre intention est de mieux circonscrire les limites qui balisent notre intervention.

1. Licenciée en psychologie, asbl ARPEGE, Liège, Belgique.

A. Cadre général d'intervention

1. Le contexte de l'intervention

L'intervention se déroule dans le cadre d'un Service de Prestation Educative et Philanthropique (S.P.E.P.) organisé par l'association sans but lucratif « Arpège » (Actions Réparatrices, Prestations et Guidance Educative) [2] dans l'arrondissement judiciaire de Liège. Il s'agit d'un service agréé et subventionné par la Communauté française de Belgique dont la spécificité est de permettre l'organisation et l'accompagnement d'une mesure judiciaire traditionnellement nommée à Liège « prestation communautaire ». Notre équipe pluridisciplinaire, composée d'assistants sociaux, de criminologues et de psychologues, a pour mission l'encadrement de mineurs d'âge qui se sont vus imposer une mesure de ce type.

Nous intervenons dans un cadre de contrainte judiciaire sous mandat d'un juge de la jeunesse. Notre intervention trouve sa source dans une décision prise par ce magistrat sur la base de l'article 37, §2, 2°, b de la loi du 8 avril 1965 relative à la protection de la jeunesse. Ce cadre légal prévoit qu'un juge de la jeunesse peut imposer à un mineur d'âge (moins de dix-huit ans) qui a commis un fait qualifié infraction, parmi d'autres mesures éducatives, une prestation communautaire (Van Doosselaere D., 1999).

2. A quel public s'adresse notre intervention ?

Les mineurs qui nous sont envoyés par les juges de la jeunesse sont des adolescents âgés de 14 à 18 ans. La mesure de prestation communautaire ne s'applique qu'à des mineurs délinquants [3]. Ils sont en aveux et reconnaissent avoir commis un ou

---

2. Nous remercions Denis Van Doosselaere, Directeur de l'asbl Arpège, et nos collègues intervenants pour l'aide apportée à la rédaction de cet article.

3. Nous utiliserons le terme jeune ou mineur « délinquant » et non « ayant commis un fait qualifié infraction » (appellation légale) pour rendre la lecture plus aisée.

plusieurs faits délictueux. Il s'agit d'une population masculine à 95 %.

Certains mineurs délinquants sont exclus du programme de prestation ; ainsi, ne sont pas admis les jeunes qui auraient une limitation intellectuelle importante, des troubles psychopathologiques graves ou encore des problèmes de toxicomanie. Aucun critère restrictif, par contre, ne s'attache au type de faits ou au nombre de comparutions antérieures.

Une recherche indique que les tribunaux de la jeunesse « ne réservent pas la prestation communautaire aux petits délits mais qu'ils l'appliquent aussi à des délits plutôt sérieux et à des délinquants graves » (Walgrave L., Geudens H., 1997).

3. En quoi consiste la prestation communautaire ?

La prestation communautaire, appelée aussi « philanthropique » ou « d'intérêt général », consiste en un travail bénévole à réaliser pour la communauté. Le bénéficiaire devant être la collectivité, le travail non rémunéré se réalisera nécessairement dans un service public ou un organisme d'intérêt public. Tous ces « organismes–ressources » qui acceptent d'intégrer dans leur équipe de travail des jeunes en prestation sont un élément essentiel dans notre intervention ; sans leur collaboration, la mesure ne pourrait bien évidemment pas être exécutée.

L'idée sous-jacente est celle d'une réparation symbolique des actes délinquants (Buonatesta A., 1997). La réparation est abstraite, elle se matérialise par le service rendu à la communauté. Il ne s'agit donc pas d'une réparation réelle qui peut se faire dans le cadre d'une médiation avec la victime. Il ne s'agit pas non plus d'une réparation liée au fait ou à ses conséquences. La tâche n'a pas une relation avec le comportement reproché (par exemple : un tagueur ne réalisera pas nécessairement une tâche de nettoyage). Le contenu du service rendu à la communauté tiendra surtout compte des ressources et des potentialités de l'adolescent.

Une des spécificités de la mesure est le maintien du jeune dans son milieu de vie. Notre intervention est dite « en milieu ouvert » : une des caractéristiques importantes de la mesure est que, à la condition de réaliser la prestation communautaire, le mineur peut demeurer dans son milieu de vie ; le plus souvent il s'agit de sa famille d'origine. Le juge reconnaît implicitement l'aptitude des parents à veiller sur l'adolescent et considère le milieu de vie du jeune comme un cadre satisfaisant qui offre les ressources nécessaires à son évolution. Il arrive que l'ordonnance du juge stipule en toutes lettres que « l'encadrement familial paraît adéquat ». Les parents sont généralement renforcés dans leur statut et rôle parentaux. C'est le comportement délinquant qui est pointé et le jeune lui-même doit assumer la prestation communautaire.

Il est important de préciser que notre action auprès de ces jeunes est ponctuelle. Notre intervention est limitée dans le temps. Elle s'inscrit dans un nombre d'heures imposé par le juge de la jeunesse (entre 40 et 150 heures). La quasi-totalité des heures correspond à une tâche réalisée au sein d'un organisme, mais une partie du temps est consacrée à une guidance éducative qui prend la forme d'entretiens avec le jeune. Durant cette guidance, un moment est consacré à un contact avec la famille. Cette guidance ne suit pas un schéma rigide : au contraire, elle peut varier considérablement d'un jeune à l'autre. Il s'agit plutôt d'un accompagnement individualisé, en ce sens qu'il est adapté à chaque adolescent « au cas par cas » ; il peut se contenter de quelques entretiens ou prendre l'allure d'un suivi massif.

4. La guidance éducative

L'accompagnement éducatif s'articule autour de la tâche. En effet, au cours de la prestation, les adolescents sont confrontés à un milieu de travail avec ses contraintes habituelles, ils entrent en interaction avec des personnes « tout venant » qui ne sont pas censées présenter de qualification éducative particulière. Un des défis de la prestation est de pouvoir s'intégrer dans une de ces équipes ordinaires. Il s'agit de se plier aux contraintes « normales » (se lever, respecter l'horaire...) et aux normes sociales d'un groupe banal qui est représentatif de notre société. L'intervenant incitera l'adolescent à analyser la manière dont il s'adapte à ces contraintes.

Durant les entretiens de guidance, nous abordons avec le jeune la délinquance et le contexte psychosocial dans lequel elle est survenue. Le jeune est amené à analyser le sens de sa transgression (par exemple, il pourrait prendre conscience de son attrait pour l'interdit ou de son besoin d'approbation par un groupe de pairs...). Nous envisageons avec l'adolescent la perception qu'il se fait de la mesure et comment il se positionne par rapport à la décision du juge (par exemple : il peut envisager la mesure comme une punition méritée ou injuste, ou comme une perspective de réparation indispensable à la restauration de son image personnelle). Nous discutons évidemment de l'exécution concrète de la prestation et nous incitons le jeune à anticiper les difficultés qui pourraient survenir afin de développer une attitude d'anticipation des conséquences de ses actes et de dépasser une vision souvent présentéiste. Une sensibilisation au point de vue des victimes est également tentée avec, parfois, une approche de groupe.

Nous veillons à ce que la guidance ne se transforme pas en prise en charge thérapeutique du jeune. Nous pensons que le fait d'être mandatés pour l'organisation d'une prestation et de sa guidance éducative n'implique pas une prise en charge psychothérapeutique du mineur en cause. Nous avons d'ailleurs déjà bien précisé les critères d'exclusion du programme. Le risque est de « pathologiser » le jeune et de s'éloigner trop de l'aspect légal/illégal de la question qui l'amène en face de nous. Le danger serait de « faire comme si » le délinquant venait nous voir pour un problème personnel, comme s'il fonctionnait « anormalement ». Alors que ses comportements posent surtout problème à la société, c'est elle qui a un problème et qui souhaite un changement. La collectivité attend que le jeune se conforme à ses règles et respecte la norme. Nous situons plus notre mission dans l'aide que nous pouvons apporter au jeune pour répondre aux exigences du juge en matière de légalité que dans le fait de le « traiter ». Il est donc essentiel de revenir aux faits concrets, aux comportements pointés en dépassement de la loi.

B. La place des parents dans notre intervention

1. Une évolution dans notre pratique

Nous relevons dans la pratique de notre équipe une évolution dans la manière de prendre en compte la famille dans l'intervention. Aux origines du projet (1984), alors expérimental, les parents étaient absents de l'intervention (Thys P., 1986). Ainsi, par exemple, tout courrier était adressé directement et exclusivement au mineur délinquant. Il apparaît que l'idée générale sous jacente à cette position était que « la prestation, c'était l'affaire du jeune ! ». Une affirmation de cette époque était que « si le jeune délinquant était capable de commettre un délit seul, il était aussi capable de faire la prestation sans ses parents ! ». Les intervenants estimaient que l'événement que constituait le délit ne justifiait pas de leur part une intrusion dans la famille. Il est également important de relever qu'un délégué du Service de Protection Judiciaire était à cette époque toujours désigné et que cet intervenant extérieur avait spécifiquement pour rôle d'intervenir auprès de la famille ; cette pratique a été abandonnée.

Un changement dans notre intervention s'est instauré de façon graduée. Certains parents s'informaient auprès de notre service mais, si une partie d'entre eux prenaient contact, d'autres ne se manifestaient pas. Les intervenants ont souhaité adopter une ligne de conduite plus égalitaire en proposant à tous une rencontre entre l'intervenant, l'adolescent et ses parents. Il semble qu'une certaine pression présente dans le milieu des travailleurs sociaux en faveur d'une prise en compte systématique du système familial ait également influencé notre pratique. Aujourd'hui, une certaine place a été attribuée aux parents.

2. Un moment est consacré à un contact avec la famille

En pratique, le délinquant et ses parents sont invités par courrier commun à se présenter ensemble au premier entretien. Nous profitons de cette première rencontre pour informer les parents, en même temps que le jeune, des modalités d'organisation de la prestation. Nous pensons que la prestation est un événement qui les concerne ; souvent les parents souhaitent obtenir des clarifications au sujet de la mesure. Nous constatons qu'ils ont leurs propres représentations à l'égard de la prestation et peuvent manifester des préjugés, des croyances erronées qu'il est bon de rectifier ou des craintes que nous pouvons apaiser (par exemple : la représentation de « travaux forcés » est encore présente ; les « travaux forcés » » oui, sans doute pour la contrainte, mais non, pour le labeur ou l'humiliation).

Nous laissons aux parents un espace de parole, ils sont reçus en présence du jeune qui peut de cette manière percevoir les différents points de vue. Nous leur donnons l'opportunité de verbaliser leur vision des choses, d'émettre leur opinion sur les événements survenus et de donner leur avis au sujet des faits et de la mesure. C'est une occasion de mettre des mots sur ce qui est arrivé et pour chacun de se positionner par rapport aux actes délinquants de l'adolescent et par rapport à la loi.

Au moment de crise où nous les rencontrons, les relations peuvent être difficiles entre le jeune et ses parents. Ils profitent souvent de l'espace de parole qui leur est offert et la rencontre avec un intervenant d'Arpège peut être l'occasion pour eux de saisir l'impact que les événements ont eu sur la famille. Les parents en profitent parfois pour faire passer un message à leur adolescent. L'entretien devient parfois le lieu de mise au point ou d'une reprise du dialogue. Souvent les parents abordent la manière dont ils s'en sortent avec l'adolescent, ils s'interrogent sur leur rôle parental, leurs difficultés peuvent être éventuellement exprimées (la perte de confiance, le fait d'être dépassés...).

Par sa confrontation avec un juge et ensuite notre service, le jeune rencontre de nouveaux interlocuteurs différents de ses parents, il se confronte à des instances d'autorité « supérieure » à celle de ses parents. En effet, jusque là, la famille a peut-être joué un rôle d'intermédiaire entre l'adolescent et le monde extérieur. Si la décision du juge signifie au jeune que l'acte délinquant n'est pas socialement acceptable, elle prend aussi un sens pour les parents. Il s'agit de recadrer toutes ces différentes positions (position des parents, de l'adolescent, du juge).

L'intervenant clarifie les questions suivantes : Quelle position adoptent les parents par rapport à la loi ? Adhèrent-ils au même système de référence ? Savent-ils pourquoi le juge a pris une mesure ? Quelle position adoptent-ils par rapport à l'infraction ? Reconnaissent-ils la délinquance ? Reconnaissent-ils l'opportunité d'une mesure ? Qu'en pensent-ils ? Quelles répercussions la confrontation avec la loi a-t-elle eues dans la famille ?

Les parents peuvent réagir de diverses manières, nous retiendrons quatre types de positions.

1° Certains contestent l'infraction : ils ont des difficultés à croire ce qui s'est passé, ils nient les faits ou les minimisent en affirmant qu'il s'agit « d'une bêtise », ils estiment qu'il n'y a pas de problème. Tout en niant ou minimisant l'infraction, ils peuvent néanmoins adhérer à la mesure de prestation et inciter le jeune à la réaliser « pour éviter le pire », parce qu'ils estiment que « ça ne fera pas de tort à leur enfant », ou encore pour « se blanchir par rapport au juge ».

2° Ils peuvent nier l'existence d'une infraction et l'opportunité d'une prestation. Ils expliqueront par exemple que leur fils a rendu l'argent, qu'il n'y a donc pas de victime et plus de problème, ils peuvent aller jusqu'à disqualifier le juge ou prendre une position clairement « asociale ».

3° S'ils reconnaissent l'infraction et le tort causé à une victime, ils ne sont pas nécessairement d'accord avec la mesure, soit qu'ils trouvent la sanction injuste, trop sévère ou pas assez sévère. Certains n'acceptent pas une intervention de la justice auprès de leur enfant car ils ont leur propre solution : ils diront « je l'ai déjà puni » ; ou encore, ils n'acceptent pas d'intervention extérieure au sein de la famille.

4° Dans certains cas, les parents reconnaissent l'infraction et adhèrent à la prestation. Ils peuvent y voir un soutien à leur autorité ; notre rôle peut être vécu comme un relais par rapport à l'autorité parentale, ils peuvent nous voir comme des partenaires éducatifs.

Dans tous les cas, la confrontation judiciaire fait ressentir, tant à l'adolescent qu'à ses parents, l'existence d'une norme extérieure au système familial qui est à respecter.

3. La famille n'est pas au centre de l'intervention

Il est évident qu'une problématique de délinquance doit être mise en situation. Nous devons tenir compte, dans l'approche de la délinquance, de l'environnement du jeune et des interactions de l'adolescent avec son milieu. La rencontre avec la famille donnera à ce titre un éclairage sur le contexte de vie du mineur, elle permet à chacun de mieux comprendre la situation familiale, le climat familial et le contexte relationnel au sein de la famille. Si une intervention plus globale s'avérait utile, si les transgressions étaient clairement reliées à un problème relationnel au sein de la famille, on pourrait, dans un rapport écrit, attirer l'attention du juge de la jeunesse sur ce contexte, voire l'éclairer sur une situation familiale pénible. Le juge pourra, dans ce cas, mettre en œuvre des moyens supplémentaires pour permettre à la situation d'évoluer, il pourra envisager une orientation vers un autre service. La prestation peut donc créer une ouverture vers d'autres choses.

Mais si la famille est un élément important du contexte dans le phénomène de délinquance, nous estimons qu'elle n'est pas la seule en cause, nous envisageons donc aussi la scolarité du jeune, ses centres d'intérêt, ses relations avec les pairs du même âge, etc.

La mesure centrée sur le jeune pointe son comportement délinquant comme problématique mais pas le comportement de la famille. Ce contexte ne discrédite pas l'autorité parentale car les parents n'ont pas l'étiquette de « responsables » de ce qui arrive. Ils sont responsables de l'éducation de leur enfant mais pas de la délinquance. Cette position peut créer une « ouverture relationnelle », une situation moins conflictuelle avec les familles. Les parents peuvent se sentir plus à l'aise pour aborder la situation de leur enfant.

Dans notre pratique, nous sollicitons de la famille une implication minimale. Après le contact avec le ou les parent(s) au cours du premier entretien, la place de la famille sera limitée. Nous serons souvent exclusivement en contact avec le jeune.

Si dans la majorité des cas, les parents ou l'un d'eux se présentent au premier entretien, il arrive également que l'adolescent se présente seul à notre bureau et que les parents ne se manifestent pas ou très peu comme, par exemple, par un simple contact téléphonique. A titre indicatif, en 1998, sur 99 jeunes venus en prestation, 24 jeunes s'étaient présentés seuls à l'asbl Arpège, ce qui représente environ un quart des jeunes. Nous considérons que la prestation peut s'effectuer par le jeune sans que nous ayons rencontré ses parents.

4. Notre mission se situe dans le cadre d'un mandat

Nous fixons une limite claire à notre intervention, préférant donner une réponse, certes limitée, mais qui nous semble appropriée. Le mandat concerne le délinquant, c'est le jeune qui est au centre de la mesure, la prestation relève de sa responsabilité et pas de celle de sa famille. Il est essentiel à nos yeux de garder cette spécificité de la mesure, ce qui implique que la famille n'est pas vraiment au centre de nos préoccupations et ne constitue pas la cible de notre intervention.

Notre cadre d'intervention est un contexte de contrainte. Souvent, on parle du délinquant qui est sous contrainte et on oublie que la contrainte ne porte pas uniquement sur le délinquant mais aussi, dans une certaine mesure, sur les intervenants. En effet, nous travaillons sous mandat. Cela veut dire que, d'une part, nous avons l'obligation d'intervenir ; d'autre part, nous ne pouvons pas agir à notre guise. Il s'agit d'adopter une position qui respecte au mieux notre mandat. Pour l'essentiel, notre mission consiste à mettre en œuvre la prestation et à accompagner le jeune tout au long de l'exécution de la mesure. Nous estimons que notre mandat ne nous confère pas tous les droits d'intervenir dans la vie des personnes concernées.

Cela se complique avec notre mission d'accompagnement éducatif et il y a là matière à débat ! Le terme « éducatif » se réfère à de multiples aspects et nous pouvons difficilement supposer que les juges, tous les différents intervenants d'une équipe ou les différents Services de Prestation Educative et Philanthropique ont la même idée de ce que cela recouvre.

« La priorité accordée à cet accompagnement n'est pas systématique... Pour certains, la prestation revêtirait en elle-même, par définition, une dimension éducative qui ne nécessiterait pas d'autre accompagnement qu'une simple organisation logistique ». « D'autres sont tentés de profiter du moment de la prestation pour apporter une aide psychologique au jeune et à sa famille. Partant du présupposé selon lequel le délit du mineur est un signal décodé comme une lacune de ses conditions d'éducation, de son milieu d'éducation primaire – la famille –, ils accordent une prédominance à celle-ci en tentant de remobiliser, de remotiver les proches dans leur tâche éducative. Se référant notamment à l'analyse systémique, en mettant plus particulièrement en évidence les interactions existantes au niveau du système familial, la délinquance est recadrée comme un acte de loyauté au système familial. Dès lors, pour pouvoir modifier le comportement du jeune délinquant, certains services, à partir de nombreux entretiens avec le jeune et sa famille, tentent d'avoir une connaissance de la dynamique intrinsèque du système familial pour exercer une action sur son fonctionnement. (...) En terme d'alourdissement du contrôle social, on peut s'interroger sur la légitimité qui sous-tend cette pratique d'accompagnement pédagogique » (Durviaux S., 1997).

Ce « flou », qui laisse une très grande marge de liberté et d'initiative aux intervenants, comporte quelques risques. Nous constatons une grande imprécision au niveau du contenu de l'accompagnement éducatif lié à la mesure de prestation. L'intervention qu'il suppose pourrait amener des ingérences dans les familles. On pourrait voir une intrusion des intervenants dans la famille au nom de la Justice, avec le risque que l'intervenant agisse en son nom propre et en faisant appel à des normes personnelles plutôt que légales. Nous pourrions glisser vers l'arbitraire le plus total.

Une approche systémique, mise en cause par Stephan Durviaux, suppose cependant qu'un problème soit « contextualisé » et qu'un phénomène soit considéré et analysé dans son contexte le plus large. En l'occurrence, une transgression de la loi ne peut être isolée du contexte social le plus large dans lequel le jeune évolue et ne pourrait de façon restrictive et systématique se focaliser sur la famille.

Il ne s'agit donc pas ici d'exclure une vision systémique de la problématique, mais d'éviter de suggérer des liens de causalité linéaire qui déplacent la responsabilité de l'adolescent vers sa famille ou pointe un autre de ses membres (caricaturalement le père absent, la mère trop protectrice…).

Cette approche présente un intérêt en remettant en question la conception commune de l'intervenant vu comme observateur extérieur au système et dans une position de neutralité confortable. Cette absence de neutralité possible et la position de l'intervenant (en interaction au sein du système et en devenant un de ses éléments) nous incitent à apprécier notre place d'intervenant mais également à ne pas oublier le contexte global du système judiciaire dans lequel nous intervenons. Il s'agit de ne pas gommer l'importance du mandat qui désigne les comportements problématiques et définit le problème.

Une intervention de notre part auprès de la famille ne nous semble pas acceptable. Une prise en charge familiale va au-delà de notre mandat. Cela n'empêche pas une rencontre empathique avec la famille et de répondre à une demande d'aide. Mais nous résistons à la tentation d'étendre notre approche éducative en globalisant l'intervention et en traitant l'ensemble de la problématique d'un jeune.

Certaines conceptions nous amènent à une telle attitude de réserve. Notre intervention est « colorée » par notre propre cadre de référence et les représentations que nous nous faisons de la problématique et de notre action. Si on postule que « la délinquance est le résultat d'un dysfonctionnement familial », cela conduira à une approche particulière de la prestation, cela déterminera la façon d'aborder la situation et, plus particulièrement, influencera considérablement le genre d'interaction avec le jeune.

Une intervention principale auprès de la famille dans le cadre de la prestation pourrait, par inadvertance, entretenir une approche indulgente et plutôt déresponsabilisante des mineurs qui nous sont « confiés ». Une position qui considère le jeune comme essentiellement déterminé par des influences extérieures et le « pose » comme une victime de son milieu ou de son histoire personnelle, donne à un jeune une ribambelle d'auto-justifications possibles.

Nous connaissons l'existence de facteurs de risque et de protection liés à la famille (Born M., Chevalier V. et Humblet I., 1997) et nous ne nions évidemment pas l'importance du contexte familial dans la survenue de la délinquance. Mais, même si nous pouvons aborder ces questions avec le jeune, il nous paraît difficile de construire l'autonomie du jeune en lui concédant d'emblée que ses infractions ont des causes sociologiques ou familiales.

Il s'agit d'adopter une « position pédagogique » claire et constructive. C'est à l'adolescent de chercher ses propres significations et interprétations. Si un jeune attribue à ses écarts de conduite des explications externes, nous souhaitons lui faire sentir qu'il existe un espace de liberté par rapport à un contexte. Nous préférons plutôt postuler que la liberté du jeune existe pour supplanter ces influences extérieures. L'adolescent est vu comme un individu conscient qui agit sur le monde. Et notre position doit le stimuler à percevoir le contrôle interne qu'il peut avoir sur ses comportements.

Par exemple, nous pouvons reconnaître avec le jeune provenant d'une famille « carencée », ses difficultés à se plier à la mesure par manque de structure (se lever et aller au travail sera un objectif difficile pour certains jeunes), mais l'intervenant ne s'appuiera pas sur ces justifications pour échapper à la tâche et à la contrainte. Il tentera de soutenir le jeune dans un dépassement de ses lacunes et la prestation devient alors opportunité de changement.

5. Le comportement délinquant : un comportement qui pose problème à la société et dont la responsabilité est attribuée à son jeune auteur

En tant que réparation symbolique, c'est un acte personnel du délinquant qui est attendu. L'adolescent est vu comme une personne responsable de ses actes pour lesquels il est « questionné ». Dans la « procédure » de la prestation, en s'adressant prioritairement à lui, nous pensons l'aider à se situer comme auteur de ses actes. Notre optique est de lui donner le rôle le plus actif. Concrètement, nous mobilisons donc surtout le jeune lui-même plutôt que de nous appuyer sur les parents (Heinis M., 1992). Notre idée est de le mettre en situation de s'approprier ses actes et leurs conséquences.

La prestation vient en réponse à un acte du jeune qui expérimente que sa liberté a des limites, limites qu'impose la vie sociale. La reconnaissance sociale de la transgression par une sanction à valeur éducative est importante pour la construction de l'identité de l'adolescent. S'il est reconnu comme sujet qui doit répondre de ses actes, il est aussi reconnu dans sa singularité comme individu à part entière soumis à une loi commune et au même titre que ses parents et donc plus comme un enfant totalement irresponsable.

Si un mineur ne peut être légalement vu comme responsable, il est en voie de l'être. L'adolescence est une période intermédiaire d'émancipation. Par la prestation, il est proposé une occasion au mineur d'assumer ses actes. Reconnu comme responsable, il a plus de chance de se comporter comme tel à l'avenir.

Juridiquement, cette notion d'irresponsabilité est évidemment une garantie dont bénéficient les mineurs d'âge. Mais si juridiquement le passage d'un état de dépendance infantile à un état d'adulte responsable et autonome se fait en une nuit (le jour des 18 ans), en pratique, dans l'intervention de terrain, on constate que les intéressés eux-mêmes sont souvent conscients d'avoir commis une infraction et s'attendent à une réaction, une réponse à leur passage à l'acte.

En reconnaissant la capacité du jeune à réparer les torts qu'il a causés par une réparation symbolique, on lui donne du pouvoir, de l'influence : il réalise (ou pas) les heures, il s'investit (ou pas) dans la tâche. La prestation lui donne une occasion de revendiquer ses actes et de grandir. A ce sujet, Alain Marteaux (1995) voit la prestation comme un espace transitionnel. On sait que, au moment de l'adolescence, une distance s'installe dans les liens de dépendance à l'égard des parents. La mesure prise à l'égard de l'adolescent et, ensuite, dans son prolongement, l'optique responsabilisante que nous prônons participent à ce processus de « séparation–individuation ». Dans la pratique, la responsabilisation du jeune se traduira par une attitude bien concrète : nous ne chercherons pas le soutien des parents pour l'accomplissement de la mesure, nous nous appuierons au maximum sur les ressources personnelles du jeune. La collaboration des parents dépendra évidemment de l'âge du jeune et nous adapterons notre intervention selon que le jeune a quatorze ou presque dix-huit ans.

Le jeune qui a mené à bien sa prestation, par la réparation symbolique, peut se sentir revalorisé et peut-être trouver une occasion de restaurer l'image qu'il a de lui-même. Il peut se présenter une opportunité d'affirmer son sens des responsabilités et reconquérir peut-être l'estime des adultes qui l'entourent. Et en cela, la prestation s'adresse certainement aussi aux parents.

Conclusion

En tant qu'intervenants, il est essentiel d'éclaircir notre position dans nos pratiques quotidiennes. Si, à un niveau théorique, il est toujours possible de nuancer les choses, en pratique, ce n'est pas le cas. Il nous faut souvent prendre option, nous engager et agir. Nous avons explicité certaines options de travail dans un cadre spécifique d'intervention qui est celui des prestations communautaires, plus particulièrement, la place attribuée aux parents dans notre travail de terrain avec des adolescents délinquants.

Nous avons relevé au sein de notre équipe une évolution dans la pratique vers une plus grande prise en compte de la famille. Cependant, l'équipe d'Arpège sollicite de la famille une implication minimale et ne la place pas au centre de son intervention. Notre intervention et la place attribuée à la famille s'inscrivent dans une perspective logique avec la perception que nous nous faisons de notre mission. Notre position se doit d'être cohérente avec le cadre légal, avec notre mandat et avec l'esprit de la prestation communautaire.

Il est essentiel, à nos yeux, de garder certaines spécificités de la mesure :
- la prestation s'adresse à un jeune qui sait qu'il a commis un acte contraire à la loi ;
- le comportement délinquant est un comportement qui pose problème à la société et dont la responsabilité est attribuée à son jeune auteur ;
- la mesure centrée sur le jeune pointe le comportement délinquant comme problématique mais pas le comportement de la famille ;
- le jeune assume la prestation communautaire, celle-ci relève de sa responsabilité. Il s'agit de responsabiliser le jeune : reconnu comme responsable, il a plus de chance de se comporter comme tel à l'avenir ;
- c'est à l'adolescent que revient de fournir un effort concret pour matérialiser une réparation symbolique en actes et personne ne peut se substituer à lui pour réparer le tort causé à autrui par le délit.

Dans la pratique, la responsabilisation du jeune se traduit par une attitude bien concrète : nous ne chercherons pas le soutien des parents pour l'accomplissement de la mesure ; au contraire, nous nous appuierons au maximum sur les ressources personnelles du jeune.

Ce que la prestation ne doit pas devenir, à notre avis, c'est une prise en charge familiale. Une intervention familiale dans ce cadre pourrait, par inadvertance, entretenir une approche indulgente et plutôt déresponsabilisante des mineurs qui nous sont « confiés » et en dénaturer l'impact éducatif.

Bien que notre mission d'accompagnement « éducatif » puisse se référer à de multiples aspects et laisse, par cette imprécision, une très grande marge de liberté et d'initiative aux intervenants, nous imposons des limites à nos interventions. Nous pensons que toute ingérence dans les familles n'est pas légitime.

Avec de jeunes adolescents et particulièrement avec des adolescents délinquants, il nous semble essentiel de définir avec clarté notre mission et de baliser notre intervention avec des points de repère précis. Un adolescent a besoin d'un environnement où les règles sont prévisibles, il doit savoir exactement ce à quoi il a droit et ce qu'on attend de lui. Il doit pouvoir bien repérer l'identité et le rôle de chacun. Si les adultes intervenants ne sont pas en mesure de savoir où est leur place, quel est leur rôle, les adolescents auront tôt fait de révéler ces dysfonctionnements, ils sont d'ailleurs experts à nous interpeller ou à nous remettre en question !

Références bibliographiques

Born M., Chevalier V. & Humblet I. (1997), « Resilience, desistence and delinquent career of adolescent offenders », *Journal of adolescence*, 20, 679-694.

Buonatesta A. (1992), « Pertinence et limites de la prestation », Actes du colloque organisé le 13 mars 1992 par la FEMMO à Charleroi, *Mille Lieux ouverts*, 4 avril 1992.

Buonatesta A. (1997), « Médiation et service à la communauté dans le cadre de la loi de 1965 sur la protection de la jeunesse : ébauche d'un modèle réparateur », *Cahiers Liégeois de criminologie*, n°4, 55-78.

Durviaux S. (1997), « Travail d'intérêt général et médiation pénale dans le droit des mineurs : les aspects psychosociaux », *In* MARY P. (Dir..), *Travail d'intérêt général et médiation pénale Socialisation du pénal ou pénalisation du social ?*, Faculté de droit ULB, Editions Bruylant, Bruxelles, 165-175.

Heinis M. (1992), « Les temps forts d'une prestation », Actes du colloque organisé le 13 mars 1992 par la Fédération des Equipes Mandatées en Milieu Ouvert, Qui répare quoi ? La prestation éducative et la délinquance des jeunes, *Mille Lieux Ouverts*, n°4, avril 1992, 13-39.

Marteaux A. (1995), « La prestation d'intérêt général : un espace transitionnel ? », *Mille Lieux Ouverts Aller(s) retour(s)*, n°12, août 1995, reprise en partie d'un article paru dans *Les cahiers Critiques de Thérapie Familiale et de Pratiques de réseau*, Cahier n°10, Privas, Toulouse, 1989.

Preumont M. (1997), « Travail d'intérêt général et médiation pénale dans le droit des mineurs : les aspects juridiques », *In* MARY P. (Dir.), *Travail d'intérêt général et médiation pénale Socialisation du pénal ou pénalisation du social ?*, Faculté de droit ULB, Editions Bruylant, Bruxelles, 145-164.

Thys P. (1986), « L'expérience liègeoise de prestations communautaires. Fondements théoriques. Aspects méthodologiques », *In Cahiers Liégeois de Criminologie*, n°1, Mai 1986, 25-34.

Van Doosselaere D. (1999), « Les ressources des prestations communautaires », *Actes du colloque "Jacques Henry", organisé par la Commission Jeunesse du Barreau de Liège et la Conférence libre du Jeune Barreau de Liège* le 15 mai 1998, Editions du jeune Barreau de Liège, 1999.

Van Doosselaere D. et coll. (1989), « La prestation communautaire dans l'arrondissement judiciaire de Liège. Bilan provisoire. Dix ans devant soi », *Actes du colloque organisé le 4 novembre 1988 par la Commission Jeunesse du Barreau de Liège*, Editions du jeune Barreau de Liège, 1989, 198-215.

Walgrave L. & Geudens H. (1997), « Une recherche vers l'application de la prestation communautaire dans le cadre de la protection judiciaire de la jeunesse en Belgique », *Journal du droit des Jeunes*, janvier 1997, 161, 13-18.

11

Placement familial : des liens ambigus

Dominique Thys-Doneux [1]

Dans le décret du 4 mars 1991 relatif à l'aide à la jeunesse, les objectifs du législateur décrétal sont clairement identifiables. Le maintien du jeune dans son milieu de vie doit être une priorité pour l'ensemble des acteurs du décret.

La vie en famille est la règle et le (dé)placement l'exception.

Cette affirmation prend son ancrage dans les plus grands textes relatifs aux droits fondamentaux et, notamment, dans la Convention internationale des droits de l'enfant.

Ainsi, selon la Convention, « le législateur belge se voit dans l'obligation de mettre en place un système de placement qui, tout en permettant à l'enfant d'être recueilli temporairement dans une famille d'accueil, privilégie ses relations et son retour dans sa famille d'origine ».

Or, les principes élaborés par le droit international ne se contentent pas de cette injonction négative. Il faut aussi, disent-

---

1. Licenciée en psychologie, Psychologue au service de placement familial « En famille ».

ils, donner aux parents et à l'enfant les moyens concrets de sauvegarder une vie familiale et de demeurer ensemble.

La volonté de maintenir l'unité familiale, de ne pas séparer les enfants de leurs parents est partout présente dans le décret relatif à l'aide à la jeunesse. La priorité est donnée à l'aide dans le milieu de vie.

L'article 9 porte : « les mesures et les décisions prises par le conseiller ou par le directeur tendent par priorité à favoriser l'épanouissement du jeune dans son milieu de vie ». En cas de placement, « sauf si l'intérêt du jeune s'y oppose, le service ou la personne physique qui l'héberge est tenue de veiller à ce que les contacts avec ses familiers soient maintenus, ou à tout le moins favorisés » (alinéa 2).

L'article 38, § 3 souligne la gravité du placement : « Le tribunal de la jeunesse peut (...) 2° décider, dans des situations exceptionnelles, que l'enfant sera hébergé temporairement hors de son milieu familial de vie en vue de son traitement, de son éducation, de son instruction ou de sa formation professionnelle ».

Les travaux préparatoires sont explicites : « Sans nier la nécessité et l'efficacité des mesures d'hébergement dans certains cas, les auteurs du projet de décret, tenant pour évident que les dysfonctionnements familiaux doivent se régler d'abord au sein même de la famille, entendent que le maintien du jeune dans son milieu de vie constitue la règle et que l'éloignement de ce milieu soit toujours l'exception.

Ce principe doit guider le conseiller, non seulement au moment où il en vient à proposer l'éloignement du milieu de vie comme forme d'aide, mais encore pendant toute la durée de celui-ci, de telle sorte que régulièrement il le reconsidère et qu'il propose d'y mettre fin dès que les circonstances ne le justifient plus (...) ».

L'aspect d'injonction positive est évident. Le droit à l'aide spécialisée prend en compte le droit des mineurs et de leur famille à être aidés par la communauté.

Cette aide doit permettre au jeune de se développer à des conditions d'égalité de chances et de conditions de vie conformes à la dignité humaine. Dans ce sens, le placement peut être présenté comme une aide positive mais qui n'en est pas la première forme. L'aide positive vise d'abord la mise à disposition de moyens au sein du milieu de vie. Outre l'objectif de déjudiciarisation, le décret de l'aide à la jeunesse a aussi un objectif de désinstitutionalisation.

Or, l'étude-bilan de la mise en application du décret de l'aide à la jeunesse, élaboré sous la direction de Fr. Tulkens, et dont le rapport a été clôturé en septembre 96, procède à 3 constats :
- le nombre de lits en Communauté française n'a pas – encore – diminué ;
- le taux d'occupation de ces lits reste constant. Certaines institutions affirment même devoir refuser chaque jour 2 à 3 demandes de prise en charge ;
- des conseillers, magistrats et directeurs se plaignent de n'avoir pas suffisamment d'institutions à leur disposition.

Sur base de ces 3 constats, il est permis d'affirmer que le nombre des placements n'a pas diminué depuis la mise en application du décret.

Par contre, il semble y avoir une évolution pour ce qui est de leur durée. Celle-ci serait de plus en plus courte. Le placement serait de moins en moins considéré comme une mesure destinée à héberger un jeune jusqu'à sa majorité, mais plutôt comme une mesure temporaire durant laquelle les problèmes ayant abouti à la décision de placement devraient être travaillés.

Ce constat est positif, toutefois il ne répond pas encore à l'objectif annoncé, à savoir la diminution du nombre de placements.

De plus, il se pourrait que ce soient les mêmes jeunes qui font des allers-retours entre ce milieu familial et l'institution.

Selon Fr. Tulkens, le placement en famille d'accueil ne peut en aucun cas être considéré comme alternative au placement institutionnel. Au contraire, dans les situations de rupture de contact entre un jeune placé et sa famille, Isabelle Ravier constate « la présence récurrente de certains éléments : une prise en charge en famille d'accueil, principalement une famille n'appartenant pas à la famille élargie de l'enfant, encadrée par un service, un enfant qui se porte plutôt bien et une famille en grande difficulté » [2].

Ce risque accru d'abandon, et donc d'échec du placement en tant qu'outil permettant un retour en famille, trouve une explication. « On l'explique en partie par le fait que les parents d'origine, et surtout la mère, peuvent se sentir complexés, voire humiliés face à d'autres parents, face à une autre femme, apparaissant comme meilleurs parents. Mais on soupçonne aussi inévitablement un phénomène souvent inconscient de captation de l'enfant par la famille d'accueil » [3].

« Tant que le rôle des familles d'accueil n'aura pas été clairement défini et limité, celles-ci auront tendance à se considérer comme des familles de substitution. A ce titre, elles auront, même inconsciemment, tendance à ne pas favoriser le rapprochement entre l'enfant qui leur est confié et sa famille d'origine. Il y aura alors incontestablement échec du placement tel que défini part le décret » [4].

Une remarque importante s'impose : le placement familial augmente parce qu'il est maintenant davantage fait appel aux solidarités familiales, l'enfant est donc placé dans sa famille élargie.

Ravier souligne aussi l'absence de projet élaboré par l'autorité de placement en cas de placement familial.

Les motifs avancés font plus souvent référence à des difficultés familiales, sauf pour les prises en charge en IMP et en hôpital psychiatrique. Les projets développés par les IMP et

---

2. Ravier I., *Le lien familial à l'épreuve du placement*, Rapport de recherche réalisé à la demande de Monsieur M. Lebrun, Ministère de l'aide à la jeunesse, 1995, p. 69.

3. Fierens J., Le droit et le lien familial, *J.D.J.*, septembre 1995, n° 147, p. 295.

4. Ravier I., *op.cit.*, p. 69.

hôpitaux psychiatriques apparaissent assez clairement et laissent une large place aux retours en famille.

Par contre, dans le cas du placement en famille d'accueil encadrée, le mandat de l'autorité judiciaire comporte rarement des injonctions concernant de façon spécifique les relations familiales ; de surcroît, les responsables de la prise en charge interviennent moins souvent dans la médiation de ces relations ; le mode de contact privilégié est la rencontre dans un lieu tiers.

Pour les enfants hébergés en pouponnière, les projets dénotent un souci des relations familiales et un investissement visant clairement le renforcement des liens. Le mode de contact privilégié est la visite du parent à l'institution.

Notons que le placement familial est le plus souvent envisagé quand le travail des pouponnières avec les parents a échoué.

Même et surtout si les décisions doivent être prises pour clarifier l'avenir de l'enfant, les parents doivent être tenus au courant et informés des conséquences juridiques des perspectives envisagées. Certains parents seront même peut-être soulagés que la société, dans l'intérêt de leur enfant, leur propose des solutions leur permettant de ne plus porter une parentalité qui leur était devenue un fardeau.

Ces observations, entre autres, ont suscité dans mon équipe des réflexions sur nos méthodes d'intervention auprès des parents.

Bien avant la mise en application du décret cependant, une interrogation existait quant à la manière de maintenir les relations entre parents et enfants accueillis, relations qui manifestement se distendaient au fil des années.

Ces rencontres étaient jugées indispensables dans la logique de travail d'un service de placement en famille d'accueil, pour que ces enfants séparés très jeunes de leurs parents, puissent se construire une identité, comprendre leur histoire et les raisons de leur placement. Tout enfant, à certains moments de son évolution, reconstruit son histoire familiale. Les explications

qu'il se fait de son statut d'enfant accueilli peuvent se résumer comme suit :
- si mes parents ne m'ont pas gardé, c'est que je n'étais pas suffisamment satisfaisant pour eux ;
- si on m'a placé, c'est que mes parents étaient vraiment abominables ;
- mes parents d'accueil m'ont volé.

Dès lors, les relations qui se nouent à travers les droits aux relations personnelles permettent de nuancer l'appréhension que les enfants ont de leurs parents, de leurs aspects positifs ou de leurs défaillances. La pratique courante, il y a 10 ans, était que le parent se rende dans la famille d'accueil pour y rencontrer son enfant. Le service « En famille » a voulu que ces contacts se passent dans un milieu neutre, dans une certaine intimité. Outre le fait de prévoir des locaux chaleureux et propices à créer des échanges (des jeux adaptés aux différents âges, des coins salons ont été aménagés), le service s'est efforcé d'en faire des lieux où les parents étaient accueillis. L'écoute des attentes des parents et des besoins des enfants pour que la rencontre se passe bien est aussi une priorité.

Ce droit aux relations personnelles doit évoluer. En rendant les parents attentifs aux désirs des enfants, à leur besoin de sécurité mais aussi en les amenant à savoir limiter leurs enfants, il leur devient possible d'imaginer une activité à l'extérieur, quelques heures passées chez eux.

Dans le cas de projets de réintégration, le temps que les parents passent avec leur enfant s'accroît considérablement. Les entretiens des membres du service avec les parents accompagnent ce projet, et permettent de réajuster la perception de l'enfant dont ils ont été séparés et pour qui le retour n'est souvent imaginé que sous ses aspects positifs et idéalisés. Les parents ont souvent du mal à évoquer l'éventualité de difficultés au moment où la famille est rassemblée ou, comme c'est plus fréquemment le cas, nouvellement constituée.

Malgré ce souci accordé à la relation entre parents et enfants, souci renforcé par l'avènement du décret, les chiffres continuaient à montrer que la proportion de réintégrations restait stationnaire et restait inférieure au nombre d'adoptions, sans compter les placements qui se poursuivent sans contact avec les parents.

A notre initiative, un travail de fin d'études en criminologie a été réalisé avec trois objectifs :
- mieux apprécier l'évolution des contacts entre l'enfant placé en famille d'accueil et ses parents d'une part ;
- comparer les méthodes de travail de deux services de placement d'autre part ;
- apprécier l'hypothèse selon laquelle les autorités de placement placent des enfants issus de familles pauvres dans des familles d'accueil aisées [5].

Les dossiers à analyser ont été sélectionnés à partir de 1992, qu'ils soient déjà en cours à cette date ou qu'ils démarrent cette année là. Il s'agissait de dossiers où la famille d'accueil avait été sélectionnée par le service (à la différence des « reprises de guidance » où le service encadre une famille d'accueil chez qui le placement est déjà réalisé et qu'il n'a pas sélectionnée).

Les variables supposées indépendantes étaient :
- la décision de l'autorité de placement,
- les caractéristiques de l'enfant,
- les caractéristiques de la famille d'origine,
- les caractéristiques de la famille d'accueil.

1. Description des contacts que l'enfant a avec sa famille d'origine

Tableau 1.1.

Contact avec le père	Année 1992	Année 1994	Année 1996
	%	%	%
Oui	17,3 %	14,8 %	12,3 %
Non	82,7 %	85,2 %	85,2 %
MD	0 %	0 %	2,5 %
Total	100 %	100 %	100 %

5. Travail de fin d'études de Cremers S., Ecole Liégeoise de Criminologie Jean Constant, Université de Liège.

Pour expliquer ces chiffres, il faut tenir compte des éléments suivants :

En 1992,	En 1994,	En 1996,
7,4 % de pères sont décédés	9,9 % de pères sont décédés	12,3 % de pères sont décédés
25,9 % de pères sont inconnus	25,9 % de pères sont inconnus	25,9 % de pères sont inconnus
	7,4 % d'enfants ont été adoptés	13,6 % d'enfants adoptés

De 1994 à 1996, les adoptions ont doublé. Serait-ce dû à l'augmentation des pères décédés ?

Une diminution des contacts apparaît au fil des années entre le père et son enfant. Nous rejoignons Isabelle Ravier lorsqu'elle affirme que les enfants hébergés en famille d'accueil encadrée sont plus souvent des enfants dont on ne connaît pas le père ou pour qui aucune filiation paternelle n'est établie.

Tableau 1.2.

Contact avec la mère	Année 1992	Année 1994	Année 1996
	%	%	%
Oui	42 %	35,8 %	23,4 %
Non	58 %	64,2 %	74,1 %
MD	0 %	0 %	2,5 %
Total	100 %	100 %	100 %

A nouveau, pour tenter de donner une explication au sujet de la diminution pour moitié des contacts, nous devons tenir compte du fait que :

- en 1992, il y a 3,7 % de mères décédées ;
- en 1994, il y a 7, 4 % de mères décédées et 13,6 % d'enfants adoptés ;
- en 1996, il y a 7,4 % de mères décédées et 22,2 % d'enfants adoptés.

Tableau 1.3.

Contact avec la fratrie	Année 1992	Année 1994	Année 1996
	%	%	%
Oui	25,9 %	24,7 %	25,9 %
Non	74,3 %	75,3 %	71, 6 %
MD	0 %	0 %	2,5 %
Total	100 %	100 %	100 %

En 1992, 19,8 % des enfants placés n'ont pas de fratrie.
En 1994, 19, 8 % des enfants placés n'ont pas de fratrie et 13,6 % d'enfants ont été adoptés.
En 1996, 19, 8 % des enfants placés n'ont pas de fratrie et 22,2 % d'enfants ont été adoptés.

A l'inverse de la diminution des contacts constatée aux tableaux 2 et 3, il y a maintien des contacts avec la fratrie dans les mêmes proportions.

2. Description des caractéristiques de l'enfant

Tableau 2.1.

Age de l'enfant au moment du placement	Pourcentage
0 - 24 mois	32,1 %
25 – 45 mois	45,7 %
46 – 125 mois	22,2 %
Total	100 %

Un tiers des enfants ont moins de 2 ans au moment du placement familial. Trois quarts d'entre eux ont moins de 4 ans.

Tableau 2.2.

Age de l'enfant au moment de la séparation d'avec ses parents	Pourcentage
0- 7 mois	42 %
8-23 mois	22, 2 %
24-68 mois	29, 6 %
MD	6, 2 %
Total	100 %

64 % des enfants ont moins de 2 ans au moment de la séparation d'avec leurs parents, alors que seulement la moitié sont placés en famille d'accueil à l'âge de 2 ans (voir tableau 3.3). 32 % des enfants sont placés plus tard en famille d'accueil.

Tableau 2.3.

Durée du placement en institution	Pourcentage
0 – 11 mois	32,1 %
12 - 26 mois	37 %
27 - 68 mois	24,7 %
MD	6,2 %
Total	100 %

Un tiers des placements en institution ont une durée de moins de 1 an. Un second tiers ont une durée qui varie de 1 an à 2 ans.

3. Description de la famille biologique

Tableau 3.1.

Prise en charge d'autres membres de la fratrie	Pourcentage
Oui	87,7 %
Non	9,2 %
MD	3,1 %
Total	100 %

Dans la plupart des familles biologiques, il n'y a pas qu'un enfant retiré du milieu familial.

Tableau 3.2.

Déchéance	Père	Mère
	Pourcentage	Pourcentage
Oui	33,3 %	74,1 %
Non	66,7 %	24,7 %
Total	100 %	100 %

Les pères étant souvent absents ou inconnus, ils ne font pas souvent l'objet d'une mesure de déchéance.

Tableau 3.3.

Séparation du couple parental	Pourcentage
Oui	74,1 %
Non	24,7 %
MD	1,2 %
Total	100 %

D'après ces chiffres, il est clair que les trois quarts des enfants placés proviennent d'une famille éclatée.

4. Description de l'issue du placement

Issue du placement	Pourcentage
Adoption	30,9 %
Retour en institution	9,9 %
Retour en famille d'origine	4,9 %
Majorité	1,2 %
Statu quo	53,1 %
Total	100 %

Sur quatre années choisies au départ de 1992, 85% des enfants placés restent dans leur famille d'accueil, que ce soit sous la forme de l'adoption, de la majorité ou encore sous le statut d'enfant placé en famille d'accueil. 95% des enfants sont hors de la famille biologique. On peut donc affirmer que quand un enfant sort de sa famille d'origine, il n'y rentrera vraisemblablement plus.

5. Perspectives différentielles

L'analyse statistique (X^2 avec P. égal ou inférieur à .05) porte sur l'influence de variables telles que les décisions prises par l'autorité de placement, les caractéristiques de l'enfant, celles de la famille, celles de la famille d'accueil, sur le maintien des contacts avec les parents (tableau ci-après).

		Contact avec le père	Contact avec la mère
Autorité	Type de contact	N.S.*	N.S.
Service		N.S.	N.S.
Enfant	Sexe	N.S.	N.S.
	Age au moment du placement familial	N.S.	N.S.
	Durée en institution	N.S.	N.S.
	Age à la séparation avec ses parents	N.S.	0.05
Famille d'accueil	Revenu du père	N.S	N.S.
	Qualif. prof. du père	N.S.	N.S.
	Rev. de la mère	N.S.	N.S.
	Qualif. prof. de la mère	N.S.	0.03
Famille biologique	Dépendance du père	N.S.	N.S.
	Dépendance de la mère	N.S.	N.S.
	Revenu du père	N.S.	N.S.
	Revenu de la mère	N.S.	N.S.
	Qualif. prof. du père	N.S.	N.S.
	Qualif. prof. de la mère	N.S.	N.S.
	Déchéance du père	N.S.	N.S.
	Déchéance de la mère	N.S.	N.S.
	Séparation du couple	0.00	N.S.
Issue du placement		N.S.	N.S.

*Non significatif

Commentaires

L'âge de l'enfant au moment de la séparation avec ses parents

Cette variable est indépendante pour le maintien des relations avec l'enfant et son père biologique. Par contre, l'âge au moment de la séparation est significatif au niveau des contacts avec la mère. En effet, lorsque les enfants sont retirés de leur mère avant l'âge de 7 mois, les chances pour que la mère garde un contact avec son enfant sont moindres. Cela peut s'expliquer par le fait que la mère n'a pas eu le temps d'avoir des rapports privilégiés avec son enfant.

La qualification professionnelle du père et de la mère d'accueil

La qualification du père d'accueil est indépendante du maintien des contacts entre l'enfant et ses parents biologiques. Par contre, si la qualification professionnelle de la mère d'accueil est également sans influence sur ce maintien avec le père biologique, c'est tout à fait différent pour les contacts avec la mère biologique. En effet, le fait que les mères d'accueil aient acquis une formation professionnelle serait moins favorable à la préservation des contacts. Et inversement, le fait que les mères d'accueil n'aient pas acquis une formation professionnelle serait plus favorable à la préservation des relations.

L'état de séparation du couple parental

La séparation parentale influe sur l'interruption des contacts avec le père, mais non à l'endroit de la mère. Une explication serait à trouver dans le fait que, ne vivant plus avec la mère de son enfant, le père désinvestit son rôle parental.

Il est remarquable que dans la moitié des cas, l'autorité de placement ne notifie pas de décision concernant les modalités de rencontre entre parents et enfants. Elle prévoit des contacts :
- à l'intérieur du service dans 21 % des cas pour le père et dans 33 % pour la mère ;
- et dans la famille d'accueil dans 5% des cas pour le père, dans 14 % pour la mère.

L'autorité de placement ne donne donc pas d'injonction quand les contacts sont interrompus. Elle ne prévoit non plus rien dans la majorité des cas pour ce qui est des contacts avec la fratrie, alors que dans ¼ des placements ces contacts sont maintenus de manière constante, sans compter les fratries placées dans la même famille d'accueil. Ces absences de décision ont des conséquences considérables sur notre travail mais aussi sur l'évolution des parents et des enfants.

On peut alors de se demander ce qui influence le maintien ou la rupture du lien. Il semble qu'il faille davantage se pencher sur les histoires individuelles de chacun, mais on peut signaler la présence récurrente de certaines données :
- l'absence de père ainsi qu'une situation matrimoniale confuse ;
- la prise en charge d'autres enfants de la fratrie ;
- une santé psychologique défaillante ;
- des problèmes de boisson ou de toxicomanie ;
- un passé institutionnel ou de maltraitance ;
- l'instabilité du logement.

L'enfant est également partie prenante dans ce maintien ou non des liens avec ses parents d'origine :
- le moment de sa naissance dans la trajectoire de ses parents et la relation qui existait entre les partenaires à cette époque influe immanquablement sur l'image que se font les parents de leur enfant ;
- un nombre non négligeable de mères nous confient que leur enfant n'était pas désiré, que certains sont nés d'une relation incestueuse ;
- les enfants maltraités ou abusés remettent leurs parents face à un aspect mauvais d'eux-mêmes.

D'autre part, l'enfant n'est pas inactif dans les rencontres. Il peut se montrer gratifiant ou rejetant, oscillant le plus souvent entre les deux positions.

Certains enfants se montrent tout-puissants et dans un processus d'identification à l'agresseur font payer leur abandon à un parent, d'autres semblent avoir une dette vis-à-vis d'eux et acceptent sans colère leurs absences répétées ou leurs inadéquations. Toutes ces données cliniques apparaissent dans les rapports d'évolution.

6. Le recueil familial

Dans le cadre des mandats que reçoivent les services de placement en famille d'accueil, cette activité diffère considérablement du placement en famille d'accueil sélectionnée. En effet, il s'agit d'encadrer le placement d'un enfant chez un membre de sa propre famille. Il n'est donc plus question de « placer des enfants défavorisés dans des familles riches ».

Entre 1988 et 1997 le pourcentage de reprises de guidance passe de 35 % à 85 %. L'analyse des caractéristiques de ces situations de placement intra-familial apporte des conclusions fort comparables à celles évoquées ci-dessus.

L'âge au moment du placement

La moyenne est de 4 ans au moment du recueil familial, mais :
- 35 % des enfants avaient entre 0 et 1 an avec une grande proportion d'enfants placés à la naissance ;
- 11 % des enfants après l'âge de 2 ans ;
- 11 % des enfants après l'âge de 3 ans ;
- les pourcentages vont ensuite en diminuant sauf à l'âge de 7 ans (8,2 %) et à 12 ans (5,5 %).

Ceci peut s'expliquer par un placement concomitant d'enfants d'une même fratrie. L'entourage familial accepte donc des enfants plus âgés que les familles d'accueil sélectionnées.

Contacts avec le père

Si l'on voit que 26% des pères sont décédés et 11 % inconnus, 34 % ont des contacts épisodiques et 28,8 % des contacts interrompus.

Contacts avec la mère

- 47 % ont des contacts réguliers ;
- 14 % ont des contacts épisodiques ;
- 40 % n'ont plus de contacts ;
- 8, 4 % des mères sont décédées ;
- 21 % des enfants sont sans contacts ni avec père ni avec mère.

Il paraissait intéressant de voir dans quelle mesure la famille maternelle et la famille paternelle recueillaient ces enfants et si cela avait une incidence sur les contacts avec le père et avec la mère :
- 29 % des enfants sont recueillis par les grands-parents maternels ;
- 18 % des enfants sont recueillis par les grands-parents paternels ;
- 24 % sont accueillis par des collatéraux maternels ;
- 18 % par des collatéraux paternels ;
- le reste par le voisinage et la fratrie.

Dans ce type de placement, notre intervention se fait donc souvent *a posteriori*, alors que l'enfant a déjà passé quelques mois, voire quelques années dans cette famille. Il est fréquent que notre intervention permette la reprise de contacts avec un des parents qui est en conflit avec la famille qui recueille son enfant.

Quelques mots de conclusion

Dans le placement familial, l'enfant appartient à des parents qui ne peuvent s'occuper de lui sans pour autant l'abandonner et de ce fait, il n'appartient jamais complètement à la famille d'accueil.

C'est le propre du placement familial de faire de cet enfant un enfant partagé, divisé, qui lutte compulsivement pour ou contre son appartenance tantôt à l'une, tantôt à l'autre de ses deux familles, que sa famille d'accueil soit liée à lui par un lien de sang ou non.

Cette lutte est entretenue, d'une part, par la position ambiguë des parents qui oscillent entre des attitudes de délaissement, de séduction, de revendication et, d'autre part, par celle des familles d'accueil qui, aussi accaparantes qu'elles puissent paraître, jouent avec l'idée de rendre l'enfant quand il devient difficile et déçoit leurs attentes, tout en redoutant toujours qu'on le leur retire.

Les parents qui ont investi leur enfant, même de manière inadéquate, s'aménagent rapidement une aire d'illusion qui leur permet de supporter de manière prolongée l'absence de leur enfant. Ils construisent leur existence comme si il allait leur être rendu prochainement.

Ce sont ces parents et ces enfants à qui l'on propose ou à qui l'on impose un projet de placement provisoire avec l'objectif d'un retour en famille. C'est en tout cas la demande que les parents réitèrent chaque année, et par rapport à laquelle ils ne sont jamais détrompés. Au cours des visites aussi, la phrase « je vais te reprendre » dite de la part de parents qui ont par ailleurs expliqué à un membre de l'équipe qu'ils n'avaient pas l'intention de reprendre leur enfant parce que leur conjoint actuel ne le tolérerait pas ou pour une autre raison ou prétexte, cette petite phrase bloque l'évolution psychique de l'enfant dans la mesure où elle l'empêche d'investir d'autres projets.

On en revient donc à l'absence de projet individualisé concernant les relations parents-enfants qui peuvent se poursuivre et évoluer sans que l'on maintienne cette illusion qu'une reprise de la vie ensemble est possible.

L'idéologie du droit pour l'enfant de grandir dans son milieu d'origine et du droit des parents à ne pas être séparés de leurs enfants empêche de penser à des modèles de substitution valables et surtout empêche de tenir un discours clair aux parents et aux enfants. L'avenir prend alors pour eux l'aspect d'un leurre, d'une illusion à laquelle ils aspirent ou qu'ils redoutent.

Or, il semblerait qu'une durée de prise en charge de 3 ans soit un seuil au-delà duquel le risque de rupture ou de délaissement devienne important. On peut constater qu'une majorité des placements en famille d'accueil durent beaucoup plus longtemps.

Un hiatus fondamental risque alors de s'ouvrir entre le temps judiciaire et celui de l'évolution de l'enfant. Les lois des adultes et les lois du développement du psychisme humain n'ont que peu en commun, en tous les cas chez nous en Communauté française.

12

En guise de conclusion provisoire : les implications éthiques des programmes de prévention précoce de la délinquance [1]

par Uberto Gatti [2]

Introduction

De nombreuses et vastes recherches ont mis en évidence comment l'exposition d'un enfant à des conditions négatives particulières (individuelles, familiales et sociales) entraîne souvent un développement psychosocial problématique, qui peut se traduire en inadaptation, échec scolaire, agressivité et violence, utilisation de stupéfiants, perturbations psychiques, etc. (Rutter et coll., 1998).

---

1. Traduit de l'italien par Gianni Ruggieri, psychologue à l'Institution Publique de Protection de la Jeunesse de Fraipont, Communauté française de Belgique.

2. Professeur à l'Université de Gênes, Italie.

La découverte de ces résultats a incité beaucoup d'experts à élaborer des interventions préventives précoces, dans le but de contrecarrer en phase initiale le processus évolutif négatif. Les conceptions scientifiques sous-tendues dans ces programmes de prévention de la délinquance peuvent être rattachées à l'implication de médecins, psychologues et travailleurs sociaux qui, au début de ce siècle, se proposaient de combattre le crime en attaquant les racines, qui se situaient par-dessus tout dans une personnalité perturbée et une vie familiale inadéquate.

Les travaux systématiques et pionniers de Healy (1925) constituent une première tentative de fournir, à travers les instruments des sciences humaines, une réponse scientifique, et en même temps humanitaire, au crime, comme alternative à l'instrument pénal. Healy, avec la collaboration constante des Juges de la Jeunesse, examina des milliers de jeunes délinquants, les compara à des mineurs non délinquants et parvint à la conclusion que les causes de la délinquance trouvaient en bonne partie leurs origines dans une carence affective parentale. Les époux Glueck (1950) se situèrent dans le même cadre de recherche et, à travers l'une des plus importante recherche dans l'histoire de la criminologie, ils posèrent les bases de la prévention scientifique de la délinquance à travers un programme d'intervention précoce basé sur la prédiction du comportement antisocial.

Dans la lignée de l'évolution des théories criminologiques, aux variables prédictives de type individuel se sont ajoutées d'autres de type social, dans une conception multifactorielle qui devint le modèle pour tous les futurs programmes.

Les recherches longitudinales, qui ont permis de connaître l'évolution psychosociale de milliers de mineurs pour des périodes prolongées, dans certains cas pour des décennies, ont fourni par la suite une base scientifique solide aux programmes de prévention précoce. En particulier beaucoup d'études (Farrington, 1996 ; Patterson et coll., 1992 ; Moffitt, 1993) ont exploré les facteurs liés à la délinquance persistante, en d'autres mots à l'agressivité et aux comportements violents, dans le but de pouvoir contrer les processus psychosociaux qui mènent à des comportements antisociaux aussi graves (Olweus, 1979). A des fins préventives, une donnée importante, désormais acquise, avança que la coprésence de divers facteurs de risques amplifie la probabilité d'une évolution négative, et que les facteurs protecteurs sont aussi importants car ils peuvent réduire cette probabilité (Coie et Jabos, 1993 ; Dodge, 1993 ; Yoshikawa, 1994 ; Loeber, 1991).

Toutes ces connaissances ont conduit à un affinement des programmes de prévention précoce, programmes qui, à leur tour, ont fait l'objet de recherches visant l'évaluation de leurs limites respectives et de leur efficacité (Tremblay et Craig, 1995 ; Junger-Tas, 1997).

Les programmes réalisés concernent des enfants de différentes tranches d'âge, qui vont de la prime enfance (ou simplement de la période de grossesse de la mère) à l'âge scolaire ; en général les interventions sont centrées sur l'enfant, sur la famille, sur le milieu scolaire et, dans certains cas, sur le groupe social (la communauté). L'objectif est de diminuer les facteurs de risque et d'accroître les facteurs de protection ; en proposant, en général, d'améliorer les habiletés cognitives et sociales des enfants, de réduire le comportement agressif, d'apprendre aux parents et aux enseignants à mieux gérer les comportements des enfants.

Les techniques sont souvent de type cognitif, mais ouvertes à d'autres approches, qui tiennent compte également des aspects émotionnels des personnes engagées.

Il fut démontré dans une optique économique qu'un engagement dans ce secteur est hautement rentable, en ce qu'il permet de faire des économies sur des interventions sociales, scolaires, sanitaires et judiciaires qui se révèlent nécessaires dans le cas où le malaise juvénile, l'antisocialité, l'abus de stupéfiants, etc. ont été vérifiés (Greenwood et coll., 1996). Pour tous ces motifs, on assista à une certaine diffusion des programmes de prévention précoce de la délinquance, par-dessus tout dans les contextes nord-américains et anglo-saxons (McCord et Tremblay, 1992 ; Utting, 1996).

Au regard de cette diffusion, il apparaît surprenant que, pendant que le traitement des délinquants a souvent été l'objet de débats éthiques qui analysèrent le caractère licite, l'opportunité, l'exactitude (la correction) et les conditions d'application, au contraire, les programmes de prévention précoce de la délinquance n'ont pas suscité une discussion similaire. Certains aspects paradoxaux apparurent néanmoins car pendant que les programmes de traitement interviennent quand un délit est verbalisé, les interventions précoces de prévention interviennent habituellement sur des sujets très jeunes, quelquefois des enfants de quelques années, sur la base de la probabilité qu'un comportement antisocial soit commis dans le futur.

C'est comme si on retenait que la prévention précoce doit en tout état de cause être considérée comme quelque chose de positif, dans la mesure où se réalise, à travers des programmes offerts à des enfants ou à des familles en difficulté, quelque compensation aux difficultés rencontrées en son sein.

L'intérêt des chercheurs et des autorités s'est donc concentré sur le thème de l'efficacité de ces programmes, faisant l'objet de très nombreux débats, recherches, conventions, publications, pendant que les problématiques éthiques sont généralement ignorées ou à peine évoquées.

En réalité les programmes de prévention précoce de la délinquance interviennent sur la personnalité des sujets en formation, ont une incidence sur des aspects très délicats tels celui de la société et de la moralité, utilisent des instruments psychologiques dont le pouvoir est complètement aux mains des techniciens, et ne sont pas toujours facilement compréhensibles pour les sujets qui subissent l'intervention.

D'autre part, la prévention est actuellement présentée comme une troisième voie pour affronter de façon systématique le problème de la criminalité, par rapport à l'approche de la *diversion* et des alternatives au système pénal, typiques des années soixante, à la plus récente approche, caractéristique des années quatre-vingt-dix, de la neutralisation et du retour à la répression (Ears and Reiss, 1994). Les différentes méthodes de prévention, y compris les interventions précoces sur des sujets à risque, pourraient par conséquent avoir une place énorme dans les politiques des prochaines années et revendiquer un engagement très vaste de la part des institutions sociales et judiciaires.

Les investissements considérables qui, dans les dernières années, ont été réalisés dans le champ des études longitudinales, des études dont la réalisation est devenue la priorité par rapport à beaucoup d'autres secteurs de la recherche criminologique, et qui sont tout à fait appropriées pour fournir des connaissances utiles à la formulation des programmes précoces de prévention de la délinquance, semblent témoigner de l'intérêt toujours plus important des experts et des autorités pour ce type de prévention.

Si en effet la voie de la prévention s'étend, il sera toujours plus important de s'interroger sur le caractère licite, sur les limites, sur l'acceptabilité sociale et juridique de ces interventions, aussi parce que le passage de petits programmes expérimentaux, consciencieusement programmés et suivis, sous la guidance attentive des experts généralement conscients des limites et des risques des interventions, à des interventions sur de vastes échantillons de population, comportera la nécessité d'une plus grande prudence et attention.

Pendant que les programmes traditionnels se sont montrés dans une large mesure inefficaces, et c'est pour cela qu'ils sont réfutés, les nouveaux programmes se sont révélés, dans quelques cas significatifs, hautement efficaces dans l'amélioration de l'évolution des enfants traités, surtout s'ils sont centrés sur plus d'un facteur de risque, s'ils sont suffisamment prolongés dans le temps (au moins un an) et s'ils sont précoces (Tremblay & Craig, 1995 ; Graham & Bennet, 1995 ; Yoshikawa, 1994 ; Kumpfer, Molgaard & Spoth, 1996 ; Junger-Tas, 1997 ; Gottfredson, 1997). En effet, il fut possible de vérifier que des enfants soumis à des programmes particuliers, ont obtenu, à long terme, par rapport au groupe de contrôle, de grands avantages, dans la mesure où ils ont obtenu de meilleurs résultats scolaires, une meilleure socialisation, un taux mineur de perturbations psychiques, d'agressivité et de comportement antisocial, d'abus de stupéfiants, par rapport au groupe de contrôle. Il fut en outre démontré avec certitude que les programmes de prévention sont beaucoup plus efficaces que les programmes de traitement des adolescents ou des adultes (Tremblay & Craig, 1995).

L'argument de l'inefficacité étant détruit (au moins d'un point de vue théorique, pour ce qui est de la pratique, les programmes, jusqu'à présent à dimension expérimentale, devront être répétés et vérifiés sur une vaste échelle), il reste le problème de l'acceptabilité de ces programmes d'un point de vue éthique, dans la mesure où chaque tentative pour modifier le comportement humain et chaque intrusion dans la vie des personnes avec l'intention de changer cette dernière doivent toujours être attentivement évaluées, pour leur violation potentielle des droits des personnes.

1 – Les principales problématiques éthiques

1.1 – L'effet *labeling*

Un des principaux problèmes éthiques associés à la prévention précoce concerne le risque qu'une identification précoce des futurs délinquants et une intervention visant spécifiquement à contrer le développement du comportement antisocial produisent un effet d'étiquetage et de stigmatisation, qui peut se révéler criminogène.

Il s'agit d'une conception largement répandue qui se fonde sur ce qu'on appelle *the labeling approach* originairement conçue pour mettre en évidence l'effet négatif potentiel de l'impact des systèmes de la justice et, par la suite, étendue également à l'analyse d'autres types d'intervention, comme celles effectuées par les services sociaux ou thérapeutiques. Selon les théoriciens de l'étiquetage, une intervention préventive précoce de la délinquance peut activer autour du sujet traité toute une série de messages et d'expectatives négatives, qui peuvent se répercuter négativement sur l'identité personnelle, sur la conception de soi, sur l'estime de soi et, en outre, imposent au sujet traité un stigmate social qui peut rendre difficile son adaptation, créer de l'hostilité et des préoccupations à son égard, activer des processus de marginalisation sociale.

Les effets éventuels de l'étiquetage peuvent concerner tous les types de prévention précoce, mais le problème concerne davantage certains de ces programmes.

Une première distinction doit être faite entre les programmes *universal* et *targeted*. Les premiers, sont destinés à tous les enfants d'une communauté, indépendamment de la présence de facteurs individuels de risque. Les seconds sont destinés à des sujets particuliers et se distinguent en *indicated*, lorsqu'ils sont organisés pour prévenir la récidive d'un comportement non désiré qui s'est déjà manifesté et en *selective*, lorsqu'ils sont adressés à des sujets à haut risque afin d'éviter l'émergence du problème qu'on cherche à prévenir (Sherman, 1997).

Il est évident que l'éventuel procès d'étiquetage associé aux pratiques préventives concerne davantage les programmes *targeted* et, de manière spécifique, se révèle particulièrement problématique pour les interventions *selective*.

Dans cette optique, des définitions comme « prédélinquants », « sujets à risque de délinquance », « délinquant potentiel », etc, peuvent constituer des étiquettes extrêmement dangereuses pour le développement social des enfants, particulièrement vulnérables à cause de leur jeune âge. Un programme ayant pour objectif de prévenir la délinquance finirait donc, en dernière analyse et paradoxalement, par faciliter l'évolution négative qu'il veut contrer, avec un dangereux effet *boomerang*.

Comme l'affirme Klein (1983), une identification précoce peut comporter le risque de fixer un jeune dans la déviance, dans la mesure où cette prédiction peut se transformer en ce qu'on appelle une « prophétie qui s'auto-accomplit ».

A l'opposé de ces conceptions, d'autres experts se sont exprimés, et ont soutenu l'insuffisante consistance scientifique de la *labeling approach* et sa vérification manquée au niveau de la recherche empirique.

Certaines indications, même indirectes, sur le potentiel effet stigmatisant des interventions psychosociales précoces peuvent être tirées des recherches, en vérité peu nombreuses, qui ont vérifié les effets du contact des mineurs avec les agences de contrôle social, et en particulier avec les tribunaux. Miller et Gold (1984), par exemple, ont démontré que l'entrée des mineurs dans le système pénal augmente leur taux de récidive (mesuré à travers des questionnaires de délinquance auto-révélée par rapport aux mineurs non jugés qui ont commis des délits comparables). De telles données sont confirmées par celles du *Cambridge Study in Delinquent Development*, données qui démontrent en outre comment la première condamnation contribue à produire de tels résultats (Farrington et al., 1977).

Palamara, Cullen et Gersten (1986) ont vérifié qu'aussi bien le contact avec la police, que celui avec les services de santé mentale augmentent les niveaux successifs du comportement criminel, et que l'intervention des deux agences amplifie l'effet criminogène. Ces auteurs ont analysé un échantillon de 1034 jeunes et ont effectué un *follow up* de 5 ans sur 732 de ces jeunes à travers des entretiens, un recueil des données des services de santé mentale et des dossiers de la police, et sont parvenus à la conclusion que les résultats obtenus pouvaient être compris à travers la théorie du *labeling*.

Wellford (1987), d'autre part, rapporte les résultats de certaines recherches qui semblent démontrer que l'imposition de l'étiquette de délinquant à travers une sanction judiciaire, pouvant même comporter certaines conséquences négatives, n'affecte pas significativement la conception de soi (Ageton & Elliott, 1973 ; Hepburn, 1977 ; Thomas & Bishop, 1984), n'aggrave pas les rapports avec les jeunes du même âge, avec l'école, avec la famille, (Foster, Diniz & Reckless, 1972), n'aggrave pas les résultats scolaires et l'opinion des enseignants (Mahoney, 1974), même si elle peut renforcer des opinions négatives déjà présentes.

En réalité le débat entier sur le possible effet de l'étiquetage entraîné par des interventions précoces de prévention a une connotation idéologique plutôt que scientifique. Alors que les recherches sur le possible effet stigmatisant du contact avec les tribunaux et avec la police sont insuffisantes, et non univoques dans les conclusions, on ne dispose pas d'informations scientifiques systématiques sur un effet équivalent attribuable aux interventions préventives précoces.

Le fait de ne pas avoir d'informations certaines ne nous permet pas d'exclure cet effet possible, et doit nous rendre prudents en ce qui concerne les programmes d'autant plus risqués de ce point de vue, et donc en ce qui concerne les programmes *targeted*, centré sur l'intervention sur des délinquants potentiels ou effectifs. De nouveau Wellford (1987), qui semble également se prononcer pour une consistance empirique insuffisante de la théorie du *labeling*, suggère que prudence soit faite pour ce qui regarde les possibles effets stigmatisants liés à la procédure de *targeting*, c'est-à-dire à la procédure qui tend à sélectionner les familles qui ont davantage la probabilité de produire des enfants délinquants. Les recherches dans ce champ apparaissent en tout état de cause de grande importance car elles permettent de s'orienter pour la solution d'un problème éthique de grande importance, sur la base de considérations empiriques et non simplement idéologiques.

1.2 – Les risques de la prédiction

Certaines problématiques éthiques sont reliées spécifiquement aux méthodes de prédiction de la délinquance, méthodes qui représentent une étape fondamentale de beaucoup de programmes précoces et dont les implications peuvent être extrêmement délicates. La logique sous-tendue à ces procédures est considérable : à travers des données accumulées à travers des recherches rétrospectives et des recherches longitudinales, on tente de découvrir les enfants pour lesquels un avenir délinquant est probable, de façon à intervenir sur ces propres enfants, et non sur d'autres, pour lesquels l'intervention serait inutile.

Monaham (1981), analysant les implications morales de la prédiction de la violence, rapporte certains problèmes fondamentaux, qui peuvent également concerner le champ que nous analysons actuellement. Selon cet auteur, entre les principales préoccupations morales et politiques liées à la prédiction de la violence, nous pouvons considérer l'essence de ce que nous voulons prédire, les facteurs que nous utilisons pour prédire et le degré de soin de la prédiction qui justifie une action préventive. L'essence de ce que nous devons prédire et consécutivement prévenir fait l'objet de nombreux débats et n'apparaît pas clair : on parle de « comportement antisocial », « délinquance », « criminalité », « agressivité », mais la définition et la mesure de ces phénomènes n'est pas clairement identifiable et fait l'objet de controverses (Lorion et al., 1987). En réalité, la criminologie s'interroge depuis plusieurs années sur la nature, sur la définition, sur la possible identification du crime, de la criminalité, du comportement criminel, sans avoir atteint des réponses satisfaisantes. Il s'agit, en fait, de phénomènes qui, à côté d'une dimension comportementale, présentent des éléments importants de construction sociale et de réaction sociale, qui rendent la matière très complexe. La discussion qui s'est développée autour de ces thèmes n'est pas seulement abstraite, mais comporte des aspects concrets d'une consistance considérable. Pour ce qui concerne le thème qui nous intéresse actuellement, certains experts ont tenté d'obtenir une objectivation majeure de ce qu'on veut prévenir, en cherchant à identifier les comportements non désirés indépendamment des conséquences légales que les comportements peuvent induire et en utilisant, par exemple, les catégories cliniques du DSM ; de telles catégories, cependant, incluent des comportements, comme le vol, qui reproposent le problème qu'on voulait résoudre.

Notons incidemment que, par exemple, le lien entre les perturbations de la conduite et le vol conduit à une surepresentation (en réalité de nature tautologique) des perturbations psychiques entre les délinquants. En ce qui concerne le phénomène qu'on veut prévenir, il apparaît en outre indispensable de signaler une équivoque et une distorsion qui peuvent être facilement suscitée par certains partisans de la prévention précoce. Lorsque les adeptes de la prévention précoce affirment vouloir prévenir le crime, et résoudre à travers une telle intervention le grave problème de la criminalité, ils émettent un message très équivoque : la criminalité dont ils parlent, en réalité, représente seulement une part du phénomène plus vaste et plus complexe. Un exemple peut illustrer le problème : en Italie, il y a quelques années, un phénomène judiciaire commença, appelé par les moyens de communication de masse « mains propres », qui peut être considéré comme une formidable expérience criminologique « naturelle ». Une mutation du contexte politique et social favorisa l'émergence d'enquêtes judiciaires, commencées à Milan et qui se répandirent en chaîne dans toute l'Italie, qui mirent en lumière une série impressionnante de délits, présents à tous les niveaux de la société, et qui virent entraînés comme inculpés et impliqués, dans un filet de corruption répandu de manière capillaire dans toute la nation, des hommes politiques, des industriels, des magistrats, des administrateurs publics, des opérateurs de bourse, des médiateurs financiers, des agents de la garde des finances (des fraudes). Il est évident que ces délits, révélés à l'improviste comme extrêmement répandus et de grande dangerosité sociale, étaient commis par de nombreux délinquants chroniques, extrêmement bien insérés dans la société, doté d'une estime de soi élevée, capables de contrôler leur comportement et extrêmement habiles dans les interactions sociales. Il est tout autant évident que les programmes psychosociaux de prévention précoce n'ont rien à voir avec ces personnes, comme avec d'autres types de délinquance, mais ils limitent leur objectif, et ne pourraient faire autrement, à certains types de délinquance, certaines formes de délinquance conventionnelle, ou délinquance de rue, qui peuvent être facilement reliées avec les problèmes individuels et familiaux considérés comme des facteurs traditionnels de risque. Un enthousiasme excessif pour les programmes d'intervention précoce peut cacher les graves problématiques sous-tendues au phénomène complexe et multiforme du crime, évitant une analyse sociale et politique qui ne peut être ignorée.

En ce qui concerne les facteurs utilisés pour prédire, on doit en premier lieu clarifier le fait que la prédiction puisse se baser sur deux stratégies différentes : la première tend à identifier les sujets qui manifestent un comportement antisocial ou agressif, considéré comme un précurseur d'un futur comportement délinquant systématique ; la seconde tend à identifier certains facteurs psychosociaux considérés comme facteurs de risque de la délinquance, et qui peuvent être de type individuel, familial, scolaire ou social. Alors que dans le premier cas on est en présence d'un comportement qui par lui seul pourrait justifier une intervention, ayant pour but, par exemple, de réduire l'agressivité et de mieux adapter le mineur, dans le second cas, la justification de l'intervention est plus problématique et le choix des facteurs de risque comporte des aspects éthiques. Une discussion en certains aspects analogues a été conduite à propos du caractère licite de l'utilisation de certains prédicteurs de dangerosité dans le choix des peines ou des mesures à adopter (Tonry, 1987). En particulier, l'utilisation de certaines variables se révèle hautement problématique, comme l'appartenance à une minorité ethnique ou à des groupes sociaux défavorisés, car elle peut être perçue comme le fruit d'une discrimination. Même si dans le secteur de la prévention précoce, il ne s'agit pas d'affecter une peine ou de réaliser un contrôle judiciaire, le problème de la discrimination, même dans une mesure plus atténuée, peut être présent et compromettant pour les intervenants. Le problème fut soulevé, d'un point de vue sémantique, aux U.S.A., où le terme *targeted* a été remplacé par le mot *focused*, dans la mesure où le premier était devenu toujours plus inacceptable aux Afro-Américains, car associé à des pratiques discriminatoires sur base raciale (Sherman, 1997).

L'identification de certains facteurs importants de risque de comportement antisocial chez un enfant, comme la délinquance des parents, posa en outre des problèmes délicats que ce soit pour ce qui concerne l'intrusion pesante dans la vie familiale, déjà mise en condition par le simple contrôle, ou pour ce qui concerne le risque de la diffusion de ces informations. A ce propos, il s'agit de remarquer que l'engagement de différents travailleurs et institutions dans les programmes, comme l'école et les services sociaux, ne rend pas toujours facile le maintien de la discrétion des informations obtenues.

En ce qui concerne le soin des prédictions, il est signalé que les programmes de prévention requerraient une capacité prédictive très élevée : comme Earls et Carlson (1995) l'observent, les études longitudinales peuvent aboutir à une explication de type causal, suffisante pour développer ou supporter une théorie, mais cela ne peut pas toujours être utile pour une prédiction ayant pour but de sélectionner les individus sur lesquels intervenir. En général, en effet, l'analyse des modèles causaux à travers des techniques d'analyse(s) de variance multiple laisse un pourcentage considérable de variance non expliquée, alors que la prédiction ayant pour but la prévention précoce nécessite un haut niveau de prédictivité. Toutes les études, utiles pour comprendre les causes du comportement antisocial ne sont donc pas utilisables aux fins de la prévention précoce.

En effet, les procédures de prévention comportent, dans beaucoup de cas, un pourcentage d'erreurs plutôt élevé, et c'est pourquoi une problématique extrême entoure les interventions préventives. Comme il est bien connu dans ce domaine, deux types d'erreurs peuvent être vérifiés, les faux négatifs et les faux positifs : dans le premier cas, l'erreur consiste à ne pas prédire le comportement antisocial, qui au contraire se vérifie, alors que dans le second cas l'erreur consiste à prédire un comportement antisocial, qui ne se vérifie pas. Dans les deux cas, les conséquences sont négatives, mêmes si les implications sont différentes. La présence de faux négatifs dévoile le fait que le programme n'est pas réalisé pour des enfants qui en auraient besoin, avec une perte d'efficacité globale dans le programme préventif. Mais les conséquences pour des faux positifs peuvent être bien plus graves : dans ce cas, une prédiction de délinquance est émise pour des enfants qui, en l'absence d'intervention, ne seraient pas devenus délinquants, et on réalise alors un programme psychosocial de modification de la personnalité sur la base de la conviction, erronée, d'une future délinquance. Nous sommes ici en présence d'un droit de l'enfant à ne pas être défini comme un futur délinquant et, par conséquent, à une violation qui constitue un des problèmes éthiques les plus considérables des programmes de prévention précoce de la délinquance.

Même l'argumentation de Farrington (1994) qui, se basant sur les résultats de la *London Survey*, semble justifier une intervention préventive également pour les faux positifs, ne semble pas du tout convaincante : analysant en profondeur tous les cas de jeunes caractérisés par de nombreux facteurs de risque et qui plus tard n'avaient pas manifesté de comportement antisocial, Farrington découvrit que ces sujets avaient manifesté dans tous les cas, différents types de perturbations psychiques et, par conséquent, auraient de toute façon pu bénéficier d'interventions préventives des services sociaux. D'un côté, il ne nous semble pas de toute façon acceptable que des jeunes qui seront perturbés sur le plan psychique dans le futur soient étiquetés comme futurs délinquants et, d'un autre côté, il ne semble pas opportun de prévenir une perturbation psychique avec des programmes spécialisés dans la prévention de la délinquance.

1.3 – *Welfare* et justice

Un autre problème éthique important réside dans le fait que, dans certains cas, les programmes de prévention, comme ceux de traitement, sont d'une certaine façon contaminés par les connexions entre les systèmes judiciaires et le système de *welfare*, connexions qui rendent quelques programmes de prévention précoce totalement différents des interventions habituelles de thérapie ou d'aide psychosociale. Alors que le système de *welfare* se pose l'objectif prioritaire de la promotion du bien-être des individus engagés dans ses activités, le système de la justice ne peut pas ne pas considérer comme fondamentale la protection de la société : il s'agit donc de deux systèmes potentiellement conflictuels dans leurs objectifs, qui posent aux travailleurs sociaux le problème de la concomitance.

Devant intervenir sur la personnalité des enfants et sur la dynamique des familles, les travailleurs sociaux doivent savoir avec clarté qui est leur client, chose pas toujours facile pour celui qui travaille avec un objectif thérapeutique à l'intérieur du système de la justice (Blackburn, 1993), système qui demande souvent pratiques et évaluations dont la finalité fait référence à des paramètres bureaucratiques ou de contrôle social, plutôt que thérapeutiques ou de socialisation.

1.4 – Le consentement

Un aspect éthique particulièrement important concerne l'expression d'un consentement valide de la part des personnes engagées et, en particulier, de la part des familles, indispensable pour appliquer les programmes. A cette fin les programmes doivent être illustrés avec détail dans leur finalité et dans leur articulation, de façon à ce que les personnes puissent comprendre avec clarté ce à quoi elles seront engagées. Le problème d'une éventuelle coercition à suivre les programmes en cas de refus de la part des parents et le type de coercition exercée apparaissent être d'une délicatesse particulière.

A ce propos, la proposition contenue dans un document récent publié par *The Home Office (Preventing Children Offending : A Consultation Document*, London, 1997) qui configure une nouvelle mesure dénommée *Parental Control Order* apparaît être dense de problématiques éthiques. Le document part de la considération que les parents remplissent un rôle important dans l'éducation de leurs enfants au respect de la loi, et qu'on doit leur offrir une aide dans l'exercice de leur propre rôle, à partir du moment où ils se révéleraient inadéquats pour accomplir leur devoir. Ceci apparaît universellement accepté, alors que le reste de la proposition suscite pas mal de perplexité, là où on affirme que les parents qui n'acceptent pas cette aide devraient être contraints pas le Tribunal. Cette action de contrainte devrait s'exécuter, selon la proposition gouvernementale, à travers un nouveau pouvoir à conférer aux Tribunaux par lequel ceux-ci pourraient ordonner aux parents de fournir une attention adéquate et d'exercer un contrôle approprié à l'égard de leurs enfants. Le *Parental Control Order* serait émis soit dans le cas où le mineur (de moins de 16 ans) aurait commis un délit, soit dans le cas où le mineur aurait démontré un comportement qui peut le conduire à la délinquance, dans la mesure où tant le délit que le comportement problématique seraient le résultat d'une carence d'attention et de contrôle de la part des parents. Dans le premier cas, l'*Order* peut être établi en ajout à la peine revenant au mineur, alors que dans le second cas il peut constituer l'unique mesure. Le document continue et prévient une *escalation* de mesures à adopter de la part du Tribunal, des mesures tout d'abord de type civil et ensuite également de type pénal. L'*Order* doit être expliqué aux parents et inclure certaines conditions, comme celle de participer à un programme, ou accepter que l'enfant soit à la maison à certaines heures de la journée ou fréquente l'école, ou celle de réparer les dégâts occasionnés par le mineur, ou accepter que le mineur répare tels dégâts. Le *Parental Control Order* pourrait être appliqué pour une durée de trois ans ou jusqu'à la fin de la 17ème année du mineur. Les parents pourraient demander une révocation de l'*Order* ou faire appel auprès de la *Crown Court* contre l'imposition de l'*Order*. Le refus non motivé de l'*Order*, ou le manque de respect des conditions prévues ou le manque d'attention et de contrôle de la part des parents soumis à l'*Order* devraient être considérés comme un délit, à sanctionner non avec une peine de détention mais avec une peine telle une contravention pouvant aller jusqu'à 1000 £, un *probation order*, une révocation du permis de conduire, ou un *curfew order*, accompagné éventuellement d'un contrôle électronique à domicile. Ceci constituerait un moyen pour obliger les parents à rester le soir au domicile pour s'occuper des enfants et les contrôler à travers un mécanisme d'ingénierie électronique–juridique que même Orwell n'avait pas imaginé. Le respect de l'*Order* devrait être vérifié par les agences ou les institutions engagées, comme la police et les Services Sociaux qui ont le cas en charge.

La proposition du *Home Office* soulève des interrogations inquiétantes. Est-il possible d'obliger des parents à aimer leurs propres enfants ? La proposition ne parle pas d'amour, mais parle de *care* et de *control*, mais quels *care* et *control* peuvent être exercés sans une composante affective, sans un intérêt pour ses propres enfants ? Prévoir une sanction pénale pour les parents qui ne veulent pas (ou ne réussissent pas à) se faire aider à exercer leur rôle parental apparaît sous certains aspects être une monstruosité, qui risque d'alimenter la haine à l'intérieur de la famille, dans la mesure où les parents pourraient percevoir les enfants comme source de souffrances, de problèmes, sans oublier le fait que tout cela se vérifie souvent à l'intérieur des familles déjà accablées de problèmes psychologiques, sociaux, économiques. Les garanties habituelles liées à la justice pénale semblent se dissiper, si on considère ensuite que le *Parental Control Order* peut être activé également sur la base d'un comportement des enfants pouvant « probablement » conduire à la délinquance : on se retrouve par conséquent en face d'une mesure pénale qui est adressée aux parents sur la base de la probabilité que les enfants, dans le futur, commettent des délits.

Avec le *Parental Control Order*, on se retrouve face à une grave intrusion dans la vie des familles où les parents sont forcés de poser des comportements déterminés sous la menace de la loi pénale, avec une grave confusion entre l'aide et le contrôle, entre la contrainte et la thérapie, dans laquelle la menace de la punition est utilisée pour obliger les parents à « être aidés ».

Selon cette logique, les graves carences des parents pourraient être ramenées au comportement inadéquat de leurs parents, des grands-parents des enfants, et ainsi de suite. Jusqu'à quelle génération devrons-nous remonter ?

Par rapport à cette proposition anglaise, la position de Junger-Tas (1997) apparaît plus « évanescente », et suggère une approche basée sur la participation volontaire, mais admet la possibilité d'user de pressions pour amener les parents à participer aux programmes, dans certains cas particuliers, comme par exemple ceux pour lesquels s'annonce une violence sur mineur, un danger lié à l'abus d'alcool ou de drogue, l'incapacité d'une mère adolescente à faire face à ses devoirs, la manifestation de graves problèmes comportementaux de la part de l'enfant. L'instrument pour pousser les parents à participer pourrait être celui d'offrir une aide économique ou une maison, conditionnés à la participation. Junger-Tas prévoit ensuite que dans certains cas particuliers (pour lesquels les parents ou les enfants sont sujets à des mesures de protection), un fonctionnaire pourrait user de pressions et si nécessaire pourrait contraindre les parents à suivre le programme. Junger-Tas arrive par conséquent à justifier une sorte de contrainte à suivre la thérapie, même si elle ne précise pas les méthodes à travers lesquelles la contrainte peut être exercée. Il est évident que le problème de la contrainte liée à l'intervention psychosociale ou thérapeutique est extrêmement complexe et il existe des différences considérables entre les différentes modalités d'exercer une pression ou de forcer les parents (offrir un subside ou menacer par une condamnation pénale sont des exemples qui apparaissent être bien différents). D'un point de vue général, chaque intervention devrait être volontaire mais les opinions différentes peuvent être comprises surtout pour les cas où l'intégrité de l'enfant est directement menacée par les parents.

1.5 – Individu et contexte

Certains programmes précoces de prévention de la délinquance tendent à médicaliser et psychiatriser et, de toute façon, à considérer dans une perspective individuelle un problème, celui du crime, qui est fortement connoté par des problèmes sociaux et politiques qui, en général, sont délaissés ou énoncés et rapidement abandonnés.

Une conception excessivement individuelle du comportement antisocial peut en outre s'éloigner des interventions de type global, quelquefois indispensables pour obtenir les résultats souhaités.

Les résultats d'une recherche importante conduite par Rutter et al. (1979) peuvent illustrer le problème. Rutter et ses collaborateurs commencèrent à vérifier systématiquement les conditions individuelles et sociales de tous les enfants de 10 ans qui vivaient dans un quartier de Londres en 1970. L'étape suivante consista à suivre de tels sujets jusqu'à la fin de leur 14ème année, dans les douze écoles où ils étaient insérés et à relever, ensuite, les données relatives aux accusations effectuées par la police à leur égard jusqu'à la fin de leur 17ème année. Les données révélèrent que la délinquance était corrélée à un bas quotient intellectuel et à un bas statut occupationnel-professionnel des parents. Néanmoins toute la variation des taux de délinquance n'est pas expliquée par de tels facteurs : à quotient intellectuel et à statut socio-économique familial égaux, en effet, les jeunes insérés dans certaines écoles avaient un tiers de la probabilité des jeunes insérés dans d'autres écoles fichés par la police d'avoir commis des actes délinquants. On remarqua, en particulier, un taux bas de délinquance dans ces écoles caractérisées par un « balancement intellectuel » entre les élèves : plus les écoles étaient dotées d'élèves dans les hauts faisceaux de niveau intellectuel, plus le niveau de rendement collectif était élevé, et les taux de délinquance étaient mineurs. Une autre variable fondamentale qui différenciait les écoles du point de vue des taux de délinquance était ce que les auteurs ont défini par *ethos*, correspondant à la culture de l'institution : la diminution des taux de délinquance et l'augmentation du rendement scolaire étaient liés à un style particulier d'enseignement, caractérisé par l'emphase sur la valeur du travail scolaire, par la récompense des résultats obtenus et une discipline douce mais ferme. A la lumière de ces résultats, on peut comprendre comment l'approche individuelle de certains programmes peut conduire à ignorer l'importance du contexte, ce qui n'est donc pas acceptable. Il faut en outre considérer qu'une intervention préventive exclusivement centrée sur les carences individuelles des enfants pourrait renforcer certains préjugés des enseignants et ne pas faciliter un changement du style d'enseignement et d'organisation de l'institution, si on ne perd pas de vue que beaucoup d'enseignants éprouvent des difficultés à percevoir les rapports entre un rendement scolaire insuffisant des enfants et les caractéristiques de l'école. Vinter et Sarri (1977) trouvèrent que plus de 50 % des enseignants de l'échantillon examiné retenaient que le comportement inadéquat des élèves dépendait de la *nature* des enfants, et moins de 10 % reliait ce comportement au procédé didactique des enseignants. De plus, à la lumière de ces résultats, on retient qu'une intervention préventive considérant également le contexte, et ne se basant pas exclusivement sur les carences individuelles des enfants traités, est plus correcte.

1.6 – Les effets non désirés

Un problème éthique ultime concerne la possibilité que les interventions préventives produisent, à côté ou à la place des effets désirés, certains effets collatéraux ou effets non désirés (Le Blanc, 1997), dont la nocivité pourrait dépasser les bénéfices potentiels (Munir & Earls, 1992). De ce point de vue nous retenons qu'il est particulièrement utile d'analyser en détail les résultats obtenus dans le cadre d'une des plus intéressantes, et des plus prolongées, recherche conduite dans le cadre criminologique. Il s'agit de la vérification de l'efficacité, à long terme, du programme de la prévention de la délinquance conduit à Cambridge-Somerville. Comme l'étude McCord le releva, plusieurs années après l'intervention, les résultats furent étonnamment négatifs : nonobstant tous les efforts faits, toutes les interventions de soutien des enfants et de leur famille, nonobstant les interventions de soutien des travailleurs sociaux, les sujets traités eurent dans le cours de leur vie un pourcentage plus élevé de maladie mentale, de morts précoces (avant 35 ans), d'alcoolisme, de récidive, d'insuccès professionnel, etc. Alors qu'il serait relativement facile d'expliquer le manque de succès d'une intervention préventive, manque de succès souligné par un pourcentage égal de problèmes relevés après un temps dans le groupe traité et dans le groupe contrôle, il apparaît bien plus difficile de comprendre la raison du résultat paradoxal obtenu, consistant en un avenir plus mauvais des sujets traités. Le succès manqué pourrait facilement être attribué à un caractère incisif insuffisant du programme, à un soutien insuffisant aux mineurs et aux familles, à des contacts pas suffisamment fréquents entre les travailleurs et les enfants. Ces explications se révèlent pourtant entièrement inapropriées pour justifier les mauvais résultats obtenus plus tard par les sujets traités, et de toute façon contraste avec la donnée, relevée par McCord (1992), selon laquelle dans les cas où les rapports entre les travailleurs et les enfants étaient plus intenses et plus durables, les résultats étaient plus mauvais.

Selon l'étude de McCord, une des explications possibles des résultats négatifs du programme *Cambridge-Somerville* réside dans le conflit qui a pu se créer chez les sujets soumis à l'intervention entre les valeurs d'origine, apprises de la famille et de l'ambiance environnante, et les valeurs proposées par les travailleurs sociaux. Ceci est le problème de l'aspect « colonial » des interventions *welfare*, souligné par beaucoup d'experts qui estiment contre-productive une intervention qui se propose d'aider les personnes à travers un programme « descendu » du haut et imprégné de valeurs et de perspectives mûries dans des contextes entièrement différents de ceux auprès desquels on intervient, et qui ont fait la proposition d'utiliser le plus possible des travailleurs sociaux « indigènes », provenant du même environnement social auquel sont reliés les sujets soumis à l'intervention. Une opposition certaine entre les travailleurs et les parents des enfants traités doit être vérifiée dans un certain nombre de cas s'il est vrai, comme le rappelle Lundman (1993), que les mêmes travailleurs rapportèrent de craindre de « perdre le cas » s'ils avaient donné aux familles le libre choix d'accepter ou de refuser les services ; la solution fut celle de priver substantiellement les enfants et leurs parents du droit de résister au traitement et, en effet, seul 1 des 325 sujets traités fut en mesure de refuser le traitement. Cet aspect contraignant pourrait être un élément critique du programme et pourrait expliquer la réussite manquée d'une intervention d'aide et de soutien dans une certaine mesure imposée.

Une autre explication des effets négatifs du programme pourrait être déduite de la considération que l'intervention des opérateurs sociaux pourrait avoir créé une situation et une attitude de dépendance à des figures externes, avec la conséquence de créer une difficulté et un déséquilibre au moment où le support externe a pris fin.

Une troisième explication peut être déduite de la théorie de l'anomie : le programme aurait augmenté les attentes sociales des sujets traités, qui pourraient avoir intériorisé certains buts visant au succès, tel la réussite scolaire, le succès professionnel, l'insertion à un bon niveau social, sans que les obstacles structurels à la réalisation (l'obtention) de tels succès soient enlevés, avec le développement de formes réactives d'adaptation déviante au conflit suscité par l'intervention.

Une quatrième explication fait référence aux théories déjà évoquées du *labeling* : le fait d'être l'objet d'un programme de prévention de la délinquance produit un effet de stigmatisation ayant une incidence négative sur l'identité personnelle des sujets traités. Cette interprétation, souvent avancée pour interpréter les données de la recherche sur le programme de *Cambridge-Somerville*, est en opposition avec les résultats obtenus par McCord (1978) qui, interrogeant après plusieurs années les sujets traités, vérifia que ceux-ci avaient un bon souvenir de l'intervention, retenaient d'avoir été aidés et d'avoir bénéficié d'un privilège pour avoir joui du programme. Même si le processus de construction et d'évolution de l'identité personnelle peut être considéré, au moins en partie, comme une processus inconscient, les données rapportées, après un temps déterminé, par les sujets traités à propos de leur attitude à l'égard du programme, ne semble pas confirmer l'hypothèse de la stigmatisation. Il faut en outre considérer que, justement pour éviter une stigmatisation possible, l'intervention concernait aussi bien des enfants « problématiques » que des enfants normaux (introduits avec une procédure d'attribution causale dans le groupe expérimental et dans le groupe de contrôle), au point où il se créa la situation paradoxale de travailleurs qui devaient « guérir » les problèmes inexistants des enfants au départ en bonne condition.

Une dernière interprétation, avancée par McCord (1992), peut être reliée au modèle compensatoire qui sous-tend le programme de *Cambridge-Somerville*, selon lequel un traitement approprié aurait pu annuler les déficits des enfants élevés dans un contexte de déprivation et de risque. Selon McCord, cette conception peut être complètement erronée, dans la mesure où, par exemple, un enfant refusé par ses parents pourrait être lésé par un programme qui tente de fournir, en retard, une compensation aux carences d'origine ; cette tentative de compensation, en effet, pourrait ne pas obtenir le résultat attendu mais produire par contre un sentiment exagéré de perte ou une attitude de dépendance excessive. A côté de cette interprétation, une autre, amplement acceptée, considère le développement comme une série successive de rendez-vous, définis comme des périodes critiques du développement, entre la maturation de l'individu et des expériences déterminées qui doivent être faites pour pouvoir normalement progresser ; si les expériences prévues ne correspondent pas à la maturation biologique, on perd alors un rendez-vous difficilement récupérable. Fournir, par conséquent, certaines opportunités cognitives, affectives, sociales, en retard par rapport aux séquences évolutives normales, ne résout pas les problèmes d'un développement inadéquat, mais pourrait même les accentuer.

La connaissance des résultats négatifs du projet *Cambridge-Somerville*, comme ceux d'autres projets de prévention précoce, et la compréhension des raisons possibles de cet échec, font comprendre combien le problème de la prévention précoce est délicat, quelles peuvent en être les conséquences, même inattendues sur la vie des enfants traités, quelle peut être la résonance des programmes sur les parents, sur l'école, sur la communauté et combien il est important d'évaluer la légitimité et l'opportunité de ces programmes également à la lumière des éventuels effets négatifs qui peuvent se produire.

2 – Propositions de solutions des dilemmes éthiques

Dans les conclusions de son volume sur la prévention et le contrôle de la délinquance, qui examine les caractéristiques des principales méthodes d'intervention à l'égard de la délinquance juvénile, Lundman (1993) recommande que les efforts traditionnels pour prévenir la délinquance soient abandonnés, dans la mesure où « les projets de prévention ne fonctionnent pas, font gaspiller de l'argent, violent les droits des mineurs et de leurs familles, inspirent des idées et des programmes bizarres ».

Ces conclusions apparaissent trop radicales et trop pessimistes et semblent ignorer les recherches récentes qui ont démontré l'efficacité, également à long terme, de certains programmes de prévention précoce du comportement antisocial, certains des problèmes posés, de toute façon, méritent attention et ne peuvent être négligés.

Sans vouloir parvenir à des solutions définitives, il nous semble possible de proposer certaines suggestions qui ont pour objectif de dépasser certains des problèmes décrits, en souhaitant qu'un débat sur les problématiques éthiques des interventions précoces se développe et implique les spécialistes de ce secteur.

Une première suggestion est celle de réorienter les interventions de façon à poursuivre un bon développement psychosocial, l'acquisition de meilleures capacités dans le champ du langage, du raisonnement logique, de l'identité personnelle, des relations interpersonnelles, un meilleur contrôle du comportement, une meilleure estime de soi, une diminution des problèmes émotionnels, plutôt que prévenir la délinquance, considérant par conséquent ce dernier objectif comme un résultat indirect d'un meilleur développement général. Cette orientation est entre autre justifiée par le fait qu'on a désormais vérifié que les prédicteurs de la délinquance, sur lesquels se fondent conceptuellement les programmes de prévention, sont également des prédicteurs de nombreux autres désordres, comme le chômage chronique, l'échec scolaire, la difficulté dans les rapports interpersonnels, les problèmes sanitaires, les incidents, etc. (Loeber & Stouthamer-Loeber, 1987 ; Janes et al., 1979 ; Junger et coll., 1995).

En effet, la majorité des programmes de prévention de la délinquance mesurent également, comme critères de réussite des programmes en question, d'autres variables d'adaptation sociale, comme la réussite scolaire ou professionnelle, les relations sociales, l'adaptation familiale, etc. C'est pourquoi l'objectif de la prévention de la délinquance apparaît comme un des résultats poursuivis, alors qu'en général il est présenté comme l'unique ou le principal but de l'intervention. Cette distorsion d'images est peut-être motivée par l'intention d'obtenir de larges (et profonds) consensus à travers un objectif centré sur un problème qui suscite une alarme sociale intense et trouve par conséquent une acceptation facile de la part des autorités qui doivent attribuer les financements. Si, en effet, les objectifs poursuivis sont nombreux (et celui de la réduction de la délinquance est un parmi tant d'autres), on ne comprend pas pourquoi vouloir ranger ces programmes dans l'univers symbolique du crime, avec un effet de pollution potentiellement dangereuse, du point de vue, par exemple, de la stigmatisation des enfants et des familles traitées.

Une réorientation en positif, qui substitue aux stratégies pour réduire la criminalité à travers les interventions précoces, la protection des enfants et le maintien d'un développement normal durant les années importantes de l'enfance, est suggérée par Earls et Carlson (1995). Ces auteurs font référence à l'importante distinction, dans le champ sanitaire, entre « la promotion de la santé » et la « prévention des maladies », considérant la première de ces stratégies comme plus ample, en mesure d'intervenir sur un plus grand nombre de mécanismes causaux et donc davantage efficaces et proposent une perspective analogue dans le secteur dont nous nous occupons, en particulier, en cherchant à promouvoir la capacité humaine, en général, et la compétence sociale, en particulier. Il est intéressant de noter combien cette proposition est motivée non seulement pour des raisons de type scientifique, mais également pour des raisons de type éthique, dans la mesure où elles sont porteuses de valeurs égalitaires et solidaires.

Il est évident qu'une réorientation des programmes dans la direction décrite devrait comporter également un déplacement pour ce qui concerne le type d'institutions à qui confier la responsabilité des interventions ; en particulier un déplacement de l'emphase de la prévention du crime à celle de la promotion du bien-être et de l'adaptation sociale devraient entraîner le déplacement des compétences relatives à ces interventions du Ministère de la Justice au Ministère des Affaires Sociales ou de l'Education.

Une autre suggestion, partagée par beaucoup, consiste à développer des projets de type *universal*, adressés à tous les enfants présents dans une certaine zone ou une certaine école, plutôt que des programmes *targeted*, plus risqués du point de vue de l'éventuel effet *labeling*. Peters (1991), par exemple, suggère d'étendre les programmes de prévention précoce limités actuellement à certains enfants sélectionnés, à tous les enfants, selon la perspective déjà citée de « promotion de la santé », avec l'objectif de promouvoir la compétence psychosociale et prévenir les difficultés émotionnelles et comportementales, en utilisant des interventions appropriées au niveau de développement différent des enfants et en impliquant activement les parents, les enseignants et les travailleurs socio-sanitaires dans la réalisation des programmes.

Il existe un problème de coût, dans la mesure où un programme généralisé peut nécessiter des financements très élevés, mais cette difficulté peut être en partie dépassée si on ne perd pas de vue qu'à l'intérieur d'un programme de prévention généralisé tous les individus ou toutes les familles ne doivent pas faire l'objet d'interventions identiques, mais on peut prévoir des interventions plus intensives pour les situations plus problématiques (Sherman, 1997). La possibilité de moduler selon les nécessités peut faire également éviter le risque, signalé par beaucoup de personnes, qu'un programme de prévention *universal* finisse par servir davantage ceux qui en ont le moins besoin et ait peu d'incidence sur ceux qui en ont le plus besoin.

D'autre part, la même procédure de *screening* peut être très coûteuse et le pourcentage de refus de fourniture des données personnelles, sur lesquelles se base l'individualisation des sujets à traiter, peut être plus élevé au sein même des sujets davantage problématiques (Offord, 1996).

Il s'agit de toute façon de considérer que le problème éthique est différent si on intervient lorsqu'un phénomène qu'on cherche à interrompre s'est déjà manifesté, ou dans le cas où le phénomène qu'on cherche à contrer est seulement attendu, sur la base de procédures prédictives. Dans le premier cas, on intervient sur un problème déjà présent, signalé par les parents, par l'école et la communauté, et on offre une solution pour introduire une amélioration dans une situation critique. Dans le second cas, on active des expectatives négatives, dont les conséquences peuvent être très dangereuses, dans la mesure où le comportement de l'enfant peut être réinterprété selon les anticipations négatives proposées.

Il apparaît par conséquent tout à fait acceptable, et également souhaitable, que les programmes d'aide soient offerts pour ces enfants qui présentent des difficultés particulières, comme par exemple un comportement agressif qui préoccupe les parents et les enseignants, qui demandent une aide pour affronter le problème. Il s'agit plus précisément dans ce cas d'interventions de soutien, d'aide, de thérapie, plutôt que d'interventions de prévention de la délinquance, même si les valeurs préventives des programmes sont importantes.

Dans chaque cas on doit parvenir à un engagement où les personnes engagées dans les programmes sont bien informées, à travers l'offre d'informations complètes et compréhensibles ; il doit être explicité aux participants potentiels le droit de ne pas participer, ou de participer à des interventions moins intenses et moins importantes, au cas où elles seraient disponibles.

L'éventuelle pression pour pousser les parents à participer aux programmes doit être attentivement évaluée et comparée à la gravité du problème qu'on cherche à affronter et, surtout, au risque que l'intégrité de l'enfant soit compromise. Dans chaque cas la menace de la sanction pénale pour contraindre les parents à participer aux programmes doit être évitée, dans la mesure où une telle intrusion dans la vie familiale pourrait être particulièrement dangereuse et nuisible, également pour les enfants.

Une attention spécifique doit être portée aux interventions dans l'environnement scolaire (Miller, 1986) où certaines procédures pourraient entrer en conflit avec les règles et les finalités scolaires. Un *screening* généralisé, qui relèverait, par exemple, certaines variables comme la délinquance des parents, le désaccord entre les parents, la présence de maladie mentale ou d'alcoolisme, etc., pourrait déterminer de graves embarras et conflits entre les parents et les enseignants.

On peut finalement noter que les résultats de la recherche empirique peuvent contribuer à la solution de certains problèmes éthiques, qui devrait être davantage développée dans ce secteur : la présence d'éventuels effets négatifs et collatéraux, comme l'éventuel effet stigmatisant, doivent être attentivement considérés dans la procédure d'évaluation des programmes, de sorte que l'efficacité soit considérée non seulement en relation avec l'effet préventif souhaité, mais aussi en relation avec l'absence de tous les effets collatéraux possibles.

Pour conclure, il est opportun de souligner qu'à côté des nombreux problèmes éthiques qui dérivent de l'application des programmes de prévention précoce de la délinquance, existe également l'exigence éthique, l'obligation de la part de la société de fournir aux enfants défavorisés la possibilité d'avoir un développement psychosocial meilleur, là où nous connaissons des méthodes qui peuvent atteindre cet objectif. Les programmes de prévention précoce ne doivent donc pas être refusés, comme l'a très simplement suggéré Lundman (1993), mais les réorienter et les appliquer correctement est nécessaire, en ne perdant pas de vue non seulement les problèmes d'efficacité, de coût, de consistance scientifique, mais aussi les nombreux et importants problèmes éthiques que nous avons décrits.

Table des matières

22853 - mai 2011
Achevé d'imprimer par
1livre.com
du rêve à la réalité !